RÉSEAU DIAGONALES

Collection dirigée par Étienne Calais

Le Guépard

Christiane Michel
agrégée d'italien

ellipses

ISBN 978-2-7298-3458-8

32, rue Bargue 75740 Paris cedex 15

www.editions-ellipses.fr

Mes plus vifs remerciements vont à mon collègue et ami Alain Bosdecher, professeur agrégé de lettres modernes, formateur IUFM, qui m'a fait profiter de son expérience d'enseignement de la littérature en classe de Terminale L pour toute la partie pédagogique de cet ouvrage.

Introduction

La sortie du *Guépard* en 1958 créa un des « cas » littéraires les plus retentissants de l'après-guerre. L'œuvre eut un énorme succès public et fut couronnée par le prix Strega en 1959, mais elle suscita des commentaires divergents parmi les « intellectuels » de l'époque.

Giorgio Bassani en exalta l'ampleur de la vision historique, le délicieux sens de l'humour, la force lyrique de l'écriture. Leonardo Sciascia en souligna, au contraire, la sublime indifférence aux problèmes sociaux et toute la critique de gauche lui reprocha sa déficience idéologique, sa vision conservatrice, décadente et esthétisante.

En réalité, *Le Guépard* est un roman qui échappe à toute définition, c'est une œuvre à part, comme est à part son auteur, aristocrate sicilien raffiné et cultivé, dernier descendant d'une lignée qui a donné au monde des saints, des bienheureuses et des cardinaux, en plus de fleuves de sang bleu.

En écrivant son unique roman, Giuseppe Tomasi di Lampedusa n'avait pas l'intention de refaire, sur un ton mineur, *Les princes de Francalanza*, de Federico De Roberto (1894), œuvre très éloignée de l'atmosphère générale du *Guépard* qui rappelle plutôt celle de *La Marche de Radetzky* (1932) de Joseph Roth pour le nihilisme et le désenchantement du comte Chojnicki devant le monde « nouveau » né de la désagrégation de l'Empire austro-hongrois.

Lampedusa, comme le comte Chojnicki, n'est pas à son aise dans le monde où il s'est trouvé à vivre ; durant le fascisme, il voyage beaucoup à l'étranger et, à l'époque de la jeune république, il se mêle peu ou pas du tout au monde de la culture officielle, embourbé dans de stériles discussions sur l'engagement ou le désengagement de l'écriture. C'est ainsi que, dans un geste d'aristocratique défi, il rédige LE roman qu'il portait en lui depuis longtemps : une histoire désorientante pour les années de la reconstruction, une longue et sensuelle valse funèbre avec le monde du passé, le monde de ses ancêtres si lié à ses souvenirs d'enfance.

Plus d'un demi-siècle s'est écoulé depuis la rédaction du *Guépard*. Les polémiques se sont apaisées, le roman est devenu un classique, traduit, retraduit dans le monde entier, étudié dans les écoles et les universités, rendu très populaire par le film de Visconti qui repasse régulièrement à la télévision. En somme une œuvre plaisante, qui n'est pas faussée par des expérimentations hasardeuses, une œuvre pleine de vie malgré la présence obsédante de la désagrégation et de la mort. Une mort qui, en dernière analyse, ne suscite aucun sentiment d'angoisse chez le lecteur parce que – comme le dit l'ironique Don Fabrizio – « tant qu'il y a de la mort il y a de l'espoir. »

Toutes les références au roman renvoient à la traduction de Jean-Paul Manganaro parue au Seuil (coll. «Points» P 260) en juin 2007. Les citations des nouvelles, indiquées par N., sont tirées de *Le professeur et la Sirène*, traduction de Louis Bonalumi (Le Seuil, coll. « Points » P 975).

Les astérisques renvoient au glossaire (p. 237).

Les titres signalés par une puce (•) font l'objet d'une étude dans la collection Résonances.

Quelques conseils pour la prononciation des noms des lieux, des personnes et des principaux personnages du roman :

- en italien le « e » n'est jamais muet, le « u » se prononce [ou]. Il n'y a pas de sons nasaux : « an » se prononce donc [ann], etc.
- l'accent tonique ne tombe pas systématiquement, comme en français, sur la dernière syllabe, mais le plus souvent sur l'avant-dernière, ou, moins fréquemment, sur l'antépénultième* ou sur la dernière (mais dans ce cas l'accent est écrit). Nous soulignerons la syllabe accentuée.

Donnafugata = [Donnafougata]
Santa Margherita Belice = [Sannta Marguérita Bèlitché]
Palma di Montechiaro = [Palma di Monntékiaro]
Bagheria = [Baguéria]
Giuseppe Tomasi di Lampedusa = [Djousèppé Tomasi di Lammpédusa]
Giulio Tomasi = [Djoulio Tomasi]
Beatrice Mastrogiovanni Filangeri di Cutò = [Béatritché Mastrodjovanni Filanndgéri di Coutò]
Gioacchino Lanza Tomasi = [Djoakinno Lanntsa Tomasi]
Mirella Radice = [Mirèlla Raditché]
Francesco Orlando = [Franntchésco Orlanndo]
Lucio, Casimiro, Giovanna Piccolo = [Loutcho, Casimiro, Djovanna Piccolo]
Pietro della Torretta = [Piètro délla Torrétta]
Alice Barbi = [Alitché Barbi]
Augusto Biancheri = [Aougousto Biannkeri]
Guido Lajolo = [Gouido Layolo]
Ponteleone = [Ponntéléone]

Franceschiello = [Franntchéskièllo] (le suffixe –ello est un diminutif)

Don = [donn]. Particule qui précède dans toute l'Italie le nom des prêtres et des religieux : Don Camillo, Don Luigi Sturzo, et qui, dans l'Italie du Sud, est une marque de respect. Elle se place donc devant le nom des nobles et des notables, de ceux qui ont réussi à s'élever dans l'échelle sociale : Don Fabrizio, don Calogero, don Ciccio Tumeo. Pour indiquer les parrains de la mafia, on emploie parfois cette expression : les « don ».

Don Fabrizio Corbera, principe di Salina = [Donn Fabritsio Corbèra, prinntchipé di Salina]

Paolo = [Paolo]
Giovanni = [Djovanni]
Francesco = [Franntchésco]
Tancredi Falconeri = [Tanncrédi Falconéri]
Angelica Sedara = [Anndgèlica Sédara]
Don Calogero = [Donn Calodjéro]
Padre Pirrone = [Padré Pirrone]
Don Onofrio Rotolo = [Donn Onofrïo Rotolo]
Don Ciccio Tumeo = [Donn Tchittcho Touméo]
Fabrizietto = [Fabritsiétto] (le suffixe –etto est un diminutif)
Cavriaghi = [Cavriagui]
Pallavicino = [Pallavitchino]
Bendicò = [Bénndicò]
Lighea = [Liguèa]
La Ciura = [La Tchoura]

Première partie

Giuseppe Tomasi Di Lampedusa

Histoire d'une vie

Est-il nécessaire de connaître la biographie d'un auteur pour en apprécier l'œuvre ? Certains répondent par la négative, tel Proust dans son *Contre Sainte-Beuve*, d'autres par l'affirmative, selon les modes et les époques... Dans cette querelle Lampedusa donnerait raison à Sainte-Beuve[1], ce qui justifierait notre démarche. Comment répondre en effet à la question : « *Le Guépard* est-il un roman autobiographique ? », soulevée par nombre de critiques, si l'on ne sait rien de la vie de Giuseppe Tomasi di Lampedusa, ou si l'on se contente de ce qu'on disait de lui lors de la parution de son roman : « un prince sicilien, un lettré » ? D'autant que nous disposons maintenant d'un matériel considérable, de ses nouvelles d'abord, qui contiennent le récit intitulé *Les lieux de ma première enfance*, de sa correspondance avec sa femme Licy, avec ses cousins Piccolo[2], des témoignages de son épouse et surtout de deux personnes qui l'ont bien connu dans la dernière partie de sa vie, son « élève » Francesco Orlando et son fils adoptif Gioacchino Lanza Tomasi. Outre des lettres, ont été retrouvés dans les décombres du Palais Lampedusa de nombreux papiers, journaux intimes, cahier de « citations », photos, archives inédites que David Glimour a utilisées pour sa biographie de Giuseppe Tomasi di Lampedusa, parue en anglais en 1988 et traduite en italien sous le titre de *L'ultimo Gattopardo* (*Le dernier Guépard*). La personnalité de l'auteur du *Guépard* apparaît donc beaucoup plus complexe que les quelques lignes qu'on lui consacre généralement dans les manuels de littérature. Et surtout elle permet au lecteur du *Guépard* de retrouver dans le

1. Charles Augustin Sainte-Beuve (1804-1869) est plus connu pour ses activités de critique littéraire (*Les causeries du lundi*) que d'écrivain et de poète. Il renouvelle l'histoire littéraire en s'appuyant sur une critique biographique et historique dont il reconnaît cependant les limites, le génie individuel n'étant pas réductible à cette méthode d'analyse.
2. Elle vient d'être publiée dans une traduction de Nathalie Castagné sous le titre de *Voyage en Europe*.

roman l'écho de la vie de son auteur, mais aussi de faire la part de ce qui est création littéraire.

« Vous qui descendez de l'empereur Tithon et de la reine Bérénice[1]... »

Giuseppe Tomasi di Lampedusa, duc de Palma et prince de Lampedusa, est le dernier descendant d'une famille aristocratique que certains biographes imaginatifs font remonter à l'empereur Titus mais dont la présence est attestée à Sienne, au Moyen Âge, puis en Campanie. C'est au XVIe siècle qu'une branche de la famille Tomasi s'installe en Sicile. En 1637 les jumeaux Carlo et Giulio Tomasi fondent la petite ville de Palma di Montechiaro au Sud-Est d'Agrigente et en 1638 Carlo prend le titre de duc de Palma. Trois ans plus tard il renonce au monde et le fief passe à Giulio. En 1667, ils deviennent princes de Lampedusa, une petite île montagneuse plus proche de la Tunisie que de l'Italie.

La Sicile était alors sous domination espagnole. Une grande ferveur religieuse, allant jusqu'au mysticisme*, caractérisait les Lampedusa. Nombreux étaient ceux qui prononçaient des vœux et se consacraient au célibat, si bien que la persistance de la lignée en était menacée. Giulio Tomasi (1614-1669) est connu comme le « duc-saint », Giuseppe Tomasi di Lampedusa l'évoquera dans *Le Guépard* (p. 169). Une de ses filles, Isabella, sœur Maria Crocifissa (1645-1699), fut même béatifiée par Pie VI. Dans le roman elle devient « la bienheureuse Corbera », sur la tombe de laquelle le Prince va se recueillir avec sa famille :

> « Il se sentait édifié en écoutant l'Abbesse raconter pour la vingtième fois les miracles naïfs de la Bienheureuse, en voyant qu'elle lui indiquait le coin du jardin mélancolique où la sainte nonne avait arrêté, le laissant suspendu en l'air, un gros caillou que le Démon, énervé par son austérité, avait lancé contre elle ; il s'étonnait tou-

---

1. *Le Guépard*, p. 138.

> jours de voir encadrées sur le mur d'une cellule les deux lettres fameuses et indéchiffrables, celle que la Bienheureuse Corbera avait écrite au Diable en l'exhortant au bien et la réponse de celui-ci exprimant, semble-t-il, le regret de ne pouvoir lui obéir. » (p. 90-91)

Le frère d'Isabella, le cardinal Giuseppe, sanctifié en 1986, fut un grand théologien.

Au XVIIe siècle, suivant en cela l'exemple des autres familles nobles, les Tomasi di Lampedusa se transférèrent à Palerme. Mais à la différence de nombre d'aristocrates qui ne s'intéressaient plus à leurs terres, il semble qu'ils aient continué à se rendre dans leurs fiefs[1]. Au cours du XVIIe et du XVIIIe siècles, les Tomasi di Lampedusa occupèrent diverses charges publiques. Le plus célèbre est ce Ferdinando qui fut plusieurs fois préfet de Palerme et fit construire le palais. Mais en 1812, l'abolition de la féodalité et les changements dans les lois de succession conduisirent la famille à se recentrer sur ses affaires, sans grand succès d'ailleurs. Giuseppe Tomasi di Lampedusa fait dire au Prince de Salina que sa lignée « au cours des siècles n'avait jamais su faire l'addition de ses dépenses ni la soustraction de ses dettes » (p. 12), jugement qui s'applique parfaitement à sa propre famille. Le prince Giuseppe (1774-1831), le père de Giulio Fabrizio, dut vendre une partie de ses terres. Après sa mort, sa veuve Carolina, d'origine allemande, réussit à sauver une partie du patrimoine familial en vendant l'île de Lampedusa. Mais Giulio utilisa cet argent pour acheter un palais rue Butera, à Palerme, et une villa au pied du Mont Pellegrino, où il fit construire une tour avec un observatoire astronomique. C'est ce Giulio Fabrizio Tomasi e Wochinger (1815-1885), arrière-grand-père de Giuseppe Tomasi di Lampedusa, qui servit de modèle au Guépard[2]. Passionné d'astronomie

1. Le mot italien « feudo » [fe̱oudo] désigne à la fois le fief au sens féodal du terme et les grands domaines, les latifundia, en Sicile.
2. Le « léopard rampant », animal héraldique*, en dialecte sicilien « gattupardu », figure sur le blason des Tomasi.

(mais il ne semble pas avoir reçu un prix en Sorbonne comme Don Fabrizio), habile prestidigitateur, il ressemble par certains traits de caractère au Prince Salina, mais en moins trempé. En effet il apparaît comme quelqu'un de peu mondain, d'assez effacé, de bigot. Durant l'expédition de Garibaldi, il garde la neutralité, autorisant seulement, comme Don Fabrizio, les officiers de la marine britannique à se servir du toit de son palais comme d'un poste d'observation. Son neveu en revanche combattit comme Tancredi aux côtés de Garibaldi. Lorsqu'il mourut du choléra en 1885, le prince Giulio laissait un patrimoine bien entamé mais suffisant pour que les Lampedusa continuent à mener leur existence oisive dans leurs palais et leurs villas. Comme il n'avait pas fait de testament, les disputes entre ses dix enfants et l'imbroglio juridique qui s'ensuivit[1] aboutirent à la mise sous administration judiciaire du patrimoine et à sa conséquente dévaluation. Le palais de Palerme revint cependant à l'aîné de la famille, le prince Giuseppe (1838-1908), le grand-père de notre auteur. Giuseppe ayant lui-même cinq enfants, la part de Giulio, le père de l'auteur du *Guépard*, était bien mince. Ses oncles et tantes célibataires auraient pu l'avantager dans leurs testaments mais ce ne fut pas le cas. Son oncle Filomeno par exemple qui, comme le fils de Don Fabrizio, le Giovanni du roman[2], était parti en Angleterre travailler comme commis dans une entreprise de charbon, laissa son héritage à ses deux frères. Les grands-tantes

1. Il ne fut dénoué qu'en 1945 !

2. « L'un d'eux, Giovanni, le deuxième, le plus aimé, le plus boudeur, était absent depuis deux ans. Un beau jour il avait disparu de la maison et on n'avait plus eu de ses nouvelles pendant deux mois. Jusqu'au moment où arriva de Londres une lettre respectueuse et froide dans laquelle il présentait ses excuses pour les inquiétudes qu'il avait causées, il rassurait sur sa santé et affirmait, étrangement, qu'il préférait la modeste vie de commis dans une maison de commerce de charbon à l'existence « trop choyée » (lire : enchaînée) au milieu de l'aisance palermitaine. » (p.21-22).

célibataires finirent leur vie comme les filles de Don Fabrizio, au milieu de reliques d'origine douteuse. C'est grâce à la fortune de sa femme Beatrice, la mère de l'écrivain, que le prince Giulio put maintenir son train de vie jusqu'à sa mort en 1934. Mais il laissait à son fils Giuseppe un patrimoine quasi inexistant.

« Pour moi, l'enfance est un paradis perdu[1] »

Giuseppe est né à Palerme le 23 décembre 1896. Quinze jours après sa naissance, sa sœur, Stefania, âgée de deux ans, était emportée par une diphtérie. Dans *Les lieux de ma première enfance*, une des nouvelles écrites en 1955 et qui ne seront publiées, comme *Le Guépard*, qu'après la mort de leur auteur, Lampedusa évoque son « enfance sicilienne »[2]. Plus qu'une « chronique de ses premières années », c'est une « série d'images ». Des événements (l'assassinat du roi Humbert I à Monza en 1900, le tremblement de terre de Messine en 1908, le baiser donné sur le front par une vieille dame en deuil qui n'était autre que l'ancienne impératrice Eugénie), mais surtout un cadre, un décor, des objets, des odeurs, des impressions lumineuses (« mes souvenirs sont essentiellement des souvenirs de lumière » (N. p. 69). Si l'on en croit l'épouse de Lampedusa, ces textes n'étaient pas destinés à la publication : ils furent écrits pour adoucir « la tristesse » qu'infligeait à l'auteur la perte de son palais. (N. p. 13)

Cette maison[3] il l'aimait « éperdument ». Giuseppe en était « le roi » (N. p. 24). Il y était né, et l'idée d'y mourir lui souriait. Il ne se remit pas de sa destruction lors d'un bombardement allié

1. N. p. 24
2. C'est le titre donné à l'adaptation française par Edmonde Charles-Roux du livre d'un cousin de Lampedusa, Fulco di Verdura, qui raconte dans *Estati felici* son enfance heureuse dans la Sicile du début du XXe siècle.
3. « Je préfère ce terme à celui de palais dont on affuble aujourd'hui des phalanstères de quinze étages. » (N. p. 27) En italien en effet, le mot « palazzo » a deux sens, celui de « palais » mais aussi celui d'immeuble d'habitation.

en 1943. C'était son royaume « avec ses trois cours, ses quatre terrasses, son jardin, ses escaliers immenses, ses galeries, ses couloirs, ses écuries, les petits entresols réservés au personnel et à l'intendance — [...], royaume tour à tour désert ou peuplé de visages uniquement affectueux. » (N. p. 26) Ses souvenirs sont sensuels : odeurs oubliées, magie des lumières, contraste du stuc blanc et du marbre gris, le boudoir de sa mère, « superbe, avec son plafond décoré de motifs floraux et de ramages, vieux stucs teintés dont le dessin avait le galbe dru et la douceur exquise d'une musique de Mozart. » (N. p. 31)

Enfant solitaire, il se sentait le « maître absolu » des lieux. La maison était peuplée de domestiques et d'adultes : oncles, grands-parents. Il semble que son grand-père, prénommé Giuseppe comme lui, qui menait une vie routinière dont le principal intérêt était les chevaux ait prêté ses traits dans le roman au fils aîné de Don Fabrizio, Paolo. L'auteur du *Guépard* parle peu de son père dans ses souvenirs. C'était un homme d'un caractère difficile, qui menait une vie dissipée. Excellent cavalier, il fréquentait les cercles à la mode. Arrogant et amer, il passa le plus clair de son temps à se disputer avec les membres de sa famille pour des questions d'héritage.

Giuseppe était en revanche très proche de sa **mère**, Beatrice Mastrogiovanni Tasca Filangeri di Cutò. Elle et ses sœurs avaient été élevées d'une manière plus libre et cosmopolite que les jeunes filles de la noblesse palermitaine. Intelligente et cultivée, élégante et mondaine, elle tint jusqu'à sa mort en 1946 un **rôle de premier plan** dans la vie de son fils. Même après le mariage de Giuseppe, Beatrice continua à être omniprésente.

Palerme au début du XXe siècle attirait les têtes couronnées de toute l'Europe et la vie mondaine y était particulièrement brillante. Les familles aristocratiques, pour la plupart ruinées, continuaient à donner des réceptions. De nouvelles familles, comme celle des Florio qui s'étaient enrichis dans le commerce du soufre et du marsala, ou des Whitaker, des Anglais qui eux aussi devaient leur fortune au marsala, les barons qui avaient acheté les biens ecclésiastiques après la sécularisation de 1866, dilapidaient leurs avoirs dans des fêtes somptueuses et des constructions de villas. Le XIXe siècle avait connu une vraie fièvre de collections, et les palais étaient remplis d'objets en tous genres, porcelaines, coraux, marqueteries, et décorés de peintures et de stucs.

Beatrice Palma, qui était l'amie des Florio, participait à cette vie mondaine faite de réceptions, de bals, costumés ou non, de corsos fleuris, de spectacles divers… Ses biens propres et, semble-t-il, la générosité de ses amis lui permettaient de briller dans cette société. **Giuseppe apprit à parler français** avant de savoir écrire en italien à cause des nombreux séjours qu'il fit dans son enfance à Paris, avec sa mère, hôte des Florio. Giuseppe devait participer aux bals masqués pour enfants. Mais c'était, nous l'avons dit, un enfant solitaire, timide et taciturne. Il se décrira lui-même plus tard comme un petit garçon « amoureux de la solitude et préférant de beaucoup la fréquentation des choses à celle des personnes ». (N. p. 41-42) On peut imaginer qu'il souffrait de ces obligations.

> « Mais la maison de Palerme disposait aussi de dépendances champêtres qui en multipliaient le charme. Elles étaient quatre : Santa Margherita Belice, la villa de Bagheria, le palais de Torretta et la maison de campagne de Raitano. Il y avait en outre la maison de Palma et le château de Montechiaro, mais nous n'y allions jamais. » (N. p. 33)

La maison de Santa Margherita, dans la province d'Agrigente, que sa mère avait héritée, construite en 1680 mais restaurée en 1810 pour y recevoir le roi de Naples et sa femme contraints d'abandonner Naples où régnait Murat, occupe une place de choix dans les souvenirs de Giuseppe. Il y passait ses vacances d'été, et quelquefois une partie de l'hiver, avec sa mère qui s'y plaisait beaucoup. « La saveur d'aventure, d'inexplicable

[...] commençait avec le voyage d'aller. L'entreprise était pleine d'inconfort et de charmes. » (N. p. 34)

Au début du siècle il n'y avait presque pas de voitures automobiles en Sicile, et le voyage se faisait par le train puis en landaus. Voyage au long cours, bien que Santa Margherita Belice ne soit qu'à 70 km de Palerme. Quoiqu'un demi-siècle ou presque sépare ces souvenirs de la description du chapitre II du *Guépard*, **on y retrouve les mêmes éléments** : la chaleur écrasante, la poussière, les mouches, « le paysage démesuré de la Sicile des grands fiefs, désolé, sans un souffle d'air, oppressé par un soleil de plomb » (N. p. 36), la halte pour déjeuner, l'allusion à la gouvernante[1], la reconnaissance des lieux familiers, l'accueil par l'orphéon municipal, le bain pour lui alors que ses « infortunés parents » devaient affronter « la vague des connaissances qui commençaient à déferler. » (N. p. 38)

> « Situé au centre même du bourg, sur la place ombragée, le bâtiment couvrait une étendue considérable et comptait une centaine de pièces plus ou moins grandes. Il faisait penser à une sorte d'ensemble clos et autonome, une espèce de Vatican, disons, avec des appartements d'apparat, des pièces de séjour, une *foresteria*[2] pour trente personnes, des logements destinés aux domestiques, trois cours immenses, des écuries, des remises, un théâtre et une église privés, le tout agrémenté d'un énorme, d'un superbe jardin complété par un potager. » (N. p. 39)

Il est difficile aujourd'hui de se faire une idée de la splendeur de cette maison qui inspirera Lampedusa dans sa description du palais de Donnafugata. En effet, en 1968, un tremblement de

1. Dans l'édition corrigée, Giuseppe Tomasi di Lampedusa ouvre une parenthèse (Anna I, qui avait pourtant été aux Indes) qui annonce le « Mon Dieu, mon Dieu, c'est pire qu'en Afrique ! » de Mlle Dombreuil, la gouvernante française qui se souvenait « des années passées en Algérie auprès de la famille du maréchal Bugeaud ». (p.56)
2. Appartements réservés aux hôtes.

terre détruisit toute la vallée du Belice. L'auteur du *Guépard* en parle comme d'une « manière de Pompéi XVIIIe où tout se serait miraculeusement conservé ». (N. p. 76)

Sa chambre, « parmi tant de splendeurs », était « dépourvue de tout ornement » (N. p. 52). Dans la salle de bains il prenait des « bains de son » dont on retrouvera l'écho dans *Le Guépard.*

Peu de visites, on le conçoit aisément vu l'état des routes. Les sœurs de sa mère, sa cousine Clementina. On recevait les notables du pays, sans leurs épouses (comme dans le roman : Don Calogero vient seul au palais, la mère d'Angelica n'étant pas « présentable »).

Le palais comportait un théâtre. Des troupes de comédiens ambulants y donnaient des représentations, et Giuseppe évoque un Hamlet qui fit frissonner et s'exalter un public composé à 90 % de paysans analphabètes.

Tous les dimanches la famille assistait à la messe dans la chapelle. Le reste du temps, Giuseppe était libre de vagabonder à sa guise avec son chien Tom, dans le grand jardin qui « se muait dans la fureur du plein été, lorsque le jet d'eau s'essoufflait, en un paradis de senteurs [...], à l'instar de nombreux parcs siciliens qui semblent faits davantage pour les plaisirs de l'odorat que pour ceux de la vue.[1] » (N. p. 48), ou dans la maison : « il errait dans l'immensité ornée de cette maison comme au cœur d'une forêt enchantée. » (N. p. 42). « Ouvrait-on la porte d'un couloir, que s'offraient à la vue des pièces en enfilade, plongées dans la pénombre des persiennes mi-closes, où des séries d'estampes françaises illustraient les campagnes de Bonaparte en Italie » (N. p. 50)

Jardin et maison qui serviront de décor à la troisième et à la quatrième partie du roman...

1. Dans *Le Guépard* : « C'était un jardin pour aveugles : la vue était constamment offensée mais l'odorat pouvait en tirer un fort plaisir quoique sans délicatesse. » (p. 14)

Sans doute la pitié pour les animaux morts qu'éprouve Don Fabrizio — même si dans le roman la chasse, passe-temps aristocratique, est une activité qu'il pratique régulièrement avec Don Ciccio Tumeo — a-t-elle été inspirée à son créateur par une expérience traumatisante que lui fit faire son père lorsqu'il était enfant. On lui met un fusil dans les mains, et il tue deux « innocents rouges-gorges ». « Ils tombèrent, leurs petites plumes grises et tièdes tachées de sang. Et comme ils palpitaient encore, le garde leur broya la tête entre ses doigts. » Ce furent là les premières et dernières cartouches de sa « carrière cynégétique. » (N. p. 51)

C'est à Santa Margherita que Giuseppe apprit à lire et à écrire à l'âge « plutôt avancé » (N. p. 55) de huit ans, avec une institutrice particulière. Auparavant on lui faisait la lecture : la Bible, les récits mythologiques, quelques livres d'aventures de Salgari[1]. Sa mère Beatrice lui apprit à écrire le français qu'il parlait déjà. Bien vite il fit de la bibliothèque, où figuraient les œuvres du siècle des Lumières, de Cervantès, de La Fontaine mais aussi de Zola et de Verga[2], son quartier général. Une de ses lectures préférées était un « recueil de bulletins et communiqués de guerre napoléoniens qui faisaient » ses « délices ». (N. p. 41)

Dans les souvenirs de Lampedusa **cette existence libre et sans souci apparaît comme un paradis perdu**. « On comprendra aisément que la vie à Santa Margherita représentait pour moi l'idéal. » (N. p. 42). L'huile de ricin était, « en cet âge heureux, le seul vrai point noir de [sa] vie. » (N. p. 50)

Le **tremblement de terre de Messine** en 1908, qui fit 80 000 victimes parmi lesquelles sa tante Lina, sœur de sa mère, et son mari, mit fin à cette période heureuse. À partir de cette

1. Emilio Salgari (1862-1911) est le plus célèbre auteur pour la jeunesse du début du XXe siècle. Il est le créateur du personnage de Sandokan, l'auteur du *Corsaire noir*, des *Pirates de la Malaisie*, des *Tigres de Mompracem* et de dizaines d'autres romans d'aventures.

2. Voir p. 39, note 2 et p. 59.

date et jusqu'en 1953, Tomasi di Lampedusa ne révèle rien ou presque de sa vie. **Il n'aimait pas parler de lui, comme s'il éprouvait du dégoût pour son existence.** Et ce n'est que récemment, comme nous l'avons vu, que des documents retrouvés ont permis de combler les blancs. En 1910 une autre tragédie frappa la famille : Giulia, sœur cadette de Beatrice, fut assassinée par son amant. Bouleversée par cette mort et le scandale qui s'ensuivit, Beatrice Lampedusa quitta avec son fils la Sicile pour la Toscane puis Rome.

« Il me fallut tuer un Bosniaque d'un coup de pistolet[1] »

Durant la brève parenthèse romaine puis à Palerme, Giuseppe fréquenta le lycée avant de poursuivre ses études à l'université. Il aurait préféré s'inscrire en lettres, mais son père l'obligea à faire du droit, estimant que cela préparerait son fils à une carrière de diplomate (seule « profession » exercée par la famille). Giuseppe se soumit à la volonté paternelle, mais ces années comportent des zones d'ombre. Sans doute s'inscrivit-il à la faculté de droit à Rome, puis à Gênes, mais il ne semble pas qu'il ait passé la *laurea* (le diplôme universitaire italien donnant le titre de *dottore*). Quoi qu'il en soit en mai 1915 l'Italie entrait en guerre et Giuseppe fut appelé sous les drapeaux en novembre.

Sur sa carrière militaire on n'a pas non plus de renseignements très précis. Il opta pour le « volontariat d'un an ». On sait qu'il fut affecté à un régiment d'artillerie et qu'il rejoignit le front en septembre. Il trouva devant lui des Bosniaques ; dans les *Racconti* il dit en avoir tué un : « Dix ans plus tard, il me fallut tuer un Bosniaque d'un coup de pistolet et Dieu sait combien d'autres chrétiens à coups de canon. Mais je ne ressentis pas le dixième de l'impression que m'avaient fait éprouver les deux infortunés rouges-gorges. » (N. p. 51). Il fut blessé et fait pri-

1. *Le Professeur et la Sirène*, p.51

sonnier. On le crut mort. Il fut bien traité par les Autrichiens et attribua plus tard ce traitement de faveur à la présence d'une couronne ducale[1] sur ses vêtements.

Il fit plusieurs tentatives d'évasion de Hongrie, déguisé en Autrichien, fut repris mais réussit finalement à gagner Trieste occupée par l'armée italienne. Il ne fut démobilisé qu'en 1920, avec le grade de lieutenant.

Cet après-guerre fut pour lui, tant du point de vue physique que moral, difficile. Il sombra dans la dépression. Il reprit ses études mais les abandonna rapidement, **décidé à n'exercer aucune activité professionnelle**.

Ces années étaient celles de l'arrivée au pouvoir de Mussolini. Il est sans doute inexact de dire que Lampedusa était un antifasciste convaincu. **Mais il n'adhéra jamais au parti fasciste**. Sa mère admirait Mussolini. Certes plusieurs membres de sa famille avaient occupé des postes dans le gouvernement libéral, mais lui n'estimait guère les libéraux italiens[2]. Dans le cas de Lampedusa il faudrait plutôt parler de « ressentiment » envers ces derniers. Mais bien vite **il se mit à mépriser les fascistes qu'il trouvait ridicules**.

La Sicile elle-même n'avait plus le charme de la Belle Époque, l'atmosphère de « casa Lampedusa » était de plus en plus pesante. Le palais de Santa Margherita fut vendu par son oncle qui s'était ruiné pour financer la cause du socialisme. Si bien que Giuseppe décida de retrouver les amis qu'il s'était faits durant la guerre sur le continent, à Turin, Gênes et ailleurs.

Il voyageait souvent avec sa mère et ils séjournèrent en Toscane, à Bologne et aussi à Munich. C'est l'époque où Giuseppe

1. Son père étant encore en vie, il n'avait pas le droit au titre de « prince ».
2. Un personnage du *Guépard*, Don Ciccio Ferrara le comptable, est décrit comme un homme « qui cachait l'âme pleine d'illusions et rapace d'un libéral derrière des lunettes rassurantes et des nœuds papillons immaculés. » (p. 36).

se mit à photographier — sans grand talent, d'après les clichés qui nous sont restés — tous les endroits qu'il visitait.

Sa passion était la littérature. Sa culture littéraire et historique était telle que ses cousins Piccolo (Lucio le poète et Casimiro le peintre) l'avaient surnommé « **le monstre** ». Il avait appris dès l'enfance le français, nous l'avons vu, et l'allemand avec ses gouvernantes, il se familiarisa ensuite avec l'anglais, ce qui lui permettait de lire dans la langue originale. Il s'intéressait non seulement aux grands auteurs mais aussi aux mineurs. Pour lui **l'histoire ne pouvait être comprise sans le secours de la littérature**.

En 1926-1927 Giuseppe publia dans une revue de Gênes, « Le Opere e i Giorni », trois articles, l'un sur les œuvres de jeunesse de Paul Morand, le deuxième sur Yeats et la renaissance irlandaise, le troisième sur une biographie allemande de César. Souvent écrits dans une prose grandiloquente, ces articles sont riches de jugements critiques originaux et attestent d'une connaissance étendue de la littérature italienne, française, anglaise et allemande. Ils nous donnent une idée de ses goûts littéraires : Yeats, Joyce, Shaw, Keats, son poète préféré, son « archange », Baudelaire, Anatole France, Pétrarque, Leopardi. Il classait les écrivains en catégories, les « créateurs de mondes » : Homère, Shakespeare à qui il vouait une admiration sans limite, Cervantès, Jane Austen, Balzac, Tolstoï, Dickens, et les « anges », morts jeunes dont les œuvres étaient un don du ciel : Marlowe, Keats, le peintre Raphaël... Dans ces articles apparaissent déjà l'ironie et le pessimisme quant à l'avenir qui caractériseront l'auteur du *Guépard*.

Curieusement, après ces articles, **Lampedusa ne publiera plus rien pendant plus de trente ans**...

« Je fais le prince[1] »

Durant la fin des années 1920, Lampedusa visita les principaux pays européens, à l'exception de l'Espagne et de la Grèce. Il se rendait parfois en Allemagne et en Autriche, mais ses destinations préférées étaient la France, qu'il connaissait depuis son enfance, et surtout l'Angleterre.

En Angleterre Giuseppe séjournait chez son oncle Pietro Tomasi, marquis de la Torretta, ambassadeur à Londres, qui avait fait toute sa carrière dans la diplomatie et avait été ministre des Affaires étrangères dans le gouvernement d'Ivanoe Bonomi. Bien qu'opposé au fascisme il poursuivit sa carrière jusqu'en 1927, date à laquelle il fut invité à présenter sa démission. Pietro della Torretta était marié à Alice Barbi-Wolff[2], ancienne mezzo-soprano de renommée internationale, amie de Brahms, veuve d'un baron balte et mère de deux filles, qu'il avait rencontrée alors qu'il était ambassadeur à Saint-Pétersbourg. Avec l'une d'entre elles, Alessandra, Giuseppe discutait littérature anglaise. Il participait aussi aux côtés de son oncle aux réceptions et aux cérémonies officielles. On peut imaginer, connaissant son caractère et sa timidité, qu'il était mal à l'aise en société, d'autant qu'il se refusait à parler anglais. Quand il n'était pas accaparé par cette vie mondaine, Giuseppe visitait Londres et photographiait, il allait au théâtre, au cinéma, fréquentait les bibliothèques et les librairies, voyageait à travers le pays, faisant des pèlerinages dans les maisons d'écrivains. **Loin de la Sicile il se sentait heureux, il n'était plus le même homme**, il pouvait être lui-même. En fait il possédait quelques-unes des qualités qu'il considérait comme typiquement britanniques : la réserve, la maîtrise de soi, le sens de l'humour. Il admirait le *fair-play* et « l'understatement »* et

---

1. Réponse de Lampedusa à un ami qui lui demandait à quoi il s'occupait.
2. Plus âgée que son mari, elle était appelée ironiquement par la famille Cutò « la jeune Alice ».

pratiquait l'auto-ironie. L'Angleterre qu'il connaît est celle de son milieu. Il ignore le prolétariat anglais et les problèmes de la civilisation industrielle. Il appréciait le système politique anglais, les *public schools* anglaises qui forgeaient le caractère. Sans doute souffrait-il de la comparaison entre la France et la Grande-Bretagne d'une part, et l'Italie et la Sicile de l'autre.

Les lettres que Giuseppe a envoyées à ses cousins Piccolo restés en Sicile viennent d'être publiées[1]. « Écrites entre 1925 et 1930, postées depuis les capitales européennes, elles nous permettent de suivre l'itinéraire d'un jeune homme doué qui sait où aller et ce qu'il aime voir, Paris, Londres, York, les Alpes, Florence, Zurich, Rome, Berlin... C'est le roman d'un touriste qui a une aisance dans le monde, d'excellentes manières, un nom et un titre, des moyens, mais aussi des connaissances en art, en littérature, en histoire, des yeux pour regarder et une plume pour écrire. »[2] Il faut dire un mot de la **famille Piccolo** qui joue un grand rôle dans l'existence de l'auteur du *Guépard*. Deux frères, Lucio et Casimiro, et une sœur, Giovanna, tous célibataires. Des originaux, des excentriques, qui vivaient dans une grande villa à Capo d'Orlando, sur la côte nord de la Sicile, au milieu de jardins luxuriants et d'orangeraies... Artistes, très cultivés, Casimiro peintre, Lucio poète, musicien, brillant helléniste, astronome à ses heures. Mais aussi bons vivants. Passionnés par l'occultisme et le surnaturel (sur ce terrain Giuseppe ne les suivait pas), grands amateurs de chiens. Il y avait entre les cousins une sorte de compétition intellectuelle, ils se livraient à des joutes oratoires, à des jeux littéraires. Le ton des lettres est celui de la complicité, de caste et de famille. La lecture de cette correspon-

1. *Viaggio in Europa, Epistolario 1925-1930* (a cura di Gioacchino Lanza Tomasi, introduzione di Silvano Nigro, Mondadori, 2006), traduit par Nathalie Castagné sous le titre *Voyage en Europe*, Seuil, 2007.
2. Alice Ferney, « Figaro littéraire », 3 mai 2007.

dance nous révèle un écrivain plein d'humour et de causticité. Les citations abondent, les commérages sur les mœurs sexuelles aussi. Chaque lettre est comme l'épisode d'un feuilleton. Il parle de lui à la troisième personne, en s'appelant « le monstre » :

> « Le Monstre navigue dans l'océan-monde comme une baleine insouciante. De loin, du haut de l'Europe, la Conque d'Or[1] lui semble une dantesque "enceinte de fer", et Palerme une ville de Dité[2] murée ; la noblesse sicilienne une cage de singes, qui montrent le miroitement rosé de leur derrière, et de chats, qui jouent aux tigres royaux : le Cercle Bellini[3] est un château d'"esprits" qui voudraient être "grands" mais sont en fait étroits en plus de pathétiques[4]. »

On ne peut s'empêcher de penser aux réflexions de Don Fabrizio devant « la colonie » des jeunes filles de la noblesse dans la scène du bal : « il lui semblait être le gardien d'un jardin zoologique en train de surveiller une centaine de jeunes guenons : il s'attendait à les voir tout d'un coup grimper aux lustres et de là, suspendues par la queue, se balancer en exhibant leur derrière et en lançant des coquilles de noisettes, des cris et des grincements de dents sur les pacifiques visiteurs. » (p. 234-235)

Il pratique l'auto-ironie : « Le monstre a été spirituel, descriptif, profond et sage ; et il a fait scintiller [dans ses lettres] toutes les facettes d'une intelligence qui n'a pas beaucoup d'égales dans l'Europe d'aujourd'hui[5]. »

---

1. Plaine fertile, plantée d'agrumes, qui entoure Palerme, aujourd'hui dégradée par l'urbanisation.
2. Cité infernale de *La Divine Comédie*, aux murs incandescents, pleine de tombes de damnés en feu.
3. En Sicile, les « cercles » sont des sortes de clubs où se réunissent les hommes d'un même milieu social : Cercle des nobles. Giuseppe Tomasi di Lampedusa fréquentait et fréquentera après la Seconde Guerre mondiale ce cercle, où il écrivait.
4. *Voyage en Europe*, préface de Salvatore Silvano Nigro, p. 30.
5. *Voyage en Europe*, p. 123.

Faut-il suivre ce que dit Gioacchino Lanza Tomasi dans son avant-propos sur son « œil infaillible » : « Ce style annonce la langue du *Guépard* et du *Professeur et la Sirène,* ainsi qu'une façon singulière, originale, d'observer le monde extérieur, qui a eu tellement d'importance dans l'accueil favorable réservé à l'auteur. L'œil infaillible dans l'introspection caustique de la comédie humaine est déjà tout entier ici, trait qui n'est pas négligeable dans la caractérisation stylistique du narrateur[1]. » ou au contraire n'a-t-il rien vu du XXe siècle, parce qu'il n'en était pas, selon les mots d'Alice Ferney ? Ce qui est sûr, c'est qu'apparaissent ici et là des propos qui ne peuvent être attribués au seul goût de l'ironie et de la dérision, et qui éclairent d'un jour peu sympathique sa personnalité : lorsqu'il écrit, par exemple, que « la raclée » administrée en 1925 par les fascistes au député libéral Giovanni Amendola[2] le remplit « d'une délicate volupté » ou que le spectacle du « petit peuple juif » entrevu sur un quai de gare en Lituanie lui semble expliquer « les massacres réguliers exécutés [...] par ces personnes d'une extrême sagesse que sont les Russes[3]. » Certes ces réactions peuvent s'expliquer par le mépris dans lequel il tenait les libéraux et par son horreur tout aristocratique pour la saleté et les mauvaises odeurs (qu'il fait partager à Don Fabrizio : que l'on pense à la scène des « carnaggi », ou aux conseils donnés à Padre Pirrone d'être plus attentif à son hygiène corporelle). Mais cela ne les justifie pas.

En tout cas « cette correspondance est déjà une tentative de construire un roman. En dialoguant avec ses cousins, il entre dans une dimension romanesque qui est celle des *Aventures de*

1. *Voyage en Europe*, p. 9.
2. Giovanni Amendola, après l'assassinat du député socialiste Matteotti par les fascistes, prit la tête du mouvement de protestation connu sous le nom de l'Aventin. Il mourut en 1926 des suites de cette fameuse « raclée ». *Voyage en Europe*, p. 41.
3. *Voyage en Europe*, p. 197-198

M. Pickwick de Dickens, parce que c'est comme s'il était le correspondant d'un cercle de demeurés. Chaque lettre est comme un épisode d'un roman épistolaire qui évoque le modèle stendhalien. Stendhal aussi se définissait un « monstre de curiosité ».[...] Elle « est le laboratoire du *Guépard*, tant en ce qui concerne l'attitude envers la noblesse de Palerme et la tradition sicilienne que pour la manière dont sont construits les personnages. Personne jusque-là n'avait remarqué à quel point la passion pour le portrait était ancrée chez Lampedusa ». (Salvatore Silvano Nigro)[1].

« Avec personne je ne me suis compris et ne me comprendrai comme avec elle[2]. »

Après la démission de son oncle Pietro della Torretta de sa charge d'ambassadeur en 1927, les séjours de Giuseppe en Angleterre se firent moins fréquents. Les voyages en Europe, il les faisait souvent accompagné de sa mère. Sa destination était maintenant la Baltique. Il se rendit plusieurs fois au château de Stomersee près de Riga, en Lettonie, où demeurait la belle-fille de Pietro della Torretta, Alessandra, surnommée Licy.

À la mort du baron Wolff en 1917, Alice et ses deux filles, Lolette et Licy, étaient retournées en Lettonie. Les pays baltes (Lettonie, Estonie, Lituanie) avaient été l'objet des convoitises des Allemands et des Russes durant la Première Guerre mondiale, et ils le furent aussi durant la Deuxième. Mais de 1920 à 1940, ils étaient redevenus des républiques indépendantes.

Alice et Lolette préférèrent bien vite revenir en Italie, où Lolette se maria avec Augusto Biancheri. Licy, au contraire, fidèle aux traditions de la famille de son père, resta à Stomersee. C'était une femme très cultivée, qui parlait plusieurs langues, très férue de littérature et de psychanalyse. En 1918 elle avait épousé un

1. « Corriere del Ticino », 10 janvier 2007.
2. Lettre à sa mère du 29 août 1932 où il parle de Licy.

baron estonien, André Pilar, un ami d'enfance, mais après avoir vécu quelque temps à Riga avec son mari, Licy s'était remise à voyager à travers l'Europe et à séjourner à Londres auprès de son beau-père. C'est là que Giuseppe fit sa connaissance en 1925. Ils se revirent ponctuellement jusqu'en 1932, au château de Stomersee ou en Italie. Nous avons toute une série de lettres d'amour de Giuseppe écrites en français.

Sans doute avaient-ils décidé de se marier depuis quelque temps déjà, mais il fallait que soit réglé le problème de l'annulation du premier mariage de Licy. D'autre part les parents de Giuseppe n'approuvaient pas cette union avec une femme de deux ans son aînée, déjà mariée et au caractère bien trempé. Leur mariage fut célébré en août 1932 à l'église orthodoxe de Riga, sans que les familles respectives n'en aient été averties.

Dans la lettre qu'il écrivit à son père après la cérémonie, Giuseppe dit qu'il aurait préféré mourir plutôt que de continuer à vivre loin d'elle, et que ces constantes séparations lui étaient intolérables. Mais il n'avouait pas qu'il était déjà marié…

La longue lettre à sa mère est très révélatrice des relations qu'il entretenait avec elle. Il insiste sur sa souffrance et quête désespérément l'approbation maternelle. Inquiet de ne pas recevoir immédiatement de réponse, il lui écrit de nouveau : sa décision est « le fruit d'années de maturation silencieuse ». Licy non seulement est belle, mais elle est riche… Giuseppe supplie sa mère de ne pas compromettre son bonheur par un mouvement d'impatience. À plusieurs reprises il s'excuse de l'avoir « attristée » et implore son pardon.

Un autre problème surgit lorsque Licy comprit qu'à Palerme il lui faudrait loger avec ses beaux-parents. Elle dont la famille jouissait d'un grand prestige en Lettonie se trouvait réduite à vivre dans deux petites pièces, toute une partie du palais Lampedusa ayant été louée en 1929 à l'entreprise municipale du gaz.

On s'est posé beaucoup de questions sur la nature des relations entre Giuseppe et Licy. Plus que d'amour passion, malgré les déclarations enflammées de Giuseppe dans ses lettres, il semble qu'il se soit agi d'une relation fondée sur une communauté d'intérêts intellectuels et d'une passion partagée pour la littérature.[1]

Quoi qu'il en soit, **c'est plutôt le fait que Giuseppe ne réussissait pas à couper les liens qui l'unissaient à une mère possessive qui explique la faillite de cette union.** Il serait plus exact de dire d'ailleurs qu'il « ne voulait pas » les couper car Giuseppe, malgré l'ennui que lui procurait la vie à Palerme, malgré les dissensions familiales, n'avait jamais envisagé d'habiter ailleurs que dans le palais Lampedusa. Son cosmopolitisme ne l'empêchait pas de rester attaché à Palerme — comme Licy l'était à la Lettonie. Très vite le torchon brûla entre Licy et Beatrice, et Giuseppe prit le parti de sa mère.

Un an après son mariage Licy retourna en Lettonie. Elle ne revenait à Rome et en Sicile que pour de brefs séjours. Giuseppe la rejoignait à Stomersee, mais petit à petit leurs rencontres se firent plus rares et leur mariage devint « épistolaire ».

Dans leurs lettres ils parlaient de leurs chiens (passion qu'ils partageaient) et de littérature, Licy de ses problèmes de santé et de son activité de psychanalyste. En 1936 elle fut admise dans la Société italienne de Psychanalyse.

À la mort de son père en 1934, Giuseppe, devenu prince de Lampedusa, décida de passer la plus grande partie de l'année à Palerme. Il vivait avec sa mère dans le palais familial, il essayait de régler les problèmes administratifs et de débrouiller, sans succès, l'écheveau du testament de son arrière-grand-père.

1. On a dit aussi qu'une blessure de guerre aurait rendu Giuseppe impuissant (interview de Francesco Orlando, « Il Messaggero », 23 juillet 1987), mais son fils adoptif, Gioacchino Lanza Tomasi, ne semble pas partager ce point de vue. Avant d'épouser Licy, Lampedusa avait été fiancé deux fois.

Mais il lui restait beaucoup de temps qu'il consacrait à la lecture. On a déjà parlé de sa connaissance de la littérature européenne, qu'il lisait presque toujours dans le texte, mais sa culture historique était aussi impressionnante. Sa bibliothèque était remplie d'ouvrages sur la France, l'Italie, la Grande-Bretagne, la Première guerre mondiale. On ne peut pas dire comme certains critiques qu'il ignorait l'histoire.

Il fréquentait le cercle Bellini, où se réunissaient les nobles. Sans doute observait-il plus qu'il ne parlait. Dans le premier chapitre d'un roman qu'il pensait intituler *I gattini ciechi*[1] et qui aurait été une suite au *Guépard*, il décrira les discussions de ces aristocrates oisifs. Il voyait aussi quelques professeurs et magistrats au Café Caflisch.

L'historien Gaetano Falcone rapporte que Lampedusa faisait quelques rares commentaires sur l'actualité politique. Giulio Tomasi et son beau-frère Alessandro Tasca di Cutò avaient fait partie des rares aristocrates antifascistes dans les années 1920. **Sa mère en revanche était une fasciste convaincue**. Mais il est difficile de dire quelles furent les opinions de Giuseppe dans ces années 1930. Comme beaucoup de ses compatriotes, il croyait que la monarchie serait un rempart contre les excès du régime. Il reprochait d'ailleurs plus au fascisme ses aspects ridicules, son militarisme d'opérette, ses dictats linguistiques que ses tribunaux d'exception. Une faute de goût. Quoi qu'il en soit, il préférait vivre sous une dictature de droite que sous une dictature communiste.

---

1. *I gattini ciechi* = Les chatons aveugles. Dans la traduction française ce chapitre est devenu *La Matinée d'un métayer*.

« Quand on voit ce qui s'est passé, on a envie de cracher sur son passeport d'homme[1] »

Avant encore que n'éclate la Seconde Guerre mondiale[2], Lampedusa, officier de réserve, passa quelques semaines à l'école d'artillerie de Nettuno, près de Rome, puis à Palerme et à Trapani, avant d'être renvoyé dans ses foyers en août 1940. Rappelé en janvier 1942, il tomba malade au bout d'une semaine et fut démobilisé. **Il détestait Hitler, la guerre était pour lui un spectacle honteux.** « ...quand on voit ce qui est arrivé », écrira-t-il à Licy, « on a envie de cracher sur son passeport d'homme[3]. »

Quand, à la fin de 1939, la Lettonie passa sous influence soviétique, Licy, qui était une lettone d'origine allemande, quitta avec une grande tristesse son château de Stomersee pour la Sicile. Quand les troupes allemandes occupèrent son pays, elle revint à Riga et en repartit lorsque les Russes chassèrent les Allemands fin 42. Son château avait été démoli durant l'occupation russe et les paysans déportés.

Durant toutes ces années les époux Lampedusa s'écrivaient régulièrement. Giuseppe passait ses journées dans la bibliothèque, ennuyé et déprimé, il attendait les lettres de Licy et y répondait. Ils parlaient de leurs chiens comme s'il s'était agi de leurs enfants. Plusieurs fois les bombardements de Palerme avaient touché le palais Lampedusa, le rendant pratiquement inhabitable.

De temps en temps Giuseppe se réfugiait à Capo d'Orlando, chez ses cousins Piccolo. Leur maison était depuis toujours pour

1. Lettre à Licy (16 février 1943)
2. Rappelons que l'Italie attendit, pour rentrer en guerre, le 10 juin 1940, la défaite de la France. Allié de l'Allemagne, Mussolini disait qu'il avait besoin de quelques milliers de morts pour pouvoir s'asseoir à la table des négociations et obtenir les territoires qu'il convoitait (Nice, la Corse et la Tunisie).
3. Dans *Le Guépard* la guerre est décrite comme un « chaos extrêmement concret et hideux. » (p. 47)

Giuseppe une sorte d'Arcadie[1] où fuir les problèmes de Palerme. À cause des bombardements incessants (les Alliés préparaient le débarquement de juillet 1943), Giuseppe décida fin 1942 d'emmener sa mère et son chien à Capo d'Orlando.

Licy, lorsque l'offensive russe commença, quitta définitivement la Lettonie et s'installa à Rome.

Les bombardements continuèrent à causer des dommages au palais de Palerme, jusqu'au jour fatal du 5 avril 1943 « lorsque les bombardiers venus d'outre-Atlantique s'acharnèrent à le détruire ». Giuseppe ne se remit jamais de la disparition de cette maison qu'il appelait « l'aimée disparue », « réduite à un affreux champ de ruines ». (N. p. 25). Il restera trois jours sans pouvoir parler.

Licy comme Giuseppe sortaient de la guerre « comme des tortues privées de leur carapace » (Gioacchino Lanza Tomasi).

En fait le palais n'avait pas été rasé au sol comme le prétendait Giuseppe. Une aile avait résisté et était encore habitable. Si beaucoup de meubles et d'objets avaient été pillés ou détruits, l'essentiel de la bibliothèque n'avait pas été touché. Les temps étaient très durs, la ville était détruite à 70 %, la misère poussait la population à se révolter, l'armée intervenait pour réprimer ces désordres, causant de nombreux morts.

En Sicile les Alliés devaient remplacer les cadres fascistes. On sait qu'à cette occasion d'anciens mafieux furent installés à des postes de responsabilité, mais les Anglo-Américains firent aussi appel à des personnalités qui ne s'étaient pas compromises avec le précédent régime. C'est ainsi que Lampedusa devint en 1944 d'abord président du comité provincial de Palerme de la Croix-Rouge internationale, puis président régional. Expérience peu satisfaisante qui dura presque trois ans, pendant lesquels il fut

---

1. Dans la poésie grecque et latine, cette région de la Grèce antique peuplée de bergers est présentée comme le lieu du bonheur et de la sérénité.

confronté à d'incessants problèmes administratifs et humains et essaya vainement de lutter contre les pots-de-vin.

En 1946 Beatrice était revenue mourir dans son palais de Palerme. Pour Giuseppe cet après-guerre n'apportait que du malheur, et ses seuls moments de répit, il les vivait lors de ses voyages dans la villa de ses cousins Piccolo, où il retrouvait « une trace affaiblie et néanmoins ineffaçable de [ses] premières années. Et c'est pourquoi y séjourner [l'] enchante ». (N. p. 53).

« Je ne prétends pas, après tout, lire tout le temps, je m'amuse à construire des théories[1]... »

La question du testament de l'arrière-grand-père enfin résolue, Giuseppe, qui avait renoncé à faire restaurer son palais, s'installa dans un palais de la rue Butera, près du vieux port. Il avait appartenu à son arrière-grand-père qui en avait ensuite revendu la moitié. Pour racheter cette partie il vendit certaines de ses parts des domaines familiaux mais vivra ses dernières années dans des difficultés financières qui l'angoissaient. Licy s'occupait des travaux de restauration indispensables. Elle fit transporter Via Butera tout ce qui avait pu être récupéré du Palais Lampedusa, les boiseries et les carreaux de céramique avec les perroquets et l'emblème du guépard. C'était une demeure à la fois fastueuse et malcommode, sans chauffage. Licy y recevait ses patients. Giuseppe ne se plaisait vraiment pas dans cette nouvelle maison. « Elle ne me plaît absolument pas, dira-t-il dans le manuscrit des *Racconti* [...] je l'ai achetée pour faire plaisir à ma femme et [...] j'ai été heureux de la mettre à son nom, parce que ce n'est vraiment pas ma maison. »

Lampedusa était toujours aussi réservé et taciturne, mais sa grande culture et son sens de l'humour le rendaient séduisant lorsqu'il se sentait à son aise, c'est-à-dire lorsqu'il était chez lui,

1. *Letteratura inglese*, III

ou à Capo d'Orlando, ou avec des jeunes gens qui s'intéressaient à l'histoire et à la littérature à qui il donnait des sortes de cours.

Chaque matin il faisait la tournée des librairies. Acheter des livres était sa passion. Il retrouvait dans les années 1950 une certaine sérénité.

Sous une courtoisie apparente, sa misanthropie se confondait parfois avec une forme de mépris. **Il détestait la bourgeoisie, sa mesquinerie**. Il se sentait avant tout noble, par l'éducation, même si les « vices » de sa classe l'irritaient. L'idée de rechercher un travail, par exemple, ne lui vint jamais. Il avait d'ailleurs conscience que son pessimisme quant à la nature humaine avait pour origine son insensibilité. « Fais attention », recommandait-il à Gioacchino Lanza. « Cave obdurationem cordis » (garde-toi de l'insensibilité du cœur)[1]. »

Son scepticisme touchait également la politique. Pour lui, **tous les systèmes politiques étaient mauvais**, mais le communisme était le pire de tous. Il admirait le système parlementaire anglais. Cependant il ne tenait pas en grande estime le système italien libéral d'avant le fascisme. Aucun régime ne lui convenait vraiment. S'il était et restait royaliste[2], dans *Le Guépard* il ne ménage ses critiques ni aux Bourbons ni à la monarchie de Savoie.

Quant à ses opinions religieuses, il semble qu'il ait été plus agnostique* qu'athée, anticlérical en tout cas et persuadé que le catholicisme en Italie n'avait que des aspects négatifs. Il méprisait les écrivains catholiques italiens qui, selon lui, « puaient la sacristie », mais admirait cependant Pascal, Bernanos, Claudel et Mauriac.

Du fait de son incompréhension et de son désintérêt pour les questions financières, la vie qu'il menait était plutôt frugale.

1. Interview de Gioacchino Lanza Tomasi, « Famiglia cristiana », 7 mai 1986.
2. Rappelons que les Italiens choisirent la république par référendum le 2 juin 1946.

Le couple n'avait ni le même rythme de vie ni les mêmes goûts culinaires. Il retrouvait sa femme le soir seulement, pour des lectures à haute voix ou des discussions sur leurs auteurs préférés (Goethe, Keats, Shelley). Ils allaient parfois au concert. L'attitude de Lampedusa envers la musique était ambiguë. Il aimait Mozart mais l'opéra du XIXe siècle était la cible de tous ses sarcasmes*. Il l'accusait d'avoir détourné les Italiens de la vraie musique. Il reprochait à l'opéra d'être trop explicite : « Les choses importantes ne sauraient être braillées ; les hurlements de haine ou d'amour ne s'entendent qu'au mélodrame ou chez les gens les plus incultes, ce qui d'ailleurs revient au même. » (N. p. 142) Selon lui les librettistes dénaturaient les auteurs dont ils s'inspiraient, et il rendait le mélodrame responsable de l'insensibilité des Italiens pour la littérature. On comprend mieux le choix ironique des airs interprétés à l'arrivée de la famille princière à Donnafugata : *Noi siamo zingarelle* (Nous sommes des bohémiennes) et *Amami Alfredo* (Aime-moi, Alfred)[1], et la réaction de Don Fabrizio mourant lorsqu'il entend l'orgue de Barbarie jouer un air de *Lucia di Lammermoor*[2].

Il est superflu de souligner, après ce que nous venons de dire de la vie de Lampedusa, que la littérature y occupait une place centrale.

Son « élève » Francesco Orlando, dans *Ricordi di Lampedusa* (Milan, 1963), écrivait :

> « La littérature avait été et était la grande occupation et consolation de ce noble que je ne sais quels revers de fortune avaient éloigné aussi bien de toute vie mondaine que de toute fonction pratique, et qui était réduit à vivre dans la solitude sans

1. Ce sont deux airs du célèbre opéra de Giuseppe Verdi (1813-1901), *La Traviata* (1853).
2. Il s'agit d'un opéra (1835) du compositeur romantique Gaetano Donizetti (1797-1848).

autre luxe que les dépenses considérables qu'il faisait pour acheter des livres. »

La littérature était à la fois son passe-temps et sa consolation dans les moments de dépression qu'il traversait souvent.

Il avait toujours avec lui une édition de Shakespeare et les *Aventures de Monsieur Pickwick* de Dickens était son livre de chevet.

Sa volonté de lire les textes en version originale l'amena à apprendre le russe et, dans les dernières années de sa vie, l'espagnol avec la mère de Gioacchino Lanza.

Selon lui il n'était pas nécessaire de consulter les critiques pour apprécier la littérature, il suffisait de lire les œuvres, d'étudier la vie de l'auteur, de comparer avec d'autres écrivains… et de se poser des questions.

Jusqu'au début des années 1950, cette passion pour la littérature n'avait guère été partagée qu'avec les cousins Piccolo et sa femme Licy. Mais quand quelques jeunes gens, présentés par un ami, se rendirent chez lui pour parler littérature, sa vie changea. Licy eut l'idée, que Giuseppe accueillit avec enthousiasme, de transformer ces conversations en cours informels qui lui permettraient de transmettre à ses disciples son propre amour de la littérature. Ses principaux élèves furent Francesco Orlando et Gioacchino Lanza.

Gioacchino était neveu du comte de Mazzarino et cousin de Lampedusa. Séduisant et intelligent, il avait un sens de l'humour qui plaisait beaucoup à Lampedusa. De l'aveu même de l'auteur du *Guépard*, Tancredi lui doit beaucoup.

Francesco Orlando n'appartenait pas à la noblesse. Il était étudiant en droit et c'est sur les conseils de Bebbuzzo Sgadari di Lo Monaco, critique musical, qu'il se rendit chez le prince pour lui demander de l'aider. En 1953, Lampedusa proposa à Francesco de lui apprendre à lire l'anglais, puis il passa à la littérature. Les cours se tenaient au premier étage du palais de la rue Butera.

Ces cours lui demandaient un énorme travail de préparation. Il écrivit plus d'un millier de pages, il connaissait non seulement les grands auteurs, mais aussi d'obscurs écrivains. Il essayait toujours de les replacer dans leur contexte historique et politique.

La difficulté à se procurer à Palerme les livres des écrivains contemporains ainsi que l'idée qu'il caressait depuis longtemps, si l'on en croit sa femme, mais qu'il n'avait jamais mise en pratique, d'écrire un roman le détournèrent de ce cours de littérature.

Cependant quand fin 1954 le cours finit, Lampedusa décida d'en commencer immédiatement un autre sur la littérature française[1] pour Francesco Orlando. Ce cours n'est pas complet comme celui sur la littérature anglaise, mais compte quand même cinq cents pages environ. Il se concentra sur certaines périodes (le XVIe siècle) et certains auteurs (Montaigne qu'il appréciait particulièrement). Dans la partie *Trois auteurs du XIXe siècle (Stendhal, Mérimée, Gobineau),* les pages les plus inspirées qu'il écrivit sont sans doute celles sur Stendhal. Son admiration ne se limitait pas aux romans, mais à tous ses livres. Il se posait la question de savoir quel était le plus grand roman de la littérature mondiale, *Le Rouge et le Noir* ou *La Chartreuse de Parme*• ? C'est le second qui l'emporta finalement : « Comme document artistique d'une époque historique *Le Rouge et le Noir* a plus de valeur. Du point de vue lyrique, artistique, humain, *La Chartreuse* l'emporte.

Il faut avoir dépassé quarante ans pour comprendre ce roman, écrit par un homme mûr pour des hommes mûrs, et l'on voit alors que sans illusions, même artistiques, presque sans adjectifs, nostalgique, ironique, retenu et délicat, il est le sommet de toute la littérature romanesque mondiale. » (*Stendhal,* p. 106) Le style de Stendhal est un miracle de concision. Ni conversa-

1. Dans sa bibliothèque il y avait 11 000 livres français.

tions conventionnelles, ni monologues intérieurs interminables, ni descriptions à la Balzac. Retrouvera-t-on dans la prose du *Guépard* ce que son auteur admirait chez Stendhal ?

Lampedusa avait le goût des classements. Il divisait les écrivains en deux catégories : les « maigres » et les « gras ». Les « maigres » écrivent en se servant d'allusions et d'implicite et font travailler le lecteur. Presque tous les « maigres » sont français : Stendhal, Racine, Calvino[1], Laclos, Mme de La Fayette, ainsi que les « super-maigres » : La Rochefoucauld et Mallarmé. Mais il y a aussi des Français dans le groupe des « gras », ceux qui expliquent tout et ne laissent rien à la déduction du lecteur : Dante, Rabelais, Montaigne, Shakespeare, Balzac, Thomas Mann, Proust. Il ne préférait d'ailleurs pas systématiquement les « maigres » aux « gras ».

S'il lut par la suite Goethe avec Orlando, étudia les écrivains espagnols avec Gioacchino Lanza et donna des leçons d'histoire sicilienne à Mirella Radice, la fiancée de Gioacchino, Giuseppe Tomasi ne prépara plus d'autres cours de littérature.

Ce qui surprend, c'est qu'il n'ait pas fait de cours sur la littérature italienne. Lampedusa estimait qu'entre la mort du Tasse[2] et la Première guerre mondiale, la littérature italienne avait sombré dans le provincialisme. Mais il appréciait Montale[3], et admirait

---

1. Italo Calvino (1923-1985) est l'auteur de la trilogie *Le Vicomte pourfendu, Le Baron perché, Le Chevalier inexistant*, sortes de contes philosophiques pleins d'humour, et de bien d'autres romans.
2. Torquato Tasso (1544-1595) est l'auteur du célèbre poème épique sur la première croisade *La Jérusalem délivrée.*
3. Eugenio Montale (1896-1981), prix Nobel de littérature en 1975, est l'un des plus grands poètes contemporains. Son œuvre est pénétrée du sentiment tragique de l'existence (*Os de seiche*, 1925).

certaines œuvres de Manzoni[1], Verga[2], D'Annunzio[3], Ungaretti[4] et Moravia[5]. Il estimait que Keats[6] et Leopardi[7] étaient deux très grands poètes qui partageaient le même culte pour la beauté.

---

1. Alessando Manzoni (1785-1873) est l'auteur du plus célèbre roman de la littérature italienne, *Les fiancés*, mais aussi de tragédies, de poésies, d'essais.
2. Giovanni Verga (1840-1922), sicilien de Catane, est le chef de file du courant vériste. Il est l'auteur de romans et de nouvelles qui se passent généralement en Sicile, et dont les héros sont des « vaincus » de la vie. Dans *I Malavoglia*, il raconte l'histoire d'une famille de pêcheurs siciliens, dans *Mastro-don Gesualdo* l'ascension sociale — qui peut faire penser à celle de Don Calogero, mais en moins réussie — d'un maçon qui épouse une fille noble et ruinée qui le rendra malheureux.
3. Gabriele D'Annunzio (1863-1938) est l'une des personnalités les plus originales du XXe siècle italien. Poète, romancier, dramaturge, il intervint aussi dans la politique (expédition de Fiume). Son décadentisme a influencé de nombreux écrivains, son exaltation de l'artiste, son culte de la volonté et de l'héroïsme, sa recherche effrénée du plaisir sont au cœur de ses nombreuses œuvres (*Il piacere=L'enfant de volupté*, 1889).
4. Les recherches de Giuseppe Ungaretti (1888-1970) le conduisirent à l'hermétisme et à la « poésie pure ».
5. L'un des plus grands romanciers italiens du XXe siècle. Alberto Moravia (1907-1990) est l'auteur des *Indifférents* (1929), des *Nouvelles romaines* (1954), du *Mépris* (1954), de *La Ciociara* (1957), etc., où se mêlent une analyse sociale et une approche psychanalytique des personnages.
6. John Keats (1795-1821) est un poète romantique anglais, auteur du vers fameux : *Une chose de beauté est une joie pour toujours*. Mais à cette conception platonicienne de la beauté éternelle s'oppose un sens tout romantique du temps et de la mort. C'est lui qui a écrit la fameuse *Ode à un rossignol*.
7. Giacomo Leopardi (1798-1837) est le grand poète romantique italien. Dans ses *Canti*, dans une langue admirable de fluidité et de musicalité, il développe les thèmes qui lui sont chers, en particulier ceux de la déception et du désenchantement, de la nature marâtre. Il est aussi l'auteur d'une œuvre en prose d'un grand intérêt.

Son aversion pour L'Arioste[1] en revanche s'explique par le fait qu'il estimait que son œuvre était basée sur des « jeux de mots » et qu'il ne s'était pas préoccupé du problème du temps.

Lampedusa déplorait le fait que les Italiens ne lisent pas et ne s'intéressent pas à la poésie. Mais les lecteurs n'étaient pas les seuls coupables. Les écrivains étaient responsables eux aussi de cet état de choses : ils n'avaient aucun sens de l'humour. Ils étaient souvent superficiels, limités ou provinciaux, et refusaient d'aborder certains thèmes. Bref la situation de la littérature ne faisait que refléter le provincialisme de la société italienne dans son ensemble.

« Si bien que je me suis assis à ma table de travail et que je me suis mis à écrire un roman[2]. »

Au printemps 1954, le poète Eugenio Montale, qui n'était pas encore prix Nobel de littérature, fut invité à participer à une rencontre littéraire dans la petite ville thermale de San Pellegrino, au nord de Bergame. Il s'agissait pour les personnalités invitées de parrainer un jeune écrivain inconnu. Quelque temps auparavant Montale avait reçu des poésies d'un Sicilien, un certain Lucio Piccolo, accompagnées d'une lettre[3] où l'auteur expliquait qu'il entendait évoquer « un monde sicilien singulier, plus précisément palermitain, qui se trouve maintenant tout près de disparaître sans avoir eu la chance d'être immobilisé par une expression artistique[4]. » La mort de sa mère[5] en 1954 avait

1. Ludovico Ariosto (1474-1533) est célèbre pour son long poème héroïque, *Le Roland furieux*, à la langue particulièrement savoureuse, dont les héros sont les preux chevaliers de Charlemagne.
2. Lettre à Guido Lajolo (31 mars 1956).
3. Nous savons que c'est Lampedusa qui la rédigea.
4. Postface d'Eugenio Montale aux *Canti barocchi e altre liriche* de Lucio Piccolo (Mondadori, 1954).
5. Teresa Tasca di Cutò, sœur de Beatrice, la mère de Lampedusa.

en quelque sorte « libéré » Lucio. Jusque-là son activité artistique « officielle » avait plutôt été la musique. C'était un grand connaisseur de Wagner, il composait aussi.

Montale fut séduit par l'originalité de ces poésies[1] et décida sans réfléchir davantage qu'il présenterait Lucio Piccolo. On imagine sa surprise lorsqu'il fit la connaissance du cousin de Lampedusa... Le « jeune poète » était en fait un homme d'âge mûr, dont la vaste culture rivalisait avec celle des « parrains ».

Préoccupé à l'idée de se rendre seul au Congrès, Lucio Piccolo demanda à son cousin de l'accompagner. L'arrivée dans la petite ville thermale du trio sicilien (les deux hommes étaient en effet accompagnés d'un serviteur — garde du corps) laissa un souvenir indélébile aux participants.

Ce congrès eut une importance décisive pour Lampedusa car il constitua le déclic qui l'incita à passer à l'acte et à se mettre à écrire. Depuis longtemps, selon son épouse, il caressait ce projet. Hésitait-il pour la raison invoquée par Lucio Piccolo ? : « nous, Siciliens, nous avons tellement peur d'être mal jugés sur le Continent que nous préférons nous taire. »[2] Affirmation par ailleurs démentie par le très grand nombre d'écrivains siciliens édités en Italie...

Probablement le contact avec des « lettrés » à San Pellegrino fit prendre conscience à Lampedusa du fait qu'il ne leur était en rien inférieur. Il estimait Lucio, mais son succès le surprenait.

Écrire lui permettait surtout de « racheter » en un certain sens une vie qui ne lui avait apporté que des désillusions, avec la décadence de sa famille, ses difficultés financières et la perte de ses maisons. De plus, bien qu'il n'ait pas eu alors

1. Lucio n'ayant pas affranchi suffisamment son envoi, Montale dira que sa décision avait été motivée surtout par le fait qu'il avait dû payer pour lire...
2. In F. Scianna, D. Fernandez, L. Sciascia, *I Siciliani*, 1977, p.XVIII.

connaissance de la maladie qui allait l'emporter, il se sentait fatigué et souffrait de divers maux.

Il se mit donc à écrire « pour s'amuser », disait-il à ses proches. En réalité, il travailla très sérieusement à son roman et à ses nouvelles, au café Mazzara et chez lui, dans sa bibliothèque.

Au début son intention était de décrire vingt-quatre heures de la vie de son arrière-grand-père le jour du débarquement de Garibaldi en Sicile. Cette idée lui venait de l'*Ulysse* de Joyce[1] qui décrit vingt-quatre heures de la vie de Léopold Bloom, nouvel Ulysse, dans un Dublin-Odyssée. Puis le projet prit de l'ampleur. Le roman s'étendrait sur trois années : 1860, 1885 (mort du prince Giulio Fabrizio) et 1910, cinquante ans après l'unification.

Il travailla environ quatre mois sur le premier chapitre, modifiant noms et personnages, et, si l'on en croit son fils adoptif, il était particulièrement satisfait du résultat.

Les chapitres suivants furent écrits plus rapidement, et modifiés par la suite.

En juin 1955 il interrompit l'écriture du roman pour commencer son autobiographie dont il n'écrivit que la première partie, *Les lieux de ma première enfance. La Vie de Henry Brulard,* de Stendhal, qu'il relisait à l'époque, le conforta dans sa décision. Puis il reprit la rédaction du roman.

Durant cette première année, ses habitudes de vie n'avaient pas changé, et les personnes qui l'entouraient n'étaient pas au courant qu'il écrivait un roman. Il continuait à tenir ses séminaires d'histoire et de littérature, mais il prenait moins de plaisir à enseigner.

Fin 1955, la prise de conscience de sa vocation d'écrivain amena, selon son « élève » Francesco Orlando, un changement

---

1. James Joyce (1882-1941) est un poète et romancier irlandais, qui a vécu à Trieste et en France. Auteur des *Gens de Dublin* (1914) et d'*Ulysse* (1922), roman d'une grande richesse et complexité où il utilise des langages différents et se sert du monologue intérieur pour passer du présent au passé.

dans son caractère, qui devint plus irritable et impatient, moins « professeur » et plus « prince », comme s'il se projetait dans le personnage de Don Fabrizio.

C'est en 1955 qu'il se rendit pour la première fois de sa vie à Palma di Montechiaro, fief de sa famille. La cathédrale de Palma di Montechiaro avait été construite, rappelons-le, par le « duc-saint », l'ancêtre de Giuseppe. À l'occasion de ce voyage il visita le couvent, privilège dont il se fera l'écho à la fin de la deuxième partie du roman.

Dans son Journal intime Lampedusa fait allusion aux difficultés de rédaction de son roman. Enfin, le 8 mars 1956, il peut écrire que son *Histoire sans nom* est terminée.

À partir de ce moment, Lampedusa, qui a jusque-là tenu son projet secret, fait lire ou lit son manuscrit à ses amis. Le 31 mars 1956 il confie à son ami Guido Lajolo[1], émigré au Brésil, deux nouvelles de la première importance : il a écrit un roman et Licy et lui sont sur le point d'adopter un fils. Il parle de ce qui deviendra *Le Guépard* comme d'« un roman : ou plutôt trois longues nouvelles reliées entre elles ».

Francesco Orlando lui offre de le dactylographier sous sa dictée.

Quatre chapitres sont envoyés à un éditeur, mais Lampedusa décide de développer la partie qui se passe à Donnafugata, qui devient trois chapitres.

En mai 1956 le roman, avec comme titre *Le Guépard*, incomplet par rapport au texte que nous connaissons puisque comprenant seulement les deux premiers et les deux derniers chapitres, est envoyé à l'éditeur milanais Mondadori, accompagné d'une lettre de Lucio Piccolo qui le décrit comme « un cycle de nouvelles ».

1. Lampedusa avait fait la connaissance de l'ingénieur Lajolo durant sa captivité en Hongrie, l'avait revu à Palerme en 1953 et était resté en contact épistolaire avec lui.

En juin Giuseppe écrit de nouveau à Lajolo en lui précisant cette fois que le roman comporte cinq longs récits : trois qui se passent en 1860, le quatrième en 1883, l'épilogue en 1910.

Dans le courant de l'été le chapitre sur Donnafugata est dédoublé et en octobre Lucio Piccolo expédie ces deux chapitres à un rédacteur de Mondadori en lui demandant de les insérer dans l'exemplaire dactylographié précédemment envoyé, comme troisième et quatrième chapitres.

Le refus de Mondadori arriva en décembre, et Lampedusa se montra très déçu, persuadé qu'il était que Mondadori publierait le roman.

Des explications que Lucio Piccolo demanda à un ami qui vivait à Milan, il ressort que les jugements négatifs de trois lecteurs avaient été soumis à Elio Vittorini[1] qui travaillait comme consultant pour Mondadori. Sa critique portait sur le manque d'unité du roman mais il conseillait à l'éditeur de dire à l'auteur de le revoir et de le réexpédier ensuite. Deuxième partie du jugement qui ne fut pas transmise à Lampedusa.

1. Elio Vittorini (1908-1966) est né à Syracuse mais a quitté la Sicile pour le continent. Très vite se dessinent ses choix littéraires et idéologiques : il défend les nouveaux modèles du XXe siècle contre la tradition italienne du XIXe et s'engage politiquement au parti communiste (interdit sous le fascisme). Son roman *Il garofano rosso* (*L'œillet rouge*, 1933/1936) vaut à la revue où il paraît d'être saisie. Son livre le plus célèbre, *Conversation en Sicile*, sort pendant la guerre. C'est l'histoire d'un retour à l'île qui est aussi un symbolique retour aux origines et la recherche d'un « monde offensé » qui oblige à une prise de responsabilité. En 1945 il publie *Uomini e no* (*Les hommes et les autres*) où il raconte son expérience de partisan. Ses romans, où l'on sent l'influence des écrivains américains qu'il a traduits, marquent les différentes étapes d'une redécouverte de la grandeur du « peuple ». Il quitte le PCI en 1951 et déploie une intense activité dans le monde de l'édition.

C'est à cette même époque que Lampedusa adopta Gioacchino Lanza[1] — Giò — pour lequel il nourrissait une profonde affection et chez qui il retrouvait certaines de ses qualités et certains de ses défauts. Il appréciait son ironie, son esprit, son intérêt pour la littérature et son charme aristocratique. La fiancée de Giò, Mirella Radice, bien que venant d'un milieu familial difficile, bénéficiait elle aussi de la sympathie du Prince.

Après Noël il écrivit deux nouvelles. *Le bonheur et la loi* raconte l'histoire d'un pauvre employé qui reçoit un énorme panettone pour Noël de la part de son employeur et que sa femme contraint, pour des questions d'honneur, à offrir à un avocat dont ils sont les obligés au lieu de le garder pour ses enfants. La seconde, plus longue, *Lighea,* traduite sous le titre *Le Professeur et la Sirène,* est une fable lyrique, inspirée de la mythologie classique, sur l'amour et la mort et dont le style rappelle celui du *Guépard.* Le vieux professeur La Ciura a connu dans sa jeunesse l'amour de la Sirène. Lighea la Sirène appartient à un monde antique, à une Sicile archaïque qui n'a pas connu la ruine du monde méditerranéen. Aussi bien dans le personnage du professeur-sénateur La Ciura que dans celui du jeune Paolo Corbera di Salina — qui porte le même nom que Don Fabrizio — Lampedusa a mis beaucoup de lui-même. La Ciura partage l'admiration de Lampedusa pour les sonnets de Shakespeare, lui aussi méprise les « bourriques » qui peuplent la Sicile. Le thème de la mort et de l'immortalité, au cœur de la nouvelle, sera aussi présent dans le roman.

À la même période Lampedusa écrivit ce qui devait être le début d'un nouveau roman, *I gattini ciechi* (*Les Chatons aveugles*, traduit en français par *La Matinée d'un métayer*). On assiste à l'ascension, durant deux générations, de la famille Ibba, « une

1. Gioacchino Lanza n'était pas orphelin... ni pauvre, ses parents donnèrent leur accord à cette adoption.

épopée d'astuce, d'absence de scrupules, d'entorses aux lois, de dureté, de chance aussi et d'audace » (N. p. 87) qui avait fait de ces métayers analphabètes de richissimes propriétaires. En expliquant comment s'est constituée cette fortune, la nouvelle répond à la question que se pose la noblesse palermitaine : « comment pouvait-on amasser, au début du vingtième siècle, une grosse fortune exclusivement terrienne, quand chaque gentilhomme savait d'amère expérience que cette forme de richesse ferait un bon matériau de démolition plutôt que la pierre à bâtir de somptueux édifices ? [...] ils décelaient dans cette imposante construction, d'ailleurs érigée en grande partie avec des matériaux qui leur avaient appartenu, un effet de l'anachronisme permanent où s'enlisent les roues du char sicilien. » (N. p. 94) La deuxième partie de la nouvelle se passe dans un cercle aristocratique de Palerme fréquenté par des nobles imbus d'eux-mêmes, oisifs et ignorants qui discutent de l'étendue des terres et de la fortune des Ibba, refusant l'idée raisonnable d'aller vérifier au cadastre. Ce sont là « les soubresauts d'une classe qui voyait s'effondrer, avec sa primauté terrienne, sa propre raison d'être et sa continuité sociale ; une classe qui cherchait dans les artifices de l'outrance et de la dérision un exutoire à sa colère, un moyen de calmer sa peur » (N. p. 100). La scène se passe en 1901, et l'on retrouve le petit-fils de Don Fabrizio, ce Fabrizietto auquel pensera le Prince sur son lit de mort. Il semble bien que Lampedusa ait donné à ce personnage les traits de son père, Don Giulio.

Il est difficile de juger l'ensemble d'une œuvre d'après un premier chapitre, mais il manque ici un protagoniste d'une stature comparable à Don Fabrizio, à qui le narrateur puisse s'identifier.

Les premiers mois de 1957 furent des mois d'intense activité pour Lampedusa. Outre ces deux nouvelles et le premier chapitre de *La matinée d'un métayer*, il écrivit deux chapitres du *Guépard* et continua ses recherches d'un éditeur, envoyant anonymement un exemplaire dactylographié à la fille du grand critique Benedetto Croce, Elena, elle-même agent littéraire. Sans succès cette fois-ci non plus. En février 1957 Fausto Flaccovio, le libraire palermitain dont Lampedusa fréquentait le magasin depuis de longues années, envoya lui aussi les six chapitres dactylographiés à... Vittorini, qui travaillait comme nous l'avons vu comme consultant chez Mondadori mais était également directeur de collection chez le grand éditeur turinois Einaudi. Choix qui étonne lorsqu'on sait qui était Vittorini, mais qui s'explique peut-être par le fait qu'il était sicilien...

Les deux nouveaux chapitres, *Les Vacances du Père Pirrone* et *Le Bal* se placèrent entre les chapitres IV et VII. Giò nous apprend que Lampedusa avait pensé à un autre chapitre où il aurait décrit la passion du prince pour Angélique mais qu'il avait rapidement abandonné cette idée.

Entre-temps Lampedusa avait réécrit à la main une nouvelle version du *Guépard*, incluant les nouveaux chapitres. Il la confia à Giò avant de partir se faire soigner à Rome en mai 1957.

Les personnes qui connaissaient bien Lampedusa ont dit de lui qu'il était vieux avant l'âge. Il souffrait de diverses maladies et passait par des phases de dépression. Il n'avait plus envie de lutter. Mais paradoxalement, et tragiquement, la découverte de sa vocation artistique lui avait redonné goût à la vie alors que son état de santé se dégradait irrémédiablement. En effet, en mai 1957, on lui annonça qu'il souffrait d'un cancer du poumon. Il avait des troubles pulmonaires depuis longtemps (c'était un grand fumeur) mais le mal n'avait pas été diagnostiqué. Cette révélation aggrava son état, physique et psychologique. Son médecin lui conseilla de se faire soigner dans une clinique romaine. Là, les spécialistes lui firent subir une radiothérapie qui amena une rémission de courte durée. Il avait emporté avec lui le manuscrit de *Lighea* et le chapitre du bal, que sa femme et sa belle-sœur tapèrent à la machine sous sa direction. Dans les lettres qu'il écrivait alors à Giò, il parle de la consolation que la présence et l'affection de Giò et de Mirella lui ont apportée « dans ces deux ou trois dernières années de [ma] vie qui ont été très pénibles et sombres » [...]

Je t'ai beaucoup aimé, Gioitto ; je n'ai jamais eu d'enfants mais je crois que je n'aurais pu les aimer plus que je t'ai aimé. »

Les dernières volontés qui accompagnent son testament sont conformes à sa vie solitaire. Il déclare ne vouloir à son enterrement que sa femme, Giò et Mirella, les seules personnes vivantes qu'il déclare aimer. Il redit son désir de voir publier *Le Guépard* :

> « Je désire que tout ce qui est possible soit fait pour que le "*Guépard*" soit publié (le texte valable est celui qui a été recueilli dans un seul gros cahier manuscrit) ; cela ne signifie pas évidemment qu'il doit être publié aux frais de mes héritiers ; je considérerais cela comme une grande humiliation. »

Suit une liste d'une douzaine d'amis à qui il faudrait en envoyer un exemplaire.

La lettre qu'il écrivit à son ami Enrico Merlo et dont nous reparlerons donne une série de correspondances entre personnes réelles et personnages du roman.

Ce fut à la fin juillet qu'il reçut le deuxième refus de Vittorini, qui justifiait sa décision par le fait que le roman n'entrait pas dans la ligne de la collection qu'il dirigeait, « I Gettoni » et que, même s'il était « sérieux et honnête », le ton et la langue étaient plutôt vieillots. Lampedusa accueillit la nouvelle avec son habituelle ironie mais il fut très déçu. Son état allait empirant et **il mourut à 60 ans**, dans la maison de sa belle-sœur à Rome, le **23 juillet 1957**.

Son corps fut ramené à Palerme où il fut enterré dans le cimetière des Capucins.

En mars 1958 Licy reçut une lettre de Giorgio Bassani[1] qui dirigeait la collection « I contemporanei » pour l'éditeur milanais

---

1. Giorgio Bassani (1916-2000). À l'exception de deux recueils de poésies, toute son œuvre évoque sa jeunesse et sa ville, Ferrare, bouleversée par

Feltrinelli et souhaitait rencontrer la veuve de l'écrivain. Il avait l'intention de publier le roman. On se souvient qu'un exemplaire dactylographié avait été envoyé anonymement à Elena Croce qui ne s'en était pas préoccupée pendant plus d'un an. Celle-ci l'ayant finalement lu le transmit à Bassani qui réussit à « remonter » jusqu'à l'auteur. Lors de leur rencontre, Licy parla à Bassani d'un chapitre supplémentaire, celui sur le bal. On finit par retrouver l'exemplaire tapé à la machine. Mais Bassani, surpris par des omissions et l'absence de ponctuation, demanda à voir le manuscrit original. C'est celui-ci qu'il envoya à l'impression, avec les autres chapitres dactylographiés. Bassani se demanda s'il n'existait pas d'autres chapitres « cachés ». C'est ainsi que Giò lui remit le manuscrit que le prince lui avait confié avant son dernier voyage à Rome et qui comportait le chapitre sur *Les vacances du Père Pirrone*. Après une controverse avec la veuve de Lampedusa qui n'en souhaitait pas la publication, Bassani l'emporta. Mais un autre problème se posait : fallait-il suivre l'exemplaire dactylographié ou le manuscrit ? Bassani se décida finalement pour une synthèse des deux, choisissant ce qui lui paraissait la meilleure des variantes.

En novembre 1958 paraissait la première édition du *Guépard*.

En juillet 1959 le roman obtenait le prix Strega, l'équivalent italien de notre prix Goncourt.

En 1959 c'était au tour des *Lezioni su Stendhal* (*Leçons sur Stendhal*) d'être publiées dans la revue « Paragone » et en 1961 des *Nouvelles*, toujours chez l'éditeur Feltrinelli.

---

la guerre et les persécutions raciales contre la communauté juive dont il faisait partie. Son roman le plus célèbre, *Le Jardin des Finzi-Contini* (1962) a été porté à l'écran par Vittorio De Sica en 1971. Bassani avait rencontré Lampedusa à San Pellegrino.

Deuxième partie

L'œuvre en examen

Le cas Lampedusa

Des « cas littéraires », il y en a eu d'autres dans la littérature italienne et mondiale. On cite souvent Eugenio Corti, dont *Le cheval rouge* (1983), boudé par la critique, connut un grand succès auprès du public. Ou bien Guido Morselli[1] à la réputation d'écrivain maudit, dont les romans parus après son suicide firent mentir tous les critiques. Mais aucun n'atteignit la renommée mondiale que connut *Le Guépard* qui, non seulement, occupe une des premières places parmi les romans préférés des Italiens, mais est souvent le seul titre que citent les étrangers quand on leur parle de littérature italienne contemporaine.

Toutes les conditions étaient réunies pour faire du *Guépard* un cas littéraire : le fait que l'auteur soit un prince, originaire de la mythique Sicile de surcroît, mort sans avoir su qu'allait être publié son unique roman… Nous avons vu les raisons qui avaient poussé Vittorini à en refuser la publication. En fait nous dirions aujourd'hui que *Le Guépard* n'était pas « politiquement correct », littérairement non plus d'ailleurs.

Quel était le contexte politique et littéraire des années 55-57 en Italie ?

Depuis la fin de la guerre et une fois apaisés les remous causés par la chute du fascisme, la résistance et le choix de la République, la Démocratie chrétienne est au pouvoir. Mais si les rênes de l'état sont entre les mains d'un parti de droite, catholique de surcroît, il n'en va pas de même de la vie culturelle qui est dominée par des intellectuels marxistes et communistes, pour qui l'art (et plus particulièrement la littérature) ne peut être qu'engagé.

1. Auteur de *Le Communiste* (1976), *Dissipatio* (1977), publiés posthumes.

Les rapports entre culture et société sont toujours définis par Gramsci[1], dont les œuvres, posthumes, continuent à être publiées dans les années 1950. La critique littéraire est dominée par les théories sur le roman du critique marxiste hongrois Lukács (1885-1971). « *Le Guépard* tombait comme un météorite dans les eaux narratives italiennes, agitées en ces années-là par les vents du néoréalisme et de l'expérimentalisme, du rationalisme et de l'historicisme ; il tombait parmi les figures dominantes de Vittorini et de Moravia, de Gadda[2] et de Calvino.[3] » En France c'était l'époque du « nouveau roman ».

L'éditeur chez qui le roman fut finalement publié, Gian Giacomo Feltrinelli, était pourtant un personnage excentrique, un millionnaire anarchiste, qui mourra en 1972 tué par l'explosion d'une charge qu'il était en train de placer au pied d'un pylône. C'est lui qui fit connaître au monde le *Docteur Jivago* (1957), de Boris Pasternak, autre « cas » littéraire.

La publication du *Guépard* suscita un grand nombre de critiques. Les premières furent louangeuses. Giorgio Bassani, dans la préface à la première édition (1958), écrivait : « Une vision historique pleine d'ampleur, unie à une perception aiguë de la réalité sociale et politique de l'Italie contemporaine, de l'Italie actuelle ; un humour délicieux ; une authentique force lyrique ; un style

1. Antonio Gramsci (1891-1937), homme politique italien, l'un des fondateurs du Parti communiste italien (1921). Emprisonné en 1926 par le régime fasciste, il mourut sans avoir retrouvé la liberté. Théoricien du marxisme, ses idées sur les relations entre la culture et la société eurent une très grande influence dans l'Italie de l'après-guerre et aujourd'hui encore. Ses *Lettres de prison* furent publiées après sa mort.
2. Carlo Emilio Gadda (1893-1973) a révolutionné l'écriture du XXe siècle en introduisant dans ses romans dialectes, argots, langages techniques divers et en bouleversant les structures traditionnelles du roman. *L'affreux pastis de la rue des Merles* (1957) nous fait pénétrer, à travers une intrigue policière farfelue pleine d'humour, dans le milieu populaire romain.
3. Vincenzo Consolo, préface à la traduction de F. Pézard, Seuil, 1996.

toujours parfait, parfois enchanteur, tout cela, à mon avis, fait de ce roman une œuvre d'exception, une de ces œuvres auxquelles on travaille, auxquelles on se prépare durant une vie entière. » Carlo Bo voyait en Lampedusa « un véritable écrivain », Montale trouvait la confirmation de ce qu'il avait pensé de Lampedusa lors de leur première rencontre à San Pellegrino. Mais au fur et à mesure que les critiques favorables se multipliaient et alors que le roman connaissait une carrière fulgurante en Italie et à l'étranger, les reproches commencèrent à pleuvoir. *Le Guépard* était seulement un roman « de divertissement ». Les catholiques ne pardonnaient pas à Lampedusa son agnosticisme*, la gauche de ne pas avoir écrit un roman engagé. On discutait des sources du roman, des connaissances historiques de Lampedusa. On lui reprochait de donner une vision négative de la Sicile et du Risorgimento, d'être « qualunquiste »[1], réactionnaire, de nier tout progrès, bref, d'avoir écrit un livre de vieux pour des vieux. Le responsable culturel du parti communiste italien, Mario Alicata, fut particulièrement violent, et le grand Leonardo Sciascia[2] se mit de la partie.

En fait, on reprochait à Lampedusa ce qui expliquait son succès auprès du public : un roman facile à lire, une langue classique, des personnages nettement dessinés, l'absence de préoccupations expérimentales. **Il écrivait comme au XIXe siècle, fai-**

1. Le « qualunquismo » est un mouvement politique né autour de la revue de « L'uomo qualunque » (= l'homme quelconque) en 1944. Il renvoyait dos à dos tous les partis. Le terme est passé péjorativement dans le langage courant pour indiquer des positions souvent simplistes de méfiance envers la politique et le débat d'idées.

2. Leonardo Sciascia (1921-1989) est l'un des plus grands écrivains siciliens du XXe siècle. En une langue sobre et incisive, il décrit sans complaisance la réalité de la Sicile, réalité qui est en train de devenir celle de l'Italie tout entière. Ses livres sont mondialement connus et ont souvent été portés à l'écran : *Le jour de la chouette* (1961), *À chacun son dû* (1966), *Cadavres exquis* (1971)… Homme de gauche, héritier de la philosophie des Lumières, il a participé aux grands débats d'idées de son époque.

sant fi des recherches de l'avant-garde. C'est ce que soutenait Vittorini, l'éminence grise de la littérature italienne de l'époque, qui justifiait son refus de publier *Le Guépard* en disant qu'il aurait pu le faire s'il s'était agi d'une œuvre écrite bien longtemps auparavant. Moravia, Franco Fortini, la revue communiste *Rinascita* tiraient à boulets rouges sur ce roman « de droite ». Dans ce contexte les articles écrits dans *Les Lettres françaises* par le grand écrivain marxiste Louis Aragon éclatèrent comme un coup de tonnerre. Loin de considérer que le roman exprimait les idées de la classe dominante, il y voyait une critique impitoyable de cette même classe.

> « *Le Guépard* est un peu plus qu'un très beau livre, c'est un des grands romans de ce siècle, un des grands romans de toujours, et peut-être (comme on pourrait le dire pour le roman français d'un roman de Stendhal, pour le roman russe d'un roman de Tolstoï) le seul roman italien[1]. »

Rapidement traduit le roman fut accueilli favorablement en France et aussi en Angleterre, même si la comparaison avec Stendhal était pour le moins hasardeuse. Le célèbre critique E.M. Forster déclara qu'il ne s'agissait pas d'un roman historique, mais d'un roman se passant dans l'histoire.

Ces réactions positives à l'étranger eurent comme effet d'apaiser la polémique en Italie. Sciascia revint sur sa première approche du roman et finit même par exprimer son admiration pour les conceptions historiques de Lampedusa.

Dans la noblesse palermitaine le roman suscita une véritable stupeur… Une autre polémique allait s'ouvrir en 1969 : quel était le « vrai » texte du *Guépard* ?

La veuve de Lampedusa, qui lui survivra jusqu'en 1982, s'érigera en farouche gardienne de la mémoire de son mari, empêchant les recherches parmi les papiers de Via Butera.

---

1. *Les Lettres françaises*, 18 février 1960

Dès 1963 avait été forgé l'adjectif « gattopardesco », suivi du nom « gattopardismo », qui se réfèrent au scepticisme historique de Don Fabrizio et à l'opportunisme cynique de Tancredi et ont donc une connotation négative.

Vingt ans après sa publication **il s'était vendu plus d'un million d'exemplaires**. Dans un référendum de 1985 organisé par une revue italienne, on le désigna comme le roman « le plus aimé du XXe siècle ».

Particulièrement intéressante est l'observation de Luigi Barzini selon laquelle *Le Guépard* a contribué à « nous [les Italiens] faire comprendre le fond de notre vie et de notre histoire. Seuls les Siciliens pensent qu'ils sont différents de nous. Nous continentaux savons que l'île est comme ces miroirs concaves qui servent à se raser, où l'on voit notre image agrandie sans pitié, défauts et vertus compris[1]. »

Il faut donc, quand on lit une critique sur *Le Guépard*, faire très attention à la date de publication. Par exemple, en 1965, Dominique Fernandez écrivait :

> « Rien d'étonnant, sans doute, qu'un aristocrate intelligent et délicat, comme Giuseppe Tomasi, ait éprouvé le besoin de se forger cyniquement une philosophie qui lui permît de s'adonner à la méditation des vérités éternelles en négligeant les mesquines contingences de l'histoire ; ne devait-il pas se justifier devant les autres et à ses propres yeux de posséder sept palais ou villas, dans l'île des taudis et des bas-fonds ? Et le but n'était-il pas atteint, s'il arrivait à se convaincre et à convaincre les autres que, palais ou taudis, peu importait la forme de notre coquille, du moment que nous étions tous mortels et que la Terre continuerait à tourner sans nous dans les cieux ? Voilà toute la philosophie du prince. »

Il feignait d'être surpris par le succès du roman : « S'il est bien naturel que les patriciens oisifs se consolent, avec cette philosophie, de la misère persistante où croupissent leurs paysans, je

1. Luigi Barzini, *From Caesar to the mafia*, 1971.

m'explique moins l'enthousiasme des millions de lecteurs qui citent *Le Guépard* comme un bréviaire de sagesse.[1] » En 2007, à l'occasion de la parution de la nouvelle traduction de Jean-Paul Manganaro, tout en évoquant de nouveau « la question politique », il donne au roman la place qu'il mérite :

> « Cinquante ans : le temps a fait justice de toutes les réserves suscitées par *Le Guépard* lors de sa parution. Le roman, en 1958, avait fait sensation. Mais ce qu'on en louait, c'était l'exotisme, la couleur locale, le charme d'autrefois, vertus toujours suspectes. [...] Aujourd'hui, quand nous relisons *Le Guépard* [...], ce n'est pas parce qu'il nous dépayse que ce roman nous enchante. [...] Lampedusa était avant tout un magnifique écrivain. Il serait aussi injuste de le réduire au rôle folklorique de témoin d'une société en voie de disparition que de prendre La Bruyère pour un simple chroniqueur de Louis XIV.[2] »

Le succès du *Guépard* réside justement dans le fait que c'est un livre hors du temps, « né classique », comme dira de lui Andrea Camilleri, le créateur du commissaire Montalbano.

Sources et échos

On pourrait parler d'intertextualité mais nous préférons, comme le faisait d'ailleurs Lampedusa dans ses cours de littérature, une formulation moins « technique ». Pas un critique qui n'y soit allé de sa comparaison. Toute la littérature du XIXe siècle et de la première moitié du XXe siècle est mise à contribution !

Que ce soit pour la période historique qui sert de contexte au roman (le Risorgimento), pour la « sicilitude » (selon le mot de Sciascia), pour les thèmes développés (la mort, la décadence),

1. *Mère Méditerranée*, Grasset, 1965.
2. *Le Nouvel Observateur*, 15/05/2007.

pour la structure narrative, pour l'ironie, pour la mémoire des lieux, *Le Guépard* semble toujours évoquer d'autres lectures. Comme si l'on peinait à reconnaître l'originalité du *Guépard*, comme s'il était difficile d'admettre qu'un « grand » roman puisse ainsi surgir soudainement, comme la Sirène de la mer de Sicile…

David Gilmour[1] rapporte que les premiers comptes rendus du roman évoquèrent des influences aussi disparates que celles de Stendhal, Tolstoï, Proust, L'Arioste, Leopardi, Verga, De Roberto, Pirandello, Brancati. D'autres critiques trouvèrent des traces de Gogol, Balzac, Flaubert, Maupassant, Zola, D'Annunzio…

Dans la lettre « testament » du 30 mai 1957 adressée à son ami le baron Enrico Merlo di Tagliavia, Giuseppe Tomasi di Lampedusa lui-même fait allusion au roman de Federico De Roberto, *I Viceré*[2] :

> « Il me semble qu'il [*Le Guépard*] présente un certain intérêt parce qu'il montre un noble sicilien dans un moment de crise (dont il n'est pas dit que ce soit seulement celle de 1860), comment il y réagit et comment s'accentue le déclin de la famille jusqu'à la débâcle presque totale : tout cela, cependant, vu de l'intérieur, avec une certaine participation de l'auteur et sans aucune hostilité, comme l'on en trouve au contraire dans les "Viceré". »

Vincenzo Consolo[3], dès le début de l'article qu'il consacre à Lampedusa et qui sert de préface à l'édition française de 1996, compare le prince de Salina mourant — et son créateur — à Ivan Ilitch : « Le regard et la voix sont alors semblables à ceux, extrêmes, solitaires et déchirants du personnage de Tolstoï Ivan Ilitch. » Un peu plus loin, il rapporte les critiques de ceux qui

1. In *L'ultimo Gattopardo* (Feltrinelli, 1989).
2. Traduit en français par Nathalie Bauer (Seuil, 2007) sous le titre *Les princes de Francalanza.*
3. Vincenzo Consolo (1933) est un écrivain sicilien dont un des romans, *Le portrait du marin inconnu* (1976), se passe à Cefalù en 1860.

voyaient dans *Le Guépard* « un épigone* des *Princes de Francalanza* de De Roberto et de *Les Vieux et les Jeunes* de Pirandello ». On pourrait multiplier les citations…

Examinons d'abord les références à la **littérature sicilienne**.

À la fin du XIXe siècle, dans le sillage du naturalisme français, naît en Sicile le courant littéraire appelé **vérisme**. Il s'agit, en réaction contre les excès du romantisme, de dépeindre la réalité telle qu'elle est, même dans ses aspects les plus répugnants, d'une manière impersonnelle, en ne s'intéressant pas seulement aux nobles et aux bourgeois, mais aussi aux humbles, aux « vaincus ». Ce souci conduit à une littérature régionale, teintée de tournures dialectales, mais qui, dans ses meilleures productions, réussit à échapper à l'écueil du régionalisme.

En Sicile trois noms se détachent : Luigi Capuana (1839-1915), Giovanni Verga (1840-1922), Federico De Roberto (1861-1927).

Luigi Capuana est considéré comme l'idéologue du mouvement. Il affirme la nécessité d'un « roman nouveau », conçu comme un document humain. Ce qui l'amène à peindre le monde paysan sicilien, en approfondissant cependant l'étude psychologique des personnages, mais d'une manière impersonnelle, sans intervention des opinions personnelles de l'auteur. Son livre le plus célèbre est *Il marchese di Roccaverdina* (1901) ; certains éléments se retrouvent dans *Le Guépard* par le simple fait que l'action se situe en Sicile mais c'est une œuvre profondément différente, une histoire de remords et de folie.

Giovanni Verga est le plus célèbre. Il n'est pas venu tout de suite au vérisme et sa « conversion » n'a lieu qu'en 1874, avec la publication de sa nouvelle *Nedda*. Il est l'auteur de nombreuses nouvelles dont les héros sont en général des paysans, des mineurs des soufrières, des pauvres gens qui se heurtent aux difficultés de la vie, des « vaincus ». Il a écrit deux célèbres romans. *Les Malavoglia* (1881) raconte l'histoire d'une famille de pêcheurs d'Aci Trezza à qui il n'arrive que des malheurs (naufrage de leur bateau, *La Providence*, par exemple). Les efforts qu'ils font se retournent contre eux, en particulier lorsqu'ils quittent le pays. On a reproché à Verga, comme on le fera plus tard pour Lampedusa, cette philosophie de « l'idéal de l'huître » qui semble condamner tout espoir de progrès. La langue est truffée de sicilianismes, d'expressions proverbiales et donne l'illusion de la réalité. Les personnages sont décrits avec maestria. Son autre roman, *Mastro - don Gesualdo* (1889) nous intéresse plus directement, puisqu'il a comme protagoniste un maçon enrichi qui épouse une aristocrate ruinée. Mais il ne réussira pas son ascension sociale et mourra seul et abandonné de tous. Le livre est conçu comme une suite de tableaux où dominent les deux thèmes de la famille et de la « roba », c'est-à-dire du bien, de la terre. Dans un certain sens on peut dire de Don Calogero qu'il venge Mastro don Gesualdo, parce que lui réussit où le héros de Verga échoue. Sa fille sera princesse et ne le reniera pas.

C'est le chef-d'œuvre de **Federico De Roberto**, *I Viceré* (1894), (*Les princes de Francalanza*), « le plus grand roman de la littérature italienne après *Les Fiancés*[1] », selon Sciascia, qui aurait « inspiré » *Le Guépard.*[2] C'est le deuxième volet d'une trilogie où De Roberto brosse une fresque qui raconte, sur trois générations, le devenir d'une grande famille de Catane, les Uzeda, princes de Francalanza, avec en toile de fond le Risorgimento. C'est une critique féroce de l'aristocratie sicilienne qui, grâce à son opportunisme, réussit à préserver ses privilèges, faite par un représentant de la petite bourgeoisie méridionale et non par le descendant d'une famille princière. À travers une galerie de personnages décrits avec cynisme et causticité, souvent carica-

1. « La Repubblica », août 1977. Voir note 1, p.138.
2. Dans une interview Lampedusa aurait dit que c'était un portrait de l'aristocratie sicilienne vue par la domesticité.

turaux et grotesques, il peint la décadence morale et physique de cette lignée princière et l'hypocrisie de la classe politique italienne de l'époque. Le jour où le duc est élu député au Parlement, Chiara met au monde un fœtus monstrueux, « la nouvelle Italie ». L'étude de caractères est résolument moderne et l'humour rend la lecture de ce gros livre extrêmement plaisante. Point commun avec Lampedusa, les critiques de son temps, en particulier Benedetto Croce[1], n'ont pas apprécié le roman à sa juste valeur, peut-être à cause de ces personnages remplis de vices et de tares, qui se déchirent en famille et semblent frappés par une sorte de folie. Les faibles et les idéalistes sont impitoyablement écrasés. On ne trouve aucun personnage positif, même pas la douce Teresa. « Prêtres paillards, seigneurs roublards, comtesses hystériques et demeurés congénitaux sont les personnages principaux de cette fresque haletante qui rappelle l'univers de Goya.[2] » On voit bien les points communs que le livre présente avec *Le Guépard*. On peut bien sûr trouver dans cette phrase du prince à Consalvo une anticipation du *Guépard* : « Vois comme ton oncle fait honneur à la famille : au temps des vice-rois, nous étions vice-rois ; maintenant que nous avons le Parlement, ton oncle est député !... » (fin de la 1re partie). La philosophie est la même : « L'histoire n'est qu'une monotone répétition, les hommes ont été, sont et seront toujours les mêmes. » La conclusion est encore plus amère que celle du *Guépard* : « Non, notre race n'est pas dégénérée : elle est toujours la même. » La grande différence est qu'il n'y a pas de protagoniste dans les *Viceré*, tous les personnages sont mis sur le même plan et, selon les événements racontés, prennent successivement le premier rôle. Pas de Don Fabrizio à qui le lecteur puisse s'attacher. Le style est

1. Benedetto Croce (1866-1952), philosophe, historien, critique et homme politique libéral qui manifesta son opposition au fascisme.
2. 4e de couverture de la traduction française.

froid, a « une précision de chirurgien » bien éloignée de la richesse baroque de la prose de Lampedusa, avec beaucoup de dialogues, une langue qui se veut « vériste ». On comprend mal pourquoi, pour redécouvrir ce roman, il faudrait y voir l'ancêtre du *Guépard*[1]...

Un autre grand écrivain sicilien qui aurait inspiré Tomasi di Lampedusa serait **Pirandello**. Luigi Pirandello (1867-1936) est le « père » pour les écrivains siciliens, celui dont tous se réclament peu ou prou, en particulier pour le jeu des apparences et de la réalité, la frontière entre la raison et la folie, la recherche du moi véritable. **Lampedusa ne revendique pas cette ascendance**. Le problème de la vérité, malgré une allusion à la fin du roman, lorsque Concetta se demande quels étaient vraiment les sentiments de Tancredi à son égard (« Mais était-ce là la vérité ? Nulle part la vérité n'a une vie aussi brève qu'en Sicile. » p. 289) n'est pas central dans *Le Guépard*. Cependant Don Fabrizio a la même perplexité que les personnages de Pirandello en face de leur destin. Pirandello est mondialement connu pour son théâtre, qui lui a valu le Prix Nobel (1934) : *Chacun sa vérité* (1917), *Six personnages en quête d'auteur* (1921), *Henry IV* (1922), etc. Mais il a aussi écrit de très nombreuses nouvelles (*Nouvelles pour une année*), qui se rattachent au vérisme, et des romans. Parmi ceux-ci, *Les vieux et les jeunes* (1913) est une fresque historique et sociale qui, à travers le destin d'une famille sicilienne dont tous les membres, vieux et jeunes, ont participé aux événements de la période 1848-1895, dénonce les illusions nées du Risorgimento et les espoirs trahis. Là aussi les rapprochements avec *Le Guépard* sont évidents. Mais on peut faire la même remarque que pour les *Viceré* : l'absence de protagoniste unique. De plus sont présents d'autres groupes sociaux : les chefs d'entreprise

1. La sortie du film de Roberto Faenza, comme pour *Le Guépard* le film de Visconti, donnera à coup sûr une seconde vie au roman.

du soufre, les mineurs, les paysans. Sont dénoncés tous les maux de l'Italie postunitaire qui seront ceux de l'Italie moderne : l'arrivisme, la corruption, l'incapacité des classes dirigeantes... La multiplicité des actions et des personnages de ce roman foisonnant est tout à fait différente de la ligne narrative claire du roman de Lampedusa

Comme le dit Lampedusa lui-même, la différence essentielle entre ces trois romans (*Mastro don Gesaldo, I Viceré, I vecchi e i giovani*) et *Le Guépard,* c'est que dans les trois premiers les choses sont vues de l'extérieur, avec une distanciation par rapport à la classe décrite, alors que Lampedusa se place à l'intérieur.

Des points de comparaison peuvent aussi être trouvés avec **Vitaliano Brancati** (1907-1954). Les thèmes principaux de ses romans (*Les années perdues* (1938), *Don Juan en Sicile* (1941), *Le Bel Antonio* (1949), *Paolo il caldo,* 1954) sont l'immobilité, les préjugés, les défauts d'un monde sicilien où le **sommeil** désiré est une métaphore* de mort.

De nombreux critiques, en particulier Montale, ont fait ce rapprochement : « La profondeur psychologique, le sarcasme* et l'usage presque féroce du bistouri appartiennent à quelqu'un qui n'ignore pas Brancati[1]. » Cependant Sciascia s'élève contre cette comparaison, l'ironie de Brancati ne lui semblant pas avoir la même origine que celle de Lampedusa, qui naît d'un sentiment de supériorité tout aristocratique. Disons que chez les deux auteurs nous trouvons le topos* d'une Sicile immobile, métaphore* de vie et de mort, décrite chez Brancati avec une ironie pénétrante, parfois comique, alors que chez Lampedusa elle est cruellement lucide et incisive.

1. *Corriere della sera,* 12/12/1958

Giorgio Bassani, qui n'est pas sicilien mais ferrarais et à qui l'on doit la publication du *Guépard*, était persuadé que Lampedusa avait lu quelques-unes de ses *Histoires ferraraises*, ce qui n'est pas confirmé, même si l'on trouve quelques affinités entre les deux œuvres.

Quant à **D'Annunzio**, son influence se ferait sentir dans le thème de la décadence[1] et dans les descriptions.

Deux **écrivains de langue allemande**, Thomas Mann et Joseph Roth, permettent des rapprochements très intéressants puisqu'ils touchent des aspects fondamentaux du roman et non le cadre historique et géographique. Dans son roman *Les Buddenbrooks*, paru en 1901, **Thomas Mann** (1875-1955) raconte l'ascension et le déclin d'une famille de la bourgeoisie marchande de Lübeck de 1835 à 1875. Certes il ne s'agit pas chez T. Mann de l'aristocratie, mais le contenu psychologique et social est très proche de celui du *Guépard*. La mort est présente en filigrane dans les deux romans. On a pu comparer les longues descriptions des repas familiaux, avec une insistance morbide et minutieuse sur les mets et les gâteaux. La mort de Thomas Buddenbrook, qui lui apporte un bonheur profond puisqu'elle est le seul moyen de dissoudre les liens avec une société qu'il n'accepte pas, et celle de Don Fabrizio ont bien des points communs. Mais chez T. Mann la vie reste fondamentalement saine, une renaissance sera possible par l'art, alors que chez Lampedusa c'est toute l'existence qui est minée jusqu'aux racines, sans espoir de rachat. Chez Thomas Mann, la musique de Wagner est un refuge, alors que chez Lampedusa le moindre plaisir est corrompu par l'idée de la mort. Ne lui restent que les étoiles. De nombreux parallèles, qu'il serait trop long de développer ici, ont pu être établis entre les personnages des deux romans. On retrouve chez les deux auteurs la même position critique par

1. Voir note 4, p.39.

rapport à la société où ils vivent, le même recours à l'ironie, le même usage de l'adjectivation. Malgré les différences d'éducation et de sensibilité entre les deux romanciers, on peut parler d'« affinités électives »[1]entre Thomas Mann et Lampedusa.

Nous avons déjà évoqué, dans l'introduction, les analogies qui existent entre *La Marche de Radetzky* (1932), et, dans une moindre mesure, *La Crypte des capucins* (1938) de **Joseph Roth** (1894-1939) avec *Le Guépard*. Le destin de trois générations de von Trotta est indissociable de celui de la monarchie austro-hongroise des Habsbourg. Le déclin de la société autrichienne en pleine désintégration politique et sociale est au cœur de ces deux romans.

La **littérature française** est elle aussi mise à contribution. **Stendhal** bien sûr (le « divin » Stendhal, comme dira Sciascia), même si le style de Stendhal, allusif, dépouillé, pauvre en adjectifs, n'a rien à voir avec celui de Lampedusa. Il y a beaucoup de points communs entre Tancredi et Fabrice del Dongo : ils ont du charme, ils amusent, ils plaisent aux hommes et aux femmes. Mais il y a beaucoup de différences aussi : Tancredi est très intelligent, roué, cynique, ambitieux alors que Fabrice est naïf, pas très intelligent même. Dans *La Chartreuse de Parme*• le monde aristocratique est vu par Stendhal de l'extérieur puisqu'il n'est pas noble alors que dans *Le Guépard* il est vu de l'intérieur.

C'est la relecture de *La vie de Henry Brulard* qui incita Lampedusa à écrire ses mémoires, qui se réduiront à *Les lieux de ma première enfance*. (N. p. 22-23)

Lampedusa avait parlé à Orlando de son admiration pour le **Zola** de *La faute de l'abbé Mouret* (1875). La description du jardin où est commise « la faute » n'est pas sans évoquer les jardins du *Guépard* : « Du parterre, arrivaient des odeurs de fleurs pâmées, un long chuchotement, qui contait les noces des roses, les

1. Maria Pagliara Giacovazzo

voluptés des violettes ; et jamais les sollicitations des héliotropes n'avaient eu une ardeur plus sensuelle, etc. »

Et puis **Chateaubriand**, pour la description du château de Combourg dans *Les Mémoires d'Outre-Tombe*•, **Proust** bien sûr, pour la mémoire[1], les lieux et les objets, **Anatole France**, pour l'« excès de vie intérieure » du héros de l'*Histoire contemporaine* (1897-1901) et son anticléricalisme. On n'en finirait plus de citer.

Nous avons déjà fait allusion à **Tolstoï** à cause de sa capacité à régler la question du temps (cf. *Stendhal*, p. 59-60). La mort de Don Fabrizio a été souvent comparée à la nouvelle de Tolstoï, *La Mort d'Ivan Ilitch* (1887), mais il manque chez Lampedusa la dimension de rédemption morale présente chez l'écrivain russe.

N'oublions pas les **Anglo-Saxons** : **Dickens** pour l'humour et l'art du portrait, **Joyce** pour le traitement du temps, le romancier et essayiste **E.M. Forster** pour sa distanciation ironique…

On pourrait continuer longtemps. On dirait que certains critiques mettent leur point d'honneur à trouver de nouveaux échos, de nouvelles résonances, prouvant ainsi leur vaste culture. Il est certain que « le monstre » qu'était Lampedusa avait tant lu qu'inconsciemment pouvaient apparaître dans son roman certaines réminiscences de ses lectures. Mais plus on examine ces références et plus apparaît la profonde originalité de l'auteur du *Guépard*.

---

1. Bien qu'on ne puisse parler chez Lampedusa de « mémoire involontaire ».

Le contexte historique du *Guépard* : le Risorgimento

L'Italie du Congrès de Vienne

Après le congrès de Vienne de 1815 qui mit fin à la parenthèse napoléonienne, l'Italie retrouva, à quelques différences près, son ancienne partition en une mosaïque d'états. La Restauration donna à l'Autriche une place prépondérante en Italie, en ramenant au pouvoir les princes que Napoléon avait détrônés, et qui étaient pour la plupart apparentés à l'empereur d'Autriche.

Au nord, le royaume de Piémont-Sardaigne, comprenant la Ligurie, le comté de Nice et la Savoie, fut rendu à la famille de Savoie. Le royaume de Lombardie-Vénétie fut administré par l'Autriche (Trente était autrichienne.) Les anciennes républiques de Lucques, de Gênes et de Venise perdirent définitivement leur indépendance. En Italie centrale, le duché de Parme et celui de Lucques furent donnés à la veuve de Napoléon, l'ex-impératrice Marie-Louise. Le duché de Modène fit retour aux Este, le grand-duché de Toscane à la famille de Lorraine. Le pape retrouva ses États qui comprenaient le Latium actuel, l'Ombrie, les Marches et une partie de l'Emilie-Romagne, avec Ferrare et Bologne. Au Sud, le royaume de Naples et la Sicile revinrent aux Bourbons, sous le nom de **royaume des Deux-Siciles**. Outre la Sicile et la Campanie, le royaume comprenait les Abruzzes, le Molise, la Basilicate, les Pouilles et la Calabre. Sous Napoléon, le royaume de Naples avait d'abord été administré par Joseph, frère de l'empereur, puis par Murat, son beau-frère ; quant à la **Sicile**, elle était restée sous la domination des Bourbons.

Après le Congrès de Vienne, l'Italie redevenait donc une simple « expression géographique ».

Les premiers mouvements insurrectionnels

L'absolutisme des souverains et le caractère artificiel des États créés en 1815 suscitèrent des mouvements de libération qui débouchèrent sur le **Risorgimento**[1], c'est-à-dire le réveil de la conscience nationale de l'Italie, la résurrection, du verbe « risorgere » qui signifie « renaître ».

Les premiers patriotes se réunissaient dans des sociétés secrètes pour échapper à la police. La plus connue est celle des **Carbonari**. Au début les revendications portaient surtout sur la nécessité d'une constitution (le « Statuto »), c'est-à-dire d'un gouvernement parlementaire. On sait que le futur Napoléon III, en exil en Italie, fit partie des « carbonari ».

Au cours des années **1820-1821** et en **1831**, à la suite des Trois Glorieuses en France, des mouvements insurrectionnels eurent lieu dans différents états et furent sévèrement réprimés.

Giuseppe Mazzini est une des personnalités marquantes du Risorgimento. Né à Gênes en 1805, il milita dans les carbonari. Exilé à Marseille après les mouvements de 1831, puis à Paris et à Londres, il fonda la « Giovine Italia » (la Jeune Italie), société secrète qui publiait un journal du même nom. Son programme était clair : rendre l'Italie indépendante, unie et républicaine. Pour réaliser ce programme un seul moyen : l'insurrection.

Les mouvements insurrectionnels dirigés par Mazzini depuis son exil échouèrent tous : en 1833-1834 en Piémont, en 1834 en Ligurie où Garibaldi ne parvint pas à entraîner la flotte et dut s'enfuir en France puis en Amérique ; l'expédition en 1844 des frères Bandiera en Calabre se solda par un échec : ils ne réussirent pas à soulever la population et furent fusillés.

L'influence de Mazzini s'en trouva diminuée.

---

1. = [Rissordjiménnto]

La révolution de 1848 en Sicile

La révolution française de 1848 servit de déclencheur à des mouvements révolutionnaires dans toute l'Europe. La chute de Metternich à Vienne provoqua en Italie une vague anti-autrichienne. Venise, Milan (les « Cinq Journées », mars 1848) se soulevèrent.

La révolte éclata le 12 janvier à Palerme. Des combats de rue opposèrent des artisans et des paysans à l'armée napolitaine. Puis la classe dirigeante se joignit au mouvement et la révolte s'étendit à toute l'île. Un Parlement fut élu sur la base de la Constitution de 1812, les Bourbons furent déchus et un gouvernement provisoire fut constitué. Mais les différents courants ne réussissaient pas à s'entendre. La couronne de Sicile fut offerte au fils cadet du roi de Sardaigne, qui la refusa.

La première guerre d'indépendance

Cette première guerre entre les Piémontais, aidés de troupes pontificales, toscanes et bourboniennes, et les Autrichiens, se solda finalement par un échec. Charles-Albert fut battu à **Custoza** par Radetzky en juillet **1848** puis de nouveau à Novara en mars **1849**. Il abdiqua en faveur de son fils Victor-Emmanuel II, qui négocia un nouvel armistice.

Des troubles éclatèrent à Rome. Le 9 février 1849 les démocrates proclamèrent la **République romaine** dont Mazzini prit la tête. Mais l'Europe catholique s'émut. La France intervint et Rome se rendit finalement au général Oudinot.

En **Sicile**, Ferdinand II fit bombarder Messine et entreprit la reconquête de l'île. En mai 1849, le général Filangeri s'empara de Palerme et y rétablit l'absolutisme napolitain.

Le Piémont, malgré ses défaites, restait donc le seul espoir des patriotes italiens, les idées républicaines de Mazzini ayant fait fiasco partout.

La seconde guerre d'indépendance

Les échecs successifs avaient fait comprendre au président du Conseil des ministres piémontais Camillo **Cavour** (1810-1861) que la formule « l'Italia farà da sé » c'est-à-dire « L'Italie se débrouillera toute seule » n'était pas viable. Il chercha donc un allié et se tourna vers la France.

Le Piémont était un état constitutionnel où les patriotes de toute l'Italie trouvaient refuge. Cette attitude valut au roi Victor-Emmanuel II le surnom de « Re galantuomo » (« Roi gentilhomme »). L'action de Cavour fut déterminante pour la modernisation du royaume et la réorganisation de l'armée.

La guerre de Crimée fut l'occasion pour le Piémont d'envoyer un corps expéditionnaire qui combattit aux côtés de la France, de l'Angleterre et de la Turquie contre les Russes. Au Congrès de Paris (1856), Cavour mit sur le tapis la question italienne. En juillet **1858** Napoléon III invita Cavour à **Plombières**, où il prenait les eaux. C'est là que furent conclus les termes de **l'alliance entre la France et le Piémont.** La France aiderait le Piémont à libérer l'Italie des Alpes jusqu'à l'Adriatique. La Lombardie-Vénétie serait annexée au Piémont. En échange, le Piémont céderait à la France Nice et la Savoie. Cette alliance cependant n'était que défensive. La France n'interviendrait que dans le cas où l'Autriche attaquerait le Piémont.

Le **23 avril 1859** l'Autriche envoya un ultimatum au Piémont en exigeant son désarmement. Les conditions étaient donc réunies pour que la France entre en guerre à ses côtés. La bataille de **Magenta** (4 juin) ouvrit aux alliés la route de Milan où Napoléon III et Victor-Emmanuel II firent une entrée triomphale le 8 juin. Les Autrichiens se replièrent dans le Quadrilatère (les places fortes de Mantoue, Vérone, Peschiera et Legnano) et l'empereur François-Joseph vint en personne prendre le commandement de l'armée. La bataille de **Solferino** fut particulièrement sanglante (près de 40 000 morts)[1]. Pour différentes raisons (résistance autrichienne, pertes humaines et mauvaise organisation de l'armée, peur que la Prusse n'intervienne en attaquant la France sur le Rhin, crainte que le conflit ne s'étende, les populations de l'Italie centrale souhaitant s'unir également au Piémont-Sardaigne), Napoléon III signa l'armistice de Villafranca qui cédait la Lombardie (à l'exception de Mantoue) au Piémont mais sacrifiait la Vénétie.

Après Villafranca, Cavour donna sa démission, mais la reprit pour régler avec Napoléon III le sort de l'Italie centrale (Toscane, Modène, Parme, Emilie-Romagne). Il fut convenu que le rattachement de ces régions au royaume de Piémont-Sardaigne s'effectuerait par **plébiscites**.

Napoléon III empêchant le royaume de Piémont-Sardaigne d'intervenir contre l'Autriche et s'opposant également à une action contre Rome, il ne restait par conséquent que le **royaume des Deux-Siciles**. Le roi François II, Franceschiello (= le petit François), avait succédé à son père Ferdinand II en 1859, et manquait d'expérience. Il suffisait que les Piémontais trouvent un prétexte à une intervention de rétablissement de l'ordre. Ce fut le fameux **« 4 avril »**, avec **l'insurrection palermitaine**, suivie par la marche de Messine à Piana dei Greci, de **Rosalino Pilo**, du 18 au 20.

Garibaldi

Giuseppe Garibaldi était né à Nice, alors rattachée à l'empire napoléonien, en 1807. Ses parents auraient voulu qu'il soit prêtre mais à 15 ans il s'embarqua comme mousse. En 1834, compromis dans les mouvements mazziniens et condamné à mort,

1. C'est au cours de cette bataille que Dunant eut l'idée de créer la Croix-Rouge.

il s'enfuit en Amérique du Sud[1], où il mena une vie d'aventures et de combats. Il revint en Italie en 1848. Il prit une part active à la défense de la République romaine. Après la chute de la République, il tenta en vain de rejoindre Venise assiégée. Ses convictions républicaines ne l'empêchèrent pas, dans un souci d'efficacité, de collaborer avec la Maison de Savoie. Durant la guerre de 1859 il commanda un corps de volontaires. « Le héros des deux mondes », comme on l'appelait, jouissait d'une grande popularité, et il n'eut aucun mal à recruter des volontaires dans toute l'Italie.

Garibaldi s'était mis en relation avec **Francesco Crispi** qui fomentait l'insurrection en Sicile. Quand Palerme fut en flammes (insurrection de la Gancia), Garibaldi embarqua ses **Mille** (ou plutôt ses 1089) sur deux paquebots (le « Piemonte » et le « Lombardo ») et il partit de **Quarto**, petit port près de Gênes, le 5 mai 1860 en direction de la Sicile. Le gouvernement piémontais ne voulait pas susciter le mécontentement de Napoléon III. C'est pourquoi tout en approuvant Garibaldi il n'engagea pas ses troupes dans cette opération. Garibaldi débarqua à **Marsala**, à l'ouest de la Sicile, le **11 mai**. Après s'être proclamé dictateur de l'île au nom de Victor-Emmanuel, il marcha sur **Calatafimi** (15 mai), occupa Palerme, gagna la bataille de Milazzo (20 juillet). La citadelle de Messine se rendit.

Entre-temps les Mille s'étaient grossis de volontaires locaux et étaient 20 000 quand ils débarquèrent en Calabre. Une fois franchi le détroit de Messine, Garibaldi remonta la péninsule sans rencontrer de grandes résistances. Le 7 septembre il était à Naples. François II et son armée furent défaits à **Gaète** (Don Fabrizio fait allusion à cette bataille de Gaète et à un de ses héros, Enrico Cialdini, dans le chapitre de la chasse).

1. C'est à Montevideo qu'il se procura dans des surplus les fameuses **chemises rouges**.

Napoléon III craignait que Garibaldi ne poursuive sa marche triomphale jusqu'à Rome. En effet la France, pour des raisons essentiellement de politique intérieure, ne souhaitait pas que le Pape soit dépossédé de son pouvoir temporel sur Rome. Aussi Cavour obtint-il de Napoléon III l'autorisation pour une intervention directe. L'armée piémontaise traversa les territoires pontificaux (Ombrie et Marches). L'armée du Pape fut défaite à Castelfidardo et les Piémontais pénétrèrent dans le royaume de Naples. Après la bataille du **Volturne** qui vit la victoire de Garibaldi sur les bourboniens (dans le dernier chapitre du roman, le sénateur Tassoni évoque « les nuits glacées des bivouacs sur le Volturno » pendant lesquelles Tancredi lui parlait de Concetta (p. 285), a lieu la fameuse **rencontre de Teano**, près de Caserte, entre Victor-Emmanuel et Garibaldi. Garibaldi remet au roi les territoires qu'il a conquis, demandant seulement que ses partisans qui le souhaitent soient incorporés dans l'armée régulière piémontaise (nous voyons dans le roman qu'ils le furent, mais avec un grade inférieur : « Ils nous ont enlevé un grade, tu sais, mon oncle ; tant ils estimaient peu le sérieux de notre expérience militaire ; moi, de capitaine, je suis redevenu lieutenant, tu vois ? » (p. 158). Le **21 octobre** eut lieu le **plébiscite** pour le rattachement du royaume des Deux-Siciles au Piémont. Ce qui se passa ce jour-là est longuement évoqué dans la troisième partie du roman et conditionne le jugement que porte Don Fabrizio sur la nouvelle classe dirigeante. Les résultats furent les suivants : **432 000 oui, 600 non**. Les autres plébiscites furent aussi favorables au Piémont, si bien que la région de Naples, la Sicile, les Marches et l'Ombrie lui furent annexées. Mais Rome restait au pape. Garibaldi, lui, se retira à Caprera, île au Nord de la Sardaigne…

Par une loi du **17 mars 1861** le roi Victor Emmanuel II déposa son titre de roi de Sardaigne et prit celui de **roi d'Italie** ; le Parlement piémontais fut dissous et devint le Parlement italien qui accueillit les représentants des nouvelles régions. **Turin** devenait la **capitale** de l'Italie. Il ne manquait à l'Unité que le rattachement de la Vénétie et du Latium.

En 1862 Garibaldi préparait une expédition contre Rome. Mais la France donna de la voix et le ministre Rattazzi fut obligé d'arrêter la marche des « garibaldini ». Les volontaires et l'armée régulière piémontaise se heurtèrent à **Aspromonte**, en Calabre (**29 août 1862**). Voici les faits racontés par l'historien Denis Mack Smith[1] :

> « Les troupes de Cialdini avancèrent pour disperser les volontaires. Le heurt advint le 29 août 1862 à Aspromonte en Calabre. Il dura dix minutes. En condition de grande infériorité et stupéfait de ce manquement à la parole donnée [Garibaldi avait été financièrement aidé par le roi pour mener cette entreprise !], il donna l'ordre de ne pas riposter, et quoique blessé il se mit tête nue pour crier « Vive l'Italie ! » avant d'allumer un cigare et de se rendre. Les troupes régulières prétendirent qu'il y avait eu une bataille en bonne et due forme, alors que seuls une dizaine d'hommes furent tués. Un colonel de l'armée fut promu général et 76 médailles furent distribuées parmi les vainqueurs. Garibaldi fut emprisonné tandis que quelques-uns de ceux qui avaient déserté pour s'unir à lui furent exécutés sommairement. »

Cet épisode est raconté dans la scène du bal du *Guépard* par son héros, « le colonel Pallavicino, celui qui s'est si bien conduit dans l'Aspromonte. » (p. 229-230) En tirant sur « le cher grand homme », il lui rendait en fait service puisqu'il le débarrassait des individus peu recommandables qui l'entouraient « incurables fanatiques » ou « révoltés de métier » (p. 247), bien différents de ceux qui avaient débarqué avec lui à Marsala. Garibaldi n'en voudra pas à Pallavicino puisqu'il le prendra comme général dans la troisième guerre d'indépendance en 1866.

Le gouvernement traita avec la France pour qu'elle retire ses troupes. En échange l'Italie s'engageait à la remplacer dans la

1. *Garibaldi, una vita in breve.*

protection du pape contre toute menace. Un peu plus loin dans cette même scène du bal le colonel Pallavicino décrit avec amertume à Don Fabrizio les deux années qui se sont écoulées depuis le débarquement de Garibaldi :

> « Vous n'êtes pas allé sur le continent depuis la fondation du Royaume ? Vous avez de la chance. Ce n'est pas un beau spectacle. Jamais nous n'avons été autant divisés que depuis que nous sommes unis. Turin ne veut pas cesser d'être capitale. Milan trouve notre administration inférieure à celle de l'Autriche, Florence a peur qu'on lui enlève ses œuvres d'art, Naples pleure pour les industries qu'elle perd, et ici, ici, en Sicile est en train de couver quelque grand malheur irrationnel… » (p. 249)

En **1865** la **capitale** fut transférée de Turin à **Florence**.

La troisième guerre d'indépendance et l'annexion de la Vénétie

La Prusse voulait exclure l'Autriche de la Confédération des états germaniques. C'est pourquoi Bismarck poussa le roi de Prusse à la guerre contre l'Autriche. L'alliance avec l'Italie pouvait contraindre l'Autriche à combattre sur deux fronts et s'assurait la neutralité de la France. Mais la **guerre de 1866** ne fut pas heureuse pour les Italiens. Ils furent battus sur terre une nouvelle fois à **Custoza** et sur mer à **Lissa**, au large de la côte dalmate. Pendant ce temps les Prussiens remportaient une victoire décisive à Sadowa (Bohême). Ce qui permit aux provinces abandonnées par l'Autriche de voter, par plébiscite, leur rattachement au royaume d'Italie (mais Trente et Trieste restèrent autrichiennes).

En 1867, de nouveau Garibaldi tenta de libérer Rome. Les « garibaldini » avaient occupé Monterotondo, aux portes de la ville, mais les troupes franco-pontificales leur barrèrent la route à Mentana (3 novembre 1867). Cela n'empêchera pas Garibaldi de participer à la guerre de 1870 à Dijon aux côtés des Français.

Rome capitale

Il fallut attendre que Napoléon III fût battu et fait prisonnier à Sedan par les Prussiens le 2 septembre 1870 pour que les Italiens puissent occuper Rome. Le 20 septembre le général Cadorna donna l'assaut et entra dans Rome par la brèche de Porta Pia. Le pape, en signe de protestation, se considéra prisonnier dans Rome et ne sortit plus de ses palais. La Loi des garanties qui reconnaissait au pape un certain nombre de garanties et de privilèges, ne fut pas acceptée par le Vatican. Le pape interdit aux catholiques de participer à la vie politique italienne. La « **question romaine** » ne fut définitivement réglée que sous Mussolini par les Accords du Latran (février 1929), avec la signature du Concordat entre le Vatican et l'État italien.

En juillet **1871** la **capitale** fut transférée de Florence à **Rome**.

Pour autant tous les problèmes n'étaient pas résolus. Écoutons ce qu'en dit Massimo d'Azeglio, homme politique et écrivain italien, dans *I miei ricordi* (*Mes souvenirs*) publié posthume en 1867 :

> « Les ennemis les plus dangereux de l'Italie ne sont pas les Autrichiens, ce sont les Italiens. Et pourquoi ? Pour la bonne raison que les Italiens ont voulu faire une Italie nouvelle, tout en restant les vieux Italiens d'avant, avec les petitesses et les misères morales qui furent de tout temps leur héritage ; [...]par conséquent, pour le dire en un mot, le premier besoin de l'Italie est que se forment des Italiens dotés d'un grand et fort caractère. Malheureusement : **on a fait l'Italie, mais pas les Italiens.** »

Le Risorgimento et le Sud

En 1812 une « timide » constitution avait supprimé la féodalité et permis l'émergence d'une petite bourgeoisie. La Restauration marque un retour en arrière qui entraîne des troubles sauvagement réprimés. La sécheresse, le banditisme sont des plaies de l'île. Dans *Le Guépard* il est fait allusion aux insurrections de 1848 et 1849, organisées depuis Malte par Francesco Ferrara, économiste qui sera membre du comité révolutionnaire et qui défend l'idée d'une fédération d'états italiens dans laquelle la Sicile trouverait sa place. En fait la Sicile supportait mal de n'être plus un royaume indépendant mais de dépendre de Naples. Pour ne pas susciter les réactions de l'Autriche et de la France, le roi de Piémont ne pouvait officiellement se lancer à la conquête du royaume des Deux-Siciles. Il fallait que la révolte naisse sur place, ce qui fut le cas à Palerme avec les « mouvements » du 4 avril (1860) dont il est question dans le roman. Lorsque Garibaldi débarque en Sicile, il est attendu par deux Siciliens qui avaient déjà participé aux mouvements de 1848 : Rosolino Pilo (qui mourra au combat en 1860) et Francesco Crispi (d'abord mazzinien, il se ralliera à la monarchie en 1864 et aura une longue carrière politique. Il sera plusieurs fois président du Conseil, se montrera autoritaire et nationaliste, et s'opposera au socialisme). C'est de ce dernier que parle Chevalley quand il rétorque au Prince que tous les Siciliens ne sont pas endormis. Ce à quoi Don Fabrizio répond : « Quant à ce jeune Crispi, moi certainement pas, mais vous pourrez sans doute voir, quand il sera vieux, s'il ne retombe pas dans notre rêvasserie voluptueuse. » (p. 188)

Que pensaient réellement les Siciliens du débarquement de Garibaldi ? Si l'on en croit un témoin non-sicilien, on ne peut pas parler vraiment d'enthousiasme populaire.

Ippolito Nievo, originaire de Padoue, auteur des *Confessions d'un Italien*, publié posthume en 1867, fit partie de l'expédition des Mille (il mourut en mer en 1861). Il raconte que la « révolution » n'avait pas vraiment « pris » en Sicile :

> « À Marsala désolation et peur ; la révolution était apaisée partout ou plus exactement n'avait jamais existé : seules quelques bandes de brigands [..] avaient battu et battaient encore quelques provinces de l'intérieur dans l'indifférence quasi-totale du gouvernement et une certaine peur des propriétaires. »

Il estime miraculeuses les victoires garibaldiennes de Calatafimi et de Marsala, ainsi que l'entrée dans Palerme : « Les Napolitains fuyaient comme des moutons, mais à Calatafimi ils s'étaient battus comme de vrais soldats. » (lettre à Bice Gobio Melzi). Le Général « entra dans Palerme avec 40 hommes, il conquit la place Bologna avec 30, et je crois qu'il était seul ou tout au plus en compagnie de son fils quand il mit les pieds dans le Palais Pretorio. Nous, pendant ce temps, nous courions à travers les ruelles, les quartiers, les places, deux ici, un là, comme des moutons, en quête de Napolitains[1] pour les déloger et des Palermitains pour leur faire faire la révolution, ou tout du moins quelques barricades. **Nous réussîmes médiocrement dans l'une et l'autre de nos entreprises**. Les Napolitains étaient très occupés à s'enfuir et les Palermitains à s'abriter des bombes qui tombaient, à dire vrai, sans aucune discrétion. En fin de compte Palerme resta à nous [...]. Garibaldi fut d'une grande hardiesse et nous fûmes des héros seulement pour avoir cru en quelque chose d'aussi impossible ». On sait maintenant que certains généraux bourboniens avaient été achetés et que les troupes qui s'étaient jointes à Garibaldi ne l'avaient pas fait spontanément mais avaient été enrôlées par des notables.

Après les victoires remportées en Sicile, Garibaldi avait pris des mesures sociales importantes : abolition de la taxe du moulage des grains, partage des terres communales. Mais celles-ci étant souvent louées aux notables, ces derniers s'inquiétèrent et se rapprochèrent du gouvernement piémontais. Les paysans étaient déçus. Rien n'avait changé, ils étaient toujours aussi misérables. Les garibaldiens réprimèrent les révoltes paysannes et les occupations de terres. Certains épisodes sont particulièrement sanglants, comme celui connu sous le nom de « i fatti di Bronte », « les événements de Bronté », qui inspira à Giovanni Verga sa nouvelle *Liberté* (1883), en 1960 un article à Leonardo

1. les soldats du roi de Naples

Sciascia et en 1972 un film à Florestano Vancini. En août 1860, à Bronte, village sur les pentes de l'Etna, possession de l'amiral Nelson, la population se révolta contre les nobles, les propriétaires terriens, le clergé. Plusieurs personnes furent massacrées. L'armée, conduite par le général Nino Bixio, fidèle de Garibaldi, intervint avec quelques jours de retard. Les vrais coupables avaient pris la fuite. Le tribunal militaire jugea 150 personnes et condamna à mort plusieurs innocents.

La vente des anciens fiefs (1861) et des biens des congrégations religieuses ne profitera pas aux paysans, mais, comme le dit le Père Pirrone, à la classe des Don Calogero : « Le maire achètera tout, paiera les premiers versements, et après, ni vu ni connu. C'est ce qui s'est déjà passé au Piémont. » (p. 205)

Il semble que la non-distribution des terres aux paysans soit une des causes du brigandage, contre lequel, dans le cadre de la loi martiale qui avait été votée, furent mobilisés jusqu'à 140 000 soldats du nouveau royaume.

L'état piémontais était saigné à blanc par les campagnes militaires précédentes, et la conquête du royaume des Deux-Siciles fut providentielle. Sur ce point l'historiographie officielle qui veut que le Sud sous les Bourbons ait été pauvre et arriéré est de plus en plus contestée. En effet, sous François II (1830-1859), l'émigration n'existait pas, les impôts étaient peu élevés, l'économie était florissante, à cause d'une politique d'industrialisation et de diversification des activités et du protectionnisme. C'est du moins la thèse de certains historiens. Après l'Unité la dette publique fut également payée par le Sud qui n'avait pas profité des dépenses d'équipement faites dans le nord de l'Italie.

Pour le peuple, le rattachement au Piémont se traduisait par des impôts supplémentaires et par la conscription obligatoire[1], qui envoyait mourir les jeunes gens dans des batailles

1. Le service militaire durait cinq ans.

qui ne les concernaient pas et privait aussi les familles de bras pour les travaux agricoles. Le lapsus de Chevalley est révélateur. Les Siciliens ont bien ressenti cette union au Piémont comme une « annexion ». (p. 182)

La loi sur la conscription de 1861 provoqua un soulèvement. Les déserteurs, très nombreux, se joignirent aux paysans mécontents et se firent brigands. On ne pouvait en fait appliquer en Sicile des lois faites pour le Piémont. En 1866, la liquidation des biens ecclésiastiques provoqua également des troubles.

Tous ces événements, associés à l'antique organisation féodale de la Sicile qui n'avait pas vraiment changé, firent le lit de la mafia. À l'aube du XXe siècle, 90 % de la surface agricole de l'île appartenait encore à l'aristocratie.

Que l'on pense aux propos du Père Pirrone et de ses amis au chapitre V : « Il était nécessaire, disait-il, de subir la réalité de cet État italien qui se formait, athée et rapace, de ces lois d'expropriation et de conscription qui, venant du Piémont, déborderaient jusque-là, comme le choléra. [...] vous allez voir, ils ne nous laisseront même pas les yeux pour pleurer. » Et ses interlocuteurs d'évoquer « la morsure de la fiscalité », les « contributions extraordinaires » et les « centimes additionnels », la nécessité d'une autorisation pour vendre des simples. (p. 203) Nous savions déjà par Tumeo que les paysans devaient « se crever » pour payer les fermages à don Calogero. (p. 123)

Le Guépard n'est pas un livre sur « la question méridionale », certes, le problème du Sud n'y est pas posé de façon systématique, mais certains aspects, tels que le chômage, sont évoqués « en passant ».

Comme tous les mythes historiques, le Risorgimento et Garibaldi sont soumis à révision (sans parler de révisionnisme). La personnalité du « héros des deux mondes » est contestée par certains. Actuellement la tendance, l'année du deux centième anniversaire de sa naissance, serait plutôt à la réhabilitation d'un homme symbole d'identité nationale et politique réaliste.

La grande question en fait est de savoir si l'Unité, en Sicile, a été voulue ou subie.

Don Fabrizio, Lampedusa et le Risorgimento

Peu de phrases auront fait couler autant d'encre que celle de Tancredi : « **Si nous voulons que tout reste tel que c'est, il faut que tout change.** » (p. 32)

La fameuse phrase est précédée par la peur de voir s'installer la république si les nobles ne s'en mêlent pas, et accompagnée d'un intercalaire « est-ce clair ? » qui est une interrogation à longue portée. Don Fabrizio met un certain temps à comprendre : « Tancredi était un grand homme, il l'avait toujours pensé. » (p. 34) Un peu plus loin : « Les mots ambigus de Tancredi lui étaient revenus à l'esprit et maintenant il les comprenait parfaitement. » (p. 37) « Beaucoup de choses se passeraient, mais tout serait une comédie, une comédie bruyante, romantique, avec quelques taches de sang sur son habit de bouffon. » (p. 39) Le surintendant Russo le lui dit aussi (p. 39). Don Fabrizio a tellement intégré le sens de ces paroles qu'il rabroue son fils Paolo (p. 49) qui, lui, n'a rien compris. Trois mois après, il les traduit en programme, une contre-attaque que la noblesse, sous des uniformes changés, pourrait porter contre le nouvel ordre politique. Cinq mois plus tard, après le plébiscite, il les rumine encore : n'était-ce pas une bonne tactique que de s'insérer dans le nouveau mouvement et de le faire se tourner, au moins en partie, en faveur de quelques individus de sa classe ?

Don Fabrizio apprendra un peu plus tard que la situation politique était beaucoup plus tendue que ce qu'il apparaissait dans « la tranquillité détachée » (p. 29) de la villa Salina. Mais c'est grâce à la phrase de Tancredi qu'il accueille avec tant d'indifférence le bulletin bourbonien et fait disparaître la lettre de son beau-frère et le journal. En août, nous saurons qu'il a été confirmé dans l'exactitude de ses prévisions, puisqu'on n'a entendu autour de la villa aucun coup de feu. Les Piémontais se sont présentés chapeau bas.

C'est du fief que vient l'interrogation. D'abord optimisme dans les monologues : « Qui sait si après les derniers événements les gens seraient encore aussi dévoués qu'avant. » (p. 63) « On verra. » « Grâce à Dieu, il me semble que tout est comme d'habitude. » (p. 64) « Il n'y a rien à dire, tout est comme avant, mieux qu'avant, même. » (p. 65) Et puis le ton change : « Il n'était pas vrai que rien n'avait changé ; don Calogero aussi riche que lui ! » (p. 70) Lui aussi change d'ailleurs, et son inhabituelle cordialité est le début du « déclin de son prestige. » (p. 67) Sa rencontre avec don Calogero, même si l'ironie et l'humour dédramatisent la scène, est une humiliation qui le touche dans son orgueil, les métaphores* guerrières accentuant l'angoisse. Apparemment les intérêts de sa classe, depuis les événements d'octobre, ont été écornés mais sont encore vitaux. Le jésuite confirme qu'il n'y a eu aucune révolution et que tout continuera comme avant. Grâce à Pallavicino a été sauvé le compromis atteint entre l'ancien et le nouvel état de choses. Mais malgré tout on voit apparaître le présage que le compromis n'ait pas la valeur espérée. Tumeo l'a bien compris : ce mariage, « c'est une reddition sans condition. C'est la fin des Falconeri, et des Salina aussi ! » (p. 128). Dans la scène du bal, les deux cents personnes de la haute société se sont rencontrées pour se féliciter d'exister encore. Et la fin du bal annonce cette désagrégation. À l'heure de la mort Don Fabrizio s'aperçoit qu'il s'est trompé. La signification d'une maison noble est toute dans les traditions, dans les souvenirs, dans un sens du nom et de la richesse qui n'ait pas seulement pour but la consommation. Tancredi n'a pas réussi dans son projet, si l'on en croit la tournure annoncée des événements, avec comme dernier représentant des Salina un Fabrizietto.

C'est la réponse à cette question : « La phrase de Tancredi s'est-elle vue confirmée par les événements ? » qu'attend le lecteur dans *Le Guépard*. Si, comme le dit Lampedusa par la bouche de Don Fabrizio, c'est Garibaldi qui a gagné, le Risorgimento aurait dû être pour la Sicile une étape dans le changement de classe dominante. Le roman est emblématique de tous les changements, de l'abolition de tous les privilèges. Mais vu le caractère particulier de la Sicile, de son statut de périphérie, l'exemple ne peut assumer de valeur universelle. En Sicile il n'y a pas eu de Bonaparte ni de Napoléon pour susciter l'enthousiasme et la passion. Don Calogero est d'une rare intelligence, s'il ne réussit pas à apprendre les bonnes manières, ses descendants le feront. Le malheur est ailleurs, dans le manque absolu de mobiles idéaux, et dans le manque de scrupules du présumé commanditaire d'un assassinat mafieux.

On peut dire que *Le Guépard* finit doublement mal :

D'abord parce que la classe de Don Fabrizio est perdante, ensuite parce que la classe qui la remplace sera pire : « Après ce sera différent, mais pire. Nous fûmes les Guépards, les Lions ; ceux qui nous remplaceront seront les petits chacals, les hyènes... » (p. 195)

Le colonel Pallavicino n'est pas optimiste sur le futur de l'Italie, il prophétise qu'après les Chemises rouges de Garibaldi il en viendra d'autres couleurs (les noires des fascistes), et après encore des rouges. (p. 249) Dans cette anticipation, on reconnaît la défiance de Lampedusa quant à la politique de son temps, qui ne correspondait pas à son idéal de gouvernement qui aurait plutôt été le modèle anglais.

Une lettre de Lampedusa confirme ce pessimisme : « Tous s'en sortent mal, le Prince et son entreprenant neveu, les partisans des Bourbons et les libéraux, et surtout la Sicile de 1860. » N'y a-t-il pas, entre les nobles et les Sedàra, la place pour une autre classe de gens plus honnêtes, plus instruits, moins cupides ? Francesco Orlando, qui s'est posé la question, ne voit dans le texte que les deux médecins évoqués dans la VIIe partie qui correspondent à peu près à cette définition. Il est vrai qu'il n'y a dans *Le Guépard* aucun représentant de la bourgeoisie citadine. Les historiens confirment d'ailleurs cette absence de classe moyenne en Sicile.

La société sicilienne est basée sur le lien personnel (enquête Franchetti, 1876). Cette vision n'est pas incompatible avec celle de la lutte des classes. Elle est présente dans les rapports de Don Fabrizio et de ses intendants et comptables. Surtout elle se manifeste dans le rôle d'aide de l'Église. Ce paternalisme féodal et ecclésiastique, en l'absence d'une autorité supérieure de l'État, fait le lit de la mafia, à laquelle il est fait quelques allusions dans le roman (la lupara qui débarrasse don Calogero d'un beau-père dérangeant ; Vicenzino « l'homme d'honneur » ; les cadavres au bord des chemins et les squelettes dans les puits.) Dans *Le Guépard*, la misère est présente dès qu'on montre des paysans. La reconnaissance interclasses se manifeste dans les relations entre Don Fabrizio et Rotolo, entre le Prince et don Ciccio Tumeo. Don Fabrizio est uni à ses paysans dans l'attente de la pluie. Ce qui s'est passé le soir du plébiscite est très révélateur, avec l'annulation de la première manifestation de liberté offerte au peuple par la tricherie de don Calogero sur les votes. Et cela ne s'est pas limité à Donnafugata, mais a eu lieu à Palerme et dans toute l'Italie... On a ici un renversement du schéma politique gauche/droite, avec Tumeo : « Il eût été difficile de dire lequel des deux était don Quichotte et lequel Sancho. » (p. 129) Tumeo, qui a fondamentalement raison, et la princesse Stella, qui traite Tancredi de traître, sont du côté des Don Quichotte. Don Fabrizio les fait taire en leur disant qu'ils ne savent pas de quoi ils parlent.

Mais pendant un instant Don Fabrizio est comme Màlvica, les rois de Naples lui apparaissent comme des frères aînés. Cela aboutit à la question suivante : « Dans le fond, dans le fond vraiment, de son hautaine conscience une voix demandait si par hasard don Ciccio ne s'était pas comporté plus noblement que le Prince de Salina ; et les Sedàra, tous ces Sedàra, depuis celui minuscule qui violentait l'arithmétique à Donnafugata jusqu'aux plus grands à Palerme, à Turin, n'avaient-ils pas commis un crime en étranglant ces consciences ? » Le narrateur/Lampedusa intervient par une anticipation : « Don Fabrizio ne pouvait pas le savoir alors, mais une partie de cette indolence, de cet acquiescement pour lesquels pendant les décennies qui suivraient on allait vitupérer contre les gens du Sud, eut son origine dans l'annulation stupide de la première expression de liberté qui se fût jamais présentée à ce peuple. » (p. 121)

Lampedusa ne nie pas que le Risorgimento ait apporté quelques changements, il dit que rien n'a changé en profondeur. Il ne refuse pas le changement en tant que tel mais il le refuse parce que les Sedàra vont remplacer les Salina, et qu'il ne voit pas où se trouve le bénéfice pour la Sicile. Il n'y a pas eu de véritable révolution en Sicile, les seuls à y perdre vraiment ont été les religieux. On ne peut donc pas dire de Lampedusa qu'il est réactionnaire. Tout bien considéré, il ne met pas en doute la sincérité de Garibaldi, il n'en dit pas de mal, il lui reproche seulement son manque d'humour (p. 229). Les Piémontais qui apparaissent dans le roman sont des gens honnêtes, quoique naïfs... D'ailleurs on peut se fier au jugement de Bendicò, qui est convaincu que Chevalley est un « brave homme ». (p. 185) Don Fabrizio ne ménage ses critiques ni à la monarchie bourbonienne, ni à la monarchie piémontaise. Il s'oppose à son beau-frère Màlvica, qui, lui, ne jure que par la monarchie et prétend que l'idée monarchique est détachée des personnes : « Le roi, il le connaissait bien, du moins celui qui était mort depuis peu ; le roi actuel n'était qu'un séminariste habillé en général. Et, à vrai dire, il ne valait pas grand-chose.[...] les Rois qui incarnent une idée ne peuvent pas, ne doivent pas descendre d'une génération à l'autre au-dessous d'un certain niveau ; sinon, mon cher beau-frère, l'idée elle-même en pâtit. » (p. 16) Et la description de l'audience royale dans les pages suivantes n'épargne pas le souverain, qui apparaît dans toute sa médiocrité, ses petitesses, sa vanité (« déjà debout pour ne pas être obligé de montrer qu'il se levait », « tardant un instant à faire asseoir son hôte »), son esprit borné, (« la science est une bien belle chose quand elle ne se met pas en tête d'attaquer la religion ! »), ses plaisanteries grivoises, sa fausseté (« Salina ne voulait pas faire le mouchard, Salina ne valait donc rien pour lui. »).

> « Il se demandait qui était destiné à succéder à cette monarchie qui portait déjà les signes de la mort sur son visage. Le Piémontais, celui qu'on appelait le « Galantuomo », « l'Honnête Homme » qui faisait tant de vacarme dans sa petite capitale perdue ? Ne serait-ce pas la même chose ? Le dialecte turinois à la place du napolitain ; rien d'autre.
>
> On était arrivé au registre. Il signait : Fabrizio Corbera, Prince de Salina.
>
> Ou bien la République de don Peppino Mazzini ? « Merci bien. Je deviendrais monsieur Corbera. » (p. 17-19)

Notons l'ironie du « don », qui met ce Génois sur le même plan que les notables siciliens, et le diminutif Peppino. Peppino comme Franceschiello. Le roi et le républicain unis dans le même mépris.

Il en va de même pour son beau-frère Màlvica et son fils Paolo : un « lapin », le premier, qui réussit à se faire prendre par la police du dictateur, un « nigaud » le second, qui ne s'intéresse qu'aux chevaux et qui sera le père de l'« odieux » Fabrizietto.

Cette lucidité critique non exempte d'ironie est bien différente de l'éloge de la noblesse que tissera le Père Pirrone dans la cinquième partie. En fait Don Fabrizio est un aristocrate impitoyable pour sa classe ; que l'on pense aux conversations du cercle des nobles dans *La matinée d'un métayer,* à la scène du bal où le prince Salina prend conscience qu'il est de la même espèce que ces femmes laides, ces hommes sots, ces vaniteux des deux sexes[1] (p. 239).

Nous avons, dans les cours de littérature de Lampedusa, des indications sur ses préférences politiques. Il appréciait l'époque des puritains[2] en Angleterre, les Jansénistes, il admirait la révolution française : « Nous pouvons tout lui pardonner : les assassinats, les massacres, les idioties à cause du bien accompli et de l'énergie surhumaine déployée. » Lampedusa déclare que, s'il en avait la compétence[3], il s'intéresserait davantage à l'étude de l'histoire politique qu'à celle de l'histoire littéraire, et en particulier à la naissance des crises. Il cite le cas d'un vieux diplomate qui lui avait raconté la sensation angoissante éprouvée lorsque, au courant de l'ultimatum autrichien à la Serbie qui allait déclencher la Première Guerre mondiale, il voyait les gens insouciants et ignares faire des projets de vacances. Eh bien, Lampedusa se trouve vis-à-vis des événements qu'il décrit dans *Le Guépard* dans la même situation.

1. Stendhal aussi détestait les vaniteux, mais pour lui la vanité était un défaut typiquement français dont auraient été préservés les Italiens…
2. Mouvement religieux qui se proposait de réformer l'Église d'Angleterre. Poursuivis par Jacques Ier, beaucoup émigrèrent en Amérique sur le « May Flower » (1620). Le chef de l'opposition puritaine, Cromwell, vainquit le roi Charles Ier et le fit décapiter (1649). Il proclama la république et gouverna jusqu'au retour des Stuart en 1659.
3. En réalité la culture historique de Lampedusa était impressionnante, il avait sans doute lu le livre de Mack Smith sur Cavour et Garibaldi paru quelque temps avant qu'il ne se mette à rédiger le roman. On ne peut donc l'accuser d'ignorance et de parti pris, même si son analyse lucide et désenchantée déplaît à certains. Le journal de Francesco Brancaccio di Carpino, *Tre mesi nella Vicaria di Palermo nel 1860,* lui était connu et lui a fourni des renseignements sur le comportement plutôt frivole des jeunes aristocrates qui suivirent Garibaldi.

Gioacchino Lanza Tomasi disait en parlant de son père adoptif : « Lampedusa s'identifiait au prince Salina[1] », mais il ajoutait que la fameuse phrase prononcée par Tancredi, changer pour ne pas changer, n'est pas la morale du roman, sinon Lampedusa l'aurait mise dans la bouche de Don Fabrizio. « Lampedusa, au contraire, la considérait comme "répugnante et inacceptable". » Il ajoutait : « On décrit Lampedusa comme un conservateur, mais il ne l'était pas. Il vota pour la monarchie au référendum de 1946. Ensuite je crois qu'il votait pour la Démocratie chrétienne. Mais il connaissait Marx, il étudiait Lénine, Croce[2]. Et il croyait en la Révolution française. Célébré comme écrivain de l'aristocratie, il considérait la décapitation de Louis XVI comme "la tête la mieux coupée de l'histoire". Il était persuadé que l'histoire devait bouger de temps en temps avec des secousses formidables. »

Gramsci[3] n'avait-il pas parlé, à propos du Risorgimento, de « révolution manquée » ?

La structure du roman

On a beaucoup critiqué la structure du *Guépard*, qui, selon certains, serait déséquilibrée. On a dit aussi que c'était un roman où il ne se passait rien... Au contraire pour Lampedusa « il se passe beaucoup de choses, toutes tristes ».

On pourrait en donner le résumé suivant : ce sont les cinquante premières années d'une nation vue par une famille aristocratique qui est en train de vivre ses cinquante dernières années.

Le Guépard comporte huit parties, qui, comme nous l'avons vu, n'ont pas été composées par Lampedusa dans l'ordre où

1. *Corriere della Sera*, 6 décembre 1996.
2. Voir note 1 p. 61.
3. Voir note 1 p.53.

elles sont présentées actuellement. Durant la phase d'élaboration du roman, Lampedusa écrivait à son ami Guido Lajolo qu'il était « composé de cinq longues nouvelles ». Chaque partie est accompagnée d'un sommaire détaillé, à la manière de ce qui se faisait dans des textes classiques, le *Décaméron* de Boccace ou *Les Fiancés* de Manzoni, par exemple. Chaque partie est datée. C'est une structure ouverte qui permet d'ajouter des chapitres au gré de l'écrivain.

Pour Lampedusa la **question du temps**[1] est primordiale et c'est à la manière de moduler le temps que l'on reconnaît un grand écrivain :

> « Avant tout, il y a la question du temps, la première à poser aux romanciers un problème sérieux. Sa solution ne peut découler que d'une série d'astuces. Il faut, grâce à une suite de ralentissements dans le rythme de la narration, donner au lecteur l'illusion que des années se sont écoulées pendant les quelques journées consacrées à la lecture du livre.[…]
>
> Comment obtient-on ce résultat ? Avant tout, en n'ayant PAS la naïveté d'écrire "six mois passèrent pendant lesquels, etc." Ce sont des informations d'indicateurs des chemins de fer, qui touchent l'esprit mais pas le sentiment. Il faut, au contraire, suggérer la même chose par d'imperceptibles touches qui frappent le pré-conscient.[2] »

Il cite l'exemple d'*Anna Karénine* de Tolstoï où des indications sur les saisons permettent de « sentir » que plusieurs mois se sont écoulés. Il y a d'autres moyens plus raffinés, mais l'important est « de ne pas se faire remarquer ». Il insiste aussi sur la nécessité de pauses pour le lecteur. « La fin d'un chapitre indique le moment où il est permis au lecteur de s'arrêter en courant le moins de risque de rompre le sortilège. »

---

1. Voir, dans la partie « L'œuvre à l'examen », le corrigé du devoir sur le temps.
2. In *Stendhal*, p. 59 et *sq*.

Dans *Le Guépard*, un **narrateur omniscient**[1] raconte l'histoire de la maison Salina, et adapte différents points de vue en fonction des situations et des personnages. Il déplace parfois la perspective dans un temps successif au récit ou anticipe des conclusions.

Lampedusa dans *Le Guépard* se comporte comme Stendhal :

> « Stendhal a choisi la voie la plus courte et la plus orgueilleuse : celle qui peut se définir, en simplifiant, comme la méthode consistant à se faire raconter l'histoire par Dieu. Stendhal, en tant que divinité, connaît les plus secrètes pensées de chacun de ses personnages, et les dévoile au lecteur qu'il fait profiter de sa propre "omnivoyance" ; il ne laisse rien dans l'ombre, sauf ce qu'il ne veut pas exprimer afin d'obtenir un redoublement d'émotion. » (p. 64)

Première partie (mai 1860)

Rosaire et présentation du Prince – Le jardin et le soldat mort – Les audiences royales – Le dîner – En voiture pour Palerme – En allant chez Mariannina – Le retour à San Lorenzo – Conversation avec Tancredi – Dans l'Administration : les fiefs et les raisonnements politiques – À l'Observatoire avec le Père Pirrone – Détente au cours du déjeuner – Don Fabrizio et les paysans – Don Fabrizio et son fils Paolo – La nouvelle du débarquement et de nouveau le Rosaire.

La première partie avait été à l'origine conçue comme un tout, le projet initial de Lampedusa étant de raconter vingt-quatre heures de la vie de son arrière-grand-père au moment du débarquement de Garibaldi en Sicile. La date, mai 1860, indique quel événement historique sert de toile de fond. Le lieu est très important. Cette première partie se passe à la villa Salina de San Lorenzo, dans les faubourgs de Palerme. Elle commence

1. Voir, dans la partie « L'œuvre à l'examen », le corrigé du devoir sur « auteur, personnage et lecteur ».

par la récitation du rosaire et se termine par cette même récitation le lendemain. **L'unité de temps** de la dramaturgie classique est donc respectée. Le temps de la narration suit l'ordre des événements, avec d'une part le retour en arrière des audiences royales et d'autre part les anticipations de Don Fabrizio sur les conséquences pour lui et sa classe de l'événement rapporté par le journal dans la dernière page du chapitre, « l'acte de piraterie flagrante » accompli le 11 mai par Garibaldi. Tous les personnages du roman sont présentés, Don Fabrizio dès la troisième ligne, et toute sa famille, le Père Pirrone et Tancredi, sans oublier Bendicò. Tous, sauf Angelica et don Calogero. On ne parle pas d'Angelica, mais Don Fabrizio évoque pour Tancredi la possibilité d'un mariage avec la fille de son intendant (p. 40). Le lecteur attentif est donc prévenu. D'ailleurs, à plusieurs reprises, il y a des anticipations mentales : par exemple quand Don Fabrizio prévoit les « compensations » que la monarchie de Savoie donnera aux Salina (p. 40) ou la baronnie de Russo, qui deviendra celle de don Calogero. L'interrogation porte sur les conséquences de ce débarquement sur la famille du Prince, et sur ce qu'il va advenir de Tancredi. Ne risque-t-il pas la mort ? Don Fabrizio a-t-il raison de ne pas vraiment s'inquiéter ? Le nom de Garibaldi le trouble bien un peu, mais il se rassure vite à l'idée que le roi de Piémont le freinera. Ce débarquement n'est que la répétition de tant d'autres déjà effectués dans l'histoire de la Sicile qui n'ont rien changé. Le climat général de cette première partie, malgré les événements rapportés et le leitmotiv de la mort, est serein. Le mot revient plusieurs fois, associé à la maison, à la lumière dorée qui la baigne : « La maison était sereine, lumineuse et bien décorée ; surtout, c'était la sienne » (p. 33). Cette impression de sérénité s'accompagne d'une sensation de pérennité, d'éternité, donnée par les statues du jardin, les fresques et tous ces objets qui existent depuis longtemps et existeront toujours. La mort est à l'extérieur, dans le jardin où l'on a trouvé un soldat mort, dans

Palerme sombre et dominée par ses couvents, dans le paysage sicilien.

Cette partie est particulièrement riche en allusions historiques et sociologiques, puisque c'est la scène d'exposition. **Mais l'Histoire ne touche pas directement Don Fabrizio**, elle ne l'atteint que par échos : le cadavre du soldat, le récit du Père Pirrone, la venue de Tancredi, les nouvelles dans le journal, la lettre de son beau-frère. Les faits sont vus à travers le regard de Don Fabrizio, mais aussi à travers ceux de Ferrara, de Russo, du Père Pirrone, du beau-frère Màlvica et bien sûr de Tancredi, mais chaque fois « revus et corrigés » par Don Fabrizio.

Deuxième partie (août 1860)

Voyage pour Donnafugata – L'étape – Précédents et déroulement du voyage – Arrivée à Donnafugata – À l'église – Don Onofrio Rotolo – Conversation dans la salle de bains – La fontaine d'Amphitrite – Surprise d'avant le dîner – Le dîner et réactions diverses – Don Fabrizio et les étoiles – Visite au monastère – Ce que l'on voit d'une fenêtre.

Les parties consacrées à Donnafugata sont sans doute celles où les **souvenirs de Lampedusa** alimentent le plus le présent de Don Fabrizio. À l'origine était prévu un seul chapitre, dans la rédaction définitive il y a trois parties. Lampedusa date ses chapitres. Mais d'autres indices marquent le passage du temps : sur la porte de la ferme de Rampinzeri, le blason avec le guépard dansant dont un coup de pierre a brisé les pattes (p. 56) ; le bandeau sur l'œil de Tancredi qui rappelle « la blessure au sourcil reçue trois mois auparavant au cours des combats de Palerme », « le filet écarlate au-dessus de la cravate faisant discrètement allusion à la chemise rouge qu'il avait portée » (p. 57) ; puis, explicitement, la description par Don Fabrizio de ce qui s'est passé durant ces trois mois, avec le retour en arrière de la visite vers le 20 juin du général piémontais à la villa Salina et le récit des « exploits » de Tancredi. Sont également évoquées les trois journées de voyage, et tout particulièrement la transformation du paysage, qui s'est écarté des « plaines riantes » pour aborder « des montagnes abruptes », à l'image de sa vie tout entière (p. 62-63). Cette partie est marquée par l'apparition de **don Calogero** et d'**Angelica**, et d'un certain nombre de personnages secondaires : don Onofrio, don Ciccio Tumeo. Comme dans la première partie, l'Histoire parvient à Donnafugata de manière indirecte, par des récits dont certains des personnages ont été acteurs, mais qui arrivent déjà filtrés par la mémoire. On y trouve également la même construction par antithèse, des moments de sérénité alternant avec des moments d'amertume. Dans un effet de rapprochement très voisin des techniques du cinéma, la dernière scène nous montre un moment décisif du roman : Tancredi, portant un panier de pêches, se dirige vers la maison des Sedàra.

Troisième partie (octobre 1860)

Départ pour la chasse – Soucis de Don Fabrizio – Lettre de Tancredi – La chasse et le Plébiscite – Don Ciccio Tumeo s'emporte – Comment on avale une couleuvre – Petit épilogue.

Cette partie se déroule à Donnafugata. La narration est construite sur une **alternance temporelle** : les premières pages sont consacrées à un récit itératif*, faisant état des chasses de Don Fabrizio en compagnie de Don Ciccio Tumeo. Dans un retour en arrière sont ensuite évoqués les événements politiques des derniers mois, les lettres de Tancredi et ses visées matrimoniales, mais aussi le plébiscite. Enfin, nous suivons les deux chasseurs dans une scène où l'organiste fait part de ses états d'âme à propos des bouleversements politiques récents. À leur retour, Don Fabrizio demande la main d'Angelica à son père. La disposition narrative revient donc à privilégier le seul « événement » du livre, le mariage de Tancredi.

Quatrième partie (novembre 1860)

Don Fabrizio et don Calogero – Première visite d'Angelica – Arrivée de Tancredi et Cavriaghi – Arrivée d'Angelica – Le cyclone amoureux – Détente après le cyclone – Un Piémontais arrive à Donnafugata – Un petit tour dans le village – Chevalley et Don Fabrizio – Départ à l'aube.

Cette partie, plus longue que les autres, a moins d'unité. C'est aussi celle où Don Fabrizio n'est pas présent dans l'intégralité du chapitre. C'est Tancredi qui occupe l'espace vacant. L'ensemble est articulé et dramatisé autour de l'arrivée des Piémontais à Donnafugata, un soir d'orage. Le temps de la fiction est d'un mois, et laisse une place importante aux courses folles de Tancredi et d'Angelica dans le palais. L'épisode du « cyclone amoureux » qui développe le thème de la joie sensuelle de la jeunesse est suivi par l'entretien entre Don Fabrizio et Chevalley où apparaît toute l'amertume de l'homme mûr. Ce contraste crée une vision de la réalité qui n'a rien de manichéen*.

Cinquième partie (février 1861)

Arrivée du Père Pirrone à San Cono – Conversation avec les amis et l'herboriste – Les ennuis familiaux d'un jésuite – Résolution des ennuis – Conversation avec « l'homme d'honneur » – Retour à Palerme.

Cette partie est une des plus discutées du roman. Il paraît que Lampedusa lui-même s'interrogeait sur son utilité. Elle n'apporte en effet rien à l'évolution de l'action. C'est une sorte de pendant paysan à l'histoire d'Angelica et de Tancredi. On y voit le Père Pirrone, qui jusque-là se trouvait dans l'ombre de Don Fabrizio, assumer le rôle de protagoniste. Comme Don Fabrizio, à l'arrivée chez lui, il est « assailli, comme toujours, par l'impétuosité très douce des souvenirs juvéniles » (p. 201). Nous quittons les palais de l'aristocratie pour les maisons villageoises. Dans ce chapitre, les événements ne sont pas vus à travers le filtre de Don Fabrizio, mais à travers les yeux du Père Pirrone. Le tableau qu'il dresse de ce qui attend les Italiens est sombre. Cela permet à Lampedusa de présenter les conséquences du Risorgimento de l'autre côté de l'échelle sociale. Si les nobles risquent d'y perdre quelques privilèges — mais nous voyons que cette décadence avait déjà commencé avant le débarquement des Mille —, les petites gens subissent de plein fouet les décisions des Piémontais. L'originalité est de faire brosser un tableau de l'aristocratie par le Père Pirrone : « [Les nobles] sont différents ; ils nous semblent peut-être si étranges parce qu'ils sont parvenus à une étape vers laquelle tendent tous ceux qui ne sont pas des saints, celle de l'insouciance des biens terrestres grâce à l'accoutumance. » (p. 206) La conclusion du Père Pirrone justifie à elle seule le chapitre : « Les grands seigneurs étaient réservés et incompréhensibles, les paysans explicites et clairs ; mais le démon les roulait tous dans la farine, pareillement. » (p. 221).

Sixième partie (novembre 1862)

En allant au bal – Le bal : entrée de Pallavicino et des Sedàra – Mécontentement de Don Fabrizio – La salle de bal – Dans la bibliothèque – Don Fabrizio danse avec Angelica – Le souper ; conversation avec Pallavicino – Le bal s'étiole, on rentre à la maison.

Il s'agit d'une scène, très resserrée dans le temps : elle est réduite à une nuit passée chez les Ponteleone. Tout est centré sur le personnage de Don Fabrizio, par l'usage intensif de la focalisation* interne. Au cours du bal apparaît de manière insistante le thème de la mort jusqu'aux dernières pages où le bal devient une métaphore* du déclin de l'aristocratie. La narration passe également par le retour en arrière, à partir du récit de la bataille d'Aspromonte, par le colonel Pallavicino, ce qui permet de dater la scène. Un usage très subtil du temps narratif est également présent, dans la danse du couple de Fabrizio et d'Angelica, où tout s'immobilise dans une forme de contemplation.

Septième partie (juillet 1883)

La mort du prince.

Cette partie est l'aboutissement de quelque chose qui se préparait depuis longtemps après une ellipse* de plus de vingt ans : la fin de Don Fabrizio, miné par la maladie. Le chapitre s'ouvre sur un retour en arrière récent, par l'évocation du voyage à Naples où il est allé consulter. Le temps référentiel montre rapidement que nous assistons aux derniers moments de sa vie, dans un hôtel de Palerme. L'absence de toute perspective amène alors le personnage à revivre son passé et à y rechercher les « paillettes d'or » des moments heureux ; autour de lui se pressent tous les membres de la famille qui ne sont pas morts, et dans son esprit sont les absents et les disparus (Giovanni, Paolo, Stella). Les événements historiques sont passés sous silence ; les événements personnels et familiaux ont pris toute la place. En même temps, Don Fabrizio a le sentiment très fort qu'il est en fait **le dernier des Salina**.

Huitième partie (mai 1910)

Visite de Monseigneur le Vicaire – Le tableau et les reliques – La chambre de Concetta – Visite d'Angelica et du sénateur Tassoni – Le Cardinal : fin des reliques – Fin de tout.

Si le chapitre n'était pas daté, on saurait cependant qu'il se passe en 1910 puisqu'on y fait allusion au tremblement de terre de Messine qui a eu lieu deux ans auparavant, et que l'on célèbre le cinquantième anniversaire du débarquement de Garibaldi. Par une ellipse* temporelle marquée, nous retrouvons les sœurs Salina, autour de Concetta, dans un attachement obsessionnel à des reliques dont la fausseté sera mise en évidence par les autorités religieuses : ce détail revêt une signification symbolique, il est l'ultime témoignage d'un monde qui finit de se défaire. Entre-temps, le récit du sénateur Tassoni révèle à Concetta la faillite de son existence qui était fondée sur un malentendu. « La fin de tout » est scellée par la destruction de la dépouille empaillée de Bendicò, transformé pendant un instant en guépard dans sa chute.

Le Guépard roman historique ?

La première question qui se pose aux critiques (pour le lecteur est peut-être suffisant le plaisir de la lecture !) est de savoir à quel genre appartient le roman. S'agit-il ou non d'un roman historique ? Actuellement la question a perdu de son intérêt mais au moment de la publication du *Guépard*, on était en pleine crise du roman et ce débat s'inscrit dans les polémiques qui ont suivi. Si l'on décide qu'il s'agit d'un roman historique, *Le Guépard* se rattache alors à la tradition de la littérature du XIXe siècle. Mais, comme le soulignent certains critiques, entre les grands romans historiques du XIXe siècle et *Le Guépard*, il y a eu le courant du décadentisme qui n'a pas pu ne pas laisser de traces. Né en France à la fin du XIXe siècle en réaction au naturalisme et au néoclassicisme du Parnasse, ce mouvement est caractérisé par l'esthétisme et par une sensualité qui évoque des sentiments de décadence et de mort.[1]

Mario Alicata, intellectuel communiste, écrivait en avril 1959[2] :

> « *Le Guépard* est raté comme roman historique à cause de la position réactionnaire de l'auteur, pour ses insuffisances idéologiques. »

Dans une lettre à un ami Lampedusa niait que son roman soit un roman historique : « Je ne voudrais pas que tu croies cependant que c'est un roman historique ! »

1. En Italie l'écrivain décadent par excellence est **Gabriele D'Annunzio** (voir note 3 p. 39)
2. Il Principe di Lampedusa e il Risorgimento italiano in *Il Contemporaneo*.

En revanche sa femme affirmait qu'il avait toujours voulu écrire un roman historique et le **critique marxiste Lukács** le considérait comme tel. En effet, pour **Lukács**, un écrivain peut être subjectivement, c'est-à-dire en ce qui concerne ses convictions éthiques et politiques, un réactionnaire et, en même temps, objectivement, un écrivain réaliste et donc progressiste, dans la mesure où dans son œuvre littéraire il sait saisir les tendances fondamentales les plus significatives de la réalité historique de son temps.

Naturellement tout dépend de la **définition** que l'on donne du roman historique.

Diderot a une piètre opinion du genre :

> « Le roman historique est un mauvais genre : vous trompez l'ignorant, vous dégoûtez l'homme instruit, vous gâtez l'histoire par la fiction et la fiction par l'histoire. »

Lukács, dans *Le roman historique* (1955), voit dans ce genre l'interprétation du passé comme « préhistoire du présent ». Pour lui, le romancier portant un regard sur l'Histoire n'est que l'expression d'un groupe social, lui-même historiquement marqué, dont il fait partie. Il identifie « roman historique » et ascension politique de la bourgeoisie. À cette conception très moderne d'une relativité du regard sur l'Histoire, qui varie d'époque en époque, Lukács ajoute une vision finaliste, l'Histoire ayant sa propre fin avec l'abolition des classes sociales.[1]

Pour Françoise Chandernagor, auteur de romans que l'on qualifie d'historiques, « le roman historique n'est pas un roman **sur** l'histoire mais un roman **dans** l'histoire. »

On pourrait suivre la définition de Daniel Madelénat[2] :

> « [au sens large], fiction qui emprunte à l'histoire une partie de son contenu et, [au sens étroit], forme de roman qui prétend

1. D'après *Le Dictionnaire des littératures* de Larousse.
2. In *Dictionnaire des littératures de langue française*, Bordas, 1987.

> donner une image fidèle d'un passé précis, par l'intermédiaire d'une fiction mettant en scène des comportements, des mentalités, éventuellement des personnages réellement historiques. »

Le roman historique se caractérise donc par la présence conjointe de personnages fictifs et d'éléments historiques attestés (lieux, personnages, événements). Il doit répondre à une double exigence : d'une part, rendre compte d'une documentation solide sans être voyante, d'autre part proposer une intrigue qui évite l'anachronisme tout en parlant à un public moderne. Le roman historique est un regard d'aujourd'hui porté sur une époque antérieure, et c'est ce double rapport à l'Histoire qui fait son intérêt.

Examinons quelle ampleur prennent les thèmes historiques dans le roman. Ils sont distribués inégalement dans les huit parties. La scansion* temporelle ne serait pas celle du roman historique, chaque épisode pouvant presque avoir son autonomie.

La **première partie** décrit le contexte historique dans lequel se place le roman : le débarquement de Garibaldi à Marsala et ses conséquences sur la noblesse sicilienne. Il évoque aussi par un retour en arrière le gouvernement des Bourbons. L'organisation sociale sicilienne, l'origine de la fortune de l'aristocratie, la puissance de l'Église sont aussi au rendez-vous. Les prévisions de Don Fabrizio se vérifieront : ce débarquement fera peu de morts, les « breloques » ne seront pas les mêmes mais existeront toujours, etc. Les faits historiques rapportés le sont avec exactitude. Cependant ces événements historiques ne prennent jamais le dessus sur les événements de la vie privée des protagonistes, ils apparaissent à travers les méditations ou les souvenirs du Prince (le soldat mort dans le jardin, les audiences du roi Ferdinand) ou bien dans les dialogues, en particulier celui de Tancredi et de Don Fabrizio : l'histoire n'a pas de présence autonome et objective, elle est toujours filtrée par la perspective personnelle des personnages, qui la réduisent aux conséquences des effets qu'elle aura sur leur classe sociale. On pourrait d'ailleurs croire que pour le Prince les considérations esthétiques (la comparaison entre les deux drapeaux) l'emportent sur toutes les autres !

Dans la **deuxième partie** est décrite l'arrivée à Donnafugata, fief qui est particulièrement cher à Don Fabrizio parce qu'il aimait « le sentiment de possession féodale qui y avait survécu. » (p. 58) Sont évoqués les trois mois qui se sont écoulés depuis le débarquement et qui ont apporté bien peu de changements dans la vie des Salina. Apparaissent dans ce chapitre les personnages qui marquent les transformations sociales, symbolisées par le frac de don Calogero : « La nouvelle fit plus d'effet [à Don Fabrizio] que le bulletin du débarquement à Marsala. Ce dernier avait été non seulement un événement prévu, mais aussi lointain et invisible. À présent, sensible comme il l'était aux présages et aux symboles, il contemplait la Révolution en personne dans ce nœud papillon blanc et cette queue-de-pie noire qui montaient l'escalier de sa maison. » (p. 81)

La **troisième partie** développe le thème de l'opposition entre le vieux et le neuf ; trois mois se sont écoulés, pendant lesquels les ennuis de Don Fabrizio sont plutôt venus de sa famille que des événements extérieurs. Il comporte deux moments très importants : la conversation avec Don Ciccio Tumeo à propos du plébiscite et la demande en mariage faite par Don Fabrizio. L'intuition du Prince sur l'après-plébiscite est évidemment alimentée par ce que sait le narrateur des suites du Risorgimento. L'histoire revient, filtrée à travers la réaction personnelle du personnage et l'entretien avec Sedàra, celui qui a faussé les résultats du Plébiscite. La métaphore de la couleuvre à avaler conditionne le lecteur dans sa manière de percevoir ces événements.

La **quatrième partie** contient des considérations historiques à travers la métamorphose des uniformes de Tancredi et de Cavriaghi. C'est dans ce chapitre que se place l'entretien du Prince et de Chevalley, où s'exprime le profond scepticisme de Don Fabrizio sur l'histoire, sa lucidité et son pessimisme, ainsi que son opinion sur la Sicile et les Siciliens.

La **cinquième partie** montre, à travers les histoires de famille du Père Pirrone, les conséquences du Risorgimento sur une autre classe sociale que la noblesse. Elle permet de présenter l'aristocratie du point de vue (très positif) du Père Pirrone et plus seulement de celui de Don Fabrizio.

Dans la **sixième partie**, reviennent des méditations sur l'histoire et sa répétition à travers les propos désabusés de quelqu'un qui a été acteur de cette histoire, le colonel Pallavicino, héros d'Aspromonte.

Dans la **septième partie**, la mort du prince, c'est l'histoire personnelle qui domine alors que dans la **huitième**, elle est évoquée par le cinquantenaire du débarquement de Garibaldi en Sicile et par les souvenirs du sénateur Tassoni.

* * *

Après 1860 les structures féodales ont changé et c'est cette évolution qui a accéléré le déclin de l'aristocratie qui est le fil conducteur du roman. L'histoire n'est donc pas accessoire. Si, comme le dit Lampedusa, Don Fabrizio est son arrière-grand-père, le protagoniste est donc un personnage historique. Certaines pages, comme celles consacrées aux audiences du roi Ferdinand, personnage historique, ou la dénonciation des équivoques du Plébiscite ont une nette valeur historique.

Mais il est évident que Lampedusa ne veut pas présenter un document historique neutre, et que chaque événement historique sert à approfondir des thèmes chers à l'auteur et au Prince : la fuite du temps, le déclin, la décadence, la mort, l'inutilité de l'action humaine, le pessimisme historique.

En ce sens *Le Guépard* est un grand **roman psychologique**. Lampedusa se sert de l'histoire pour témoigner de la déception de Don Fabrizio, et par conséquent de la sienne, devant la faillite des idéaux du Risorgimento.

L'histoire reste un décor, sa présence n'est là qu'en fonction de la narration et des personnages, il ne s'agit pas d'une reconstitution. Les figures historiques, Garibaldi, Victor-Emmanuel, restent des figures lointaines et la Sicile est vue à travers les yeux de l'aristocrate Don Fabrizio. Le seul personnage qui symbolise un changement réel est don Calogero Sedàra.

Cent ans après le Risorgimento, Lampedusa prend acte du fait que la condition de la Sicile reste inchangée ou est plus mauvaise qu'elle ne l'était auparavant, et cela à cause du remplacement de l'aristocratie par des gens comme les Sedàra. L'Italie nouvelle se fonde sur une tromperie. Il faut donner à la manipulation des votes du Plébiscite toute son importance. Le Risorgimento a été une occasion perdue, et a en fait abouti au fascisme et à la guerre. Les généraux italiens de la Seconde guerre mondiale ne sont pas plus efficaces que ne l'étaient les commandants bourboniens. Le débarquement des Alliés en 1943 est le pendant de celui de Garibaldi en 1860. Humbert II, le « roi de mai », qui a succédé à son père Victor-Emmanuel III ne vaut guère mieux que Franceschiello. L'Histoire se répète et de nouveau la Résistance, autre mythe national, n'a pas réussi à changer les choses en profondeur. Tout cela est en général implicite et laissé à l'intuition du lecteur. Pour éclairer cette circulation du présent et du passé dans le roman historique, il est intéressant de citer ce passage des *Leçons sur Stendhal* :

> « Les références de Stendhal à l'histoire de son temps sont continuelles. […] Il a compris que traiter d'une époque passée sans références au présent c'est la réduire à un objet de musée : détachée de notre vie et sans influence sur elle. Exactement le contraire de ce qu'elle est en réalité[1]. »

---

1. *Stendhal*, p. 30

Ce que Lampedusa voyait de la Sicile à son époque, avec la mafia, le retard social et économique, le banditisme de Salvatore Giuliano (1922-1950) ne pouvait que l'inciter au pessimisme. Le temps de l'auteur agit sur le temps du roman et concourt à expliquer ce pessimisme historique qui s'accompagne d'un pessimisme humain quand il parle des Siciliens. Toute entreprise humaine est destinée à la faillite car les hommes ne peuvent avoir que **l'illusion** d'influer sur leur destinée.

Dans un roman historique, les objets évoqués doivent être neutres, ils ne doivent pas avoir de rapport avec la vie de l'auteur. Or, dans *Le Guépard*, les choses servent à faire l'apologie d'une classe sociale en voie de disparition. La frontière est bien mince entre la fonction de documentation d'un ordre politique, la féodalité sicilienne, et la fonction d'expression des souvenirs ou des regrets de Don Fabrizio, et, à travers lui, du narrateur. En écrivant, Lampedusa essaie de contribuer à la pérennité des choses, fidèle en cela à la tradition de l'aristocratie. « J'ai beaucoup de considération pour les vieilles familles », dit le professeur La Ciura dans *Lighea*. « Elles ont une mémoire, minuscule certes, mais de toute façon plus grande que les autres. Elles constituent ce que vous pouvez espérer de mieux en matière d'immortalité physique. » (N. p. 126)

On ne peut donc pas lire *Le Guépard* comme un document historique sur le Risorgimento et la question méridionale. Il faut le lire comme un livre **sur le temps**, force hostile qui transforme et efface les êtres vivants. Pour Lampedusa, le temps des hommes est un temps limité, pour eux, deux cents ans équivalent à l'éternité.[1] Par la mémoire il essaie de dilater l'espace temporel et de lutter contre la disparition de sa classe sociale. L'écriture,

1. Dans la conversation avec le Père Pirrone. Dans celle entre Tancredi et Don Fabrizio, il parle de trois générations nécessaires pour transformer d'innocents paysans en gentilshommes sans défense, dans l'entretien avec Chevalley de « temps humain », un siècle, deux siècles.

grâce à laquelle est enregistrée cette mémoire, présente un double intérêt, historique et psychologique.

C'est aussi un livre sur le pouvoir. En remontant aux origines du Risorgimento, Lampedusa veut montrer comment les conditions du transfert du pouvoir à une petite et moyenne bourgeoisie n'ont pas amélioré la condition des plus humbles. Il montre aussi l'incompréhension du Nord pour les réalités du Sud qui sera à l'origine de la question méridionale qui empoisonne encore aujourd'hui la vie politique italienne.

Le Guépard roman à clefs ? roman autobiographique ?

La lettre que Giuseppe Tomasi di Lampedusa envoya, peu avant son départ pour Rome où il allait mourir, à son ami Enrico Merlo, est non seulement, comme le dit Gioacchino Lanza Tomasi, un modèle d'*understatement**, mais aussi une précieuse mine de renseignements que l'analyse du roman nous permettra de valider ou au contraire de discuter. Nous la citons ici en entier :

> « Le 30 mai 1957
>
> Mon cher Enrico,
>
> Dans la serviette en cuir tu trouveras l'exemplaire dactylographié du *Guépard*.
>
> Je te prie d'en prendre soin parce que c'est le seul exemplaire que je possède.
>
> Je te prie aussi de le lire attentivement parce que chaque mot a été pesé et beaucoup de choses ne sont pas dites clairement mais seulement par allusion.
>
> Il me semble qu'il présente un certain intérêt parce qu'il montre un noble sicilien dans un moment de crise (dont il n'est pas dit que ce soit seulement celle de 1860), comment il y réagit

et comment s'accentue le déclin de la famille jusqu'à la débâcle presque totale : tout cela, cependant, vu de l'intérieur, avec une certaine participation de l'auteur et sans aucune hostilité, comme l'on en trouve au contraire dans les *Viceré*.

Il est superflu de te dire que le « prince de Salina » est le prince de Lampedusa, Giulio Fabrizio, mon arrière-grand-père : tout est vrai : sa taille, les mathématiques, sa fausse violence, son scepticisme, sa femme, sa mère allemande, son refus d'être sénateur. Le Père Pirrone est lui aussi authentique, même dans son nom. Je crois que je les ai faits l'un et l'autre plus intelligents qu'ils ne l'étaient.

Tancredi est, physiquement et dans ses manières, Giò ; moralement, un mélange du sénateur Scalea et de Pietro, son fils. Angelica, je ne sais pas qui elle est, mais rappelle-toi que Sedàra, comme nom, ressemble beaucoup à "Favara".

Donnafugata, en tant que village, est Palma ; en tant que palais, il s'agit de Santa Margherita.

Je tiens beaucoup aux deux derniers chapitres : la mort de Don Fabrizio qui a toujours été *seul* bien qu'il eût une femme et sept enfants ; l'affaire des reliques qui scelle tout est absolument authentique et j'en ai été témoin moi-même.

La Sicile est ce qu'elle est ; celle de 1860, d'avant et de toujours.

Je crois que l'ensemble ne manque pas d'une poésie mélancolique particulière.

[...]

Avec mes plus chères salutations.

Ton

Giuseppe

[Au dos de l'enveloppe]

Fais attention : le chien Bendicò est un personnage très important et il est presque la clé du roman. »

Les portraits et les photos de l'arrière-grand-père de Lampedusa nous le montrent tel qu'est décrit Don Fabrizio dans le roman. Nous avons déjà vu qu'il s'intéressait à l'astronomie et aux mathématiques. Mais il ne semble pas avoir possédé le même tempérament autoritaire et coléreux que **Don Fabrizio**. Lampedusa a fait mourir Don Fabrizio en 1883, alors que son arrière-grand-père était mort en 1885.

Dans des lettres à son ami Guido Lajolo, Lampedusa reconnaît que le prince de Salina est basé sur son arrière-grand-père mais il ajoute : « Les amis qui l'ont lu disent que le prince de Salina me ressemble diablement. » Et aussi : « Le protagoniste, au fond, c'est moi. Et le personnage nommé Tancredi est mon fils adoptif. » Un peu plus tard : « Don Fabrizio exprime complètement mes idées, et Tancredi, son neveu, est le portrait de Giò, en ce qui concerne l'aspect et les manières ; pour ce qui est du moral Giò est, heureusement, bien mieux que lui. »

La veuve de Lampedusa s'insurgea contre l'idée que le roman puisse être autobiographique, affirmant même que Don Fabrizio était tout le contraire de son mari.

En effet, les différences sont nombreuses, ne serait-ce que le physique. Tomasi di Lampedusa était grand, certes, mais n'avait rien du géant blond décrit dans le roman. Voici ce que dit de lui Francesco Orlando : « Il était de ces hommes qui attirent immédiatement, sans le vouloir, l'attention sur eux [...]. Cela ne tenait pas tant à sa haute taille et à son embonpoint qu'à la majesté de sa tête, à l'ouverture du beau visage et à des yeux sombres qui, fuyant timidement lorsqu'il tendait la main, dominaient ses interlocuteurs à tous les autres moments[1]. » Don Fabrizio, malgré l'envol de quelques « hirondelles »[2], est très riche, alors que Lampedusa se débat toute sa vie dans des problèmes financiers liés à la question de l'héritage non résolu. Don Fabrizio, même s'il meurt dans une

1. Francesco Orlando, *Un souvenir de Lampedusa* (L'Inventaire, 1997).
2. « Il y en avait tellement ; il semblait qu'on ne pourrait jamais en voir la fin. » (p.35).

chambre d'hôtel, est toujours en possession de ses palais et de ses villas, alors que Lampedusa a perdu la villa de son enfance et son palais de Palerme. Don Fabrizio est pair du royaume, on le sollicite pour être sénateur du nouveau Parlement italien alors que Lampedusa ne joue aucun rôle politique. Don Fabrizio est père de famille, et coureur de jupons, alors que Lampedusa n'a pas d'enfant et apparemment n'a pas une vie sexuelle très satisfaisante. Don Fabrizio est autoritaire alors que Lampedusa avait du mal à s'imposer (surtout auprès de sa mère et de sa femme). Don Fabrizio est un astronome réputé (le cousin Piccolo s'intéressait aussi à l'astronomie), alors que de son vivant Lampedusa n'a jamais été reconnu. Un des passe-temps préférés de Don Fabrizio est la chasse (même s'il éprouve de la pitié pour les animaux tués), alors que Lampedusa n'a plus chassé après l'épisode des rouges-gorges.

Sans doute serait-il plus exact de dire que Lampedusa a trouvé dans le personnage de Don Fabrizio **une compensation à certaines de ses frustrations**. Il n'est pas Don Fabrizio, mais il s'identifie à lui. Il lui a prêté des traits de son caractère, son ironie, sa politesse, son attachement aux objets et aux maisons, son amour de la bonne chère, sa passion pour les chiens, son penchant pour la solitude, sa culture (scientifique pour Don Fabrizio, littéraire et historique pour Lampedusa), sa connaissance du français, son inaptitude à gérer son patrimoine, son rejet du provincialisme, son anticléricalisme ou plutôt son hostilité à la prépondérance d'un pouvoir catholique dans la vie civile[1], son agnosticisme*, sa lucidité et son scepticisme. Mais aussi son sentiment de supériorité, son mépris pour ceux qui n'étaient pas à sa hauteur, sociale ou intellectuelle. Quant à son pessimisme politique, nous en avons déjà parlé.

Don Fabrizio partageait beaucoup des idées de son créateur, mais il n'en avait pas le comportement.

1. En Italie, la Démocratie chrétienne a été au pouvoir de 1946 à 1992…

La réponse à la question : « Don Fabrizio est-il Lampedusa ? », c'est peut-être Lampedusa lui-même qui nous la donne quand il parle de ce qu'a fait Stendhal :

> « Avec Fabrice del Dongo, en revanche, il a donné une vie réelle à l'homme qu'il aurait voulu être, à l'homme noble, riche, aimé, qu'il ne fut pas. Il lui donna la vie, puis il l'enferma en prison, émouvant témoignage de la clarté de son intuition. » (Stendhal, p. 10)

Lampedusa a donné vie à Don Fabrizio, mais il l'a fait mourir dans une chambre d'hôtel.

En mêlant ces éléments au personnage historique de son arrière-grand-père, Lampedusa aboutit à la **création** de Don Fabrizio.

Voyons les autres personnages du roman.

Paolo, le fils de Don Fabrizio et **Fabrizietto**, son petit-fils auraient des traits de caractère du père de l'auteur du *Guépard*, Giulio di Lampedusa.

Il est évident que **Tancredi** emprunte beaucoup à Giò. Ils ont en commun le charme, l'esprit, le sens de l'humour, et Lampedusa ressent la même affection et la même indulgence pour Giò que Don Fabrizio pour Tancredi. Au moment de mourir le prince Salina et le prince de Lampedusa seront reconnaissants aux deux jeunes gens des moments de bonheur qu'ils leur ont donnés. Mais le contexte historique est évidemment différent, et les événements qui inspirèrent Tancredi sont ceux de la période où vécut le neveu du prince Giulio.

Il emprunte aussi des traits à Corrado Valguarnera[1], le neveu de Giulio Lampedusa, et à Francesco Lanza di Scalea. Exilé en

1. Le cousin de Lampedusa, Fulco di Verdura, prétend que Tancredi et Angelica eurent plus ou moins pour modèles ses propres grands-parents, Corrado Valguarnera et Maria Favara. Don Calogero aurait des points communs avec le père de Maria, le banquier Vincenzo Favara, originaire de Partanna (Trapani), « nouveau riche » qui avait financé l'expédition des Mille,

Toscane et sénateur nommé par le roi après l'Unité, ce dernier avait milité dans la gauche modérée et avait sans succès essayé d'être élu maire de Palerme. Son fils Pietro avait été ministre de la guerre dans le cabinet Facta et ministre des colonies[1] dans le premier cabinet Mussolini. Sous-secrétaire au temps de la guerre de Libye, il était passé de la gauche modérée à la droite. Tout cela correspond à ce que Lampedusa écrivait de Tancredi dans le fragment retrouvé récemment, intitulé *Le « Canzoniere » de la Maison Salina* et qui aurait trouvé sa place entre la VIe et la VIIe partie :

> « Tancredi était encore trop jeune pour aspirer à des charges politiques précises, mais son activité et sa fortune récente le rendaient partout indispensable ; il militait dans la tendance avantageuse d'"extrême gauche de l'extrême droite", un magnifique tremplin qui devait lui permettre par la suite des acrobaties admirables et admirées ; mais l'activité politique intense était savamment masquée chez lui par une nonchalance et une légèreté d'expression qui lui ralliaient tout le monde » (p. 307).

Ces « acrobaties », c'est ce que les Italiens appellent **le transformisme**, mot connoté négativement, qui désigne l'attitude qui consiste à changer d'opinions pour s'adapter aux circonstances[2].

En fait, Tancredi, comme Don Fabrizio, est un personnage composite.

---

avait été élu député et avait sans doute profité d'une homonymie avec une authentique famille noble (cf. p. 138).

1. Après l'Unité l'Italie voulut, comme les autres puissances européennes, se constituer un empire colonial, d'abord en Érythrée (1890) et en Somalie, puis en Éthiopie (défaite d'Adua, 1896) et en Libye (guerre contre la Turquie 1911-1912).
2. Le terme, à l'origine, se référait à la politique du ministre Depretis qui, après 1896, avait formé une majorité parlementaire avec des députés appartenant à des partis d'opinions opposées.

Le Père Pirrone a réellement existé. Il semble qu'un Chevalley ait été fonctionnaire de la préfecture d'Agrigente.

Quant aux **lieux**, il y a en Sicile plusieurs endroits qui répondent au nom évocateur de Donnafugata : la femme en fuite. Mais ils ne correspondent pas à la Donnafugata du livre qui a été inspirée, pour le village, par l'ancien fief de la famille des Salina, Palma di Montechiaro, et pour la maison, par la villa de Santa Margherita Belice où Lampedusa enfant passait ses étés. Le palais du roman est le palais des Lampedusa dont la destruction par un bombardement en 1943 fit tant souffrir notre auteur.

La famille Salina : regards croisés

Une première remarque sur les **prénoms** du roman : ce sont ceux de la famille Tomasi di Lampedusa. Giulio Fabrizio avait épousé une **Maria Stella** (quoi de mieux, pour la femme d'un astronome, que de s'appeler Marie-Étoile ?). **Tancredi** est un prénom qui, en Sicile, rappelle les rois normands, les Tancrède de Hauteville. C'est aussi le nom d'un personnage de la *Jérusalem délivrée* du Tasse, poème épique écrit au XVIe siècle qui se passe au temps de la première croisade, œuvre que Lampedusa appréciait beaucoup et dont des épisodes figuraient sur les « verdures » qui ornaient la « salle des tapisseries » de la villa de Santa Margherita Belice. L'une d'entre elles représentait le duel équestre de Tancrède et du païen Argante. Quant à **Angelica**, son prénom est celui d'une héroïne d'un autre poème épique du XVIe siècle, le *Roland furieux* de l'Arioste, que Lampedusa appréciait par contre beaucoup moins, qui raconte les exploits de Charlemagne et de ses preux, l'amour de Roland pour la belle Angélique et sa folie lorsque celle-ci le trahit. En Sicile le théâtre des « pupi » mettait en scène ces personnages qui faisaient donc partie de l'imaginaire populaire et ornaient aussi parfois les flancs des charrettes. Quant à **Giulio Fabrizio**, on ne peut s'empêcher de penser que si Lampedusa a retenu son deuxième prénom, c'est à cause de Fabrice del Dongo, le héros de *La Chartreuse de Parme*•, le « sommet de toute la littérature romanesque mondiale. »

Les prénoms des quatre filles commencent par un « c » : Chiara, Carolina, Concetta, Caterina.

Le nom de **Bendicò** vient du livret de *Rigoletto* (1851), l'opéra de Verdi : « Ah, ah, rido ben di core… » (Ah, ah, je ris de bon cœur… »

Autre remarque essentielle : **les personnages du roman évoluent**, vu que cinquante années s'écoulent entre la première et la dernière partie, et que certains personnages sont très jeunes au début du roman. Bien que le saut temporel ne soit que de deux ans, le Don Fabrizio de la scène du bal est différent de celui de la scène du Rosaire.

Tout le roman tourne autour du personnage de **Don Fabrizio**. Il appartient à l'une des plus anciennes et plus puissantes familles de **l'aristocratie sicilienne**. Même si la mauvaise gestion de son patrimoine et surtout l'indifférence à ce type de problèmes l'obligent à vendre de temps en temps certaines de ses terres, il est encore très riche. Son attachement viscéral aux traditions de la noblesse est une sorte d'exorcisme contre l'intrusion des temps nouveaux. Il dit d'ailleurs qu'il appartient « à une génération malheureuse, à cheval entre les temps anciens et les nouveaux, et qui se trouve mal à l'aise dans les deux » (p. 190). Il tient beaucoup aux bonnes manières, à la politesse, à la dignité, à l'ordre. Il est très attaché aux lieux, aux maisons, aux objets, les seules **choses** permanentes dans un monde qui se défait, les seules à donner un sentiment de pérennité. Il refuse le présent et se tourne vers le passé. Mais le passé est mort et le futur menaçant.

En fait nous ne connaissons Don Fabrizio que dans une situation historique qui compromet l'équilibre de son existence et de celle de sa classe. Il apparaît souvent comme inadapté au monde dans lequel il vit, mais on pourrait retourner la formule en disant que c'est le monde qui n'est plus adapté à lui.

Une certaine incertitude règne sur l'**âge** du Prince. À Donnafugata, donc en août 1860, il pense à lui comme à un homme de 45 ans (p. 73), alors que dans la septième partie, il dit, en juillet 1883 : « J'ai soixante-treize ans. » (p. 267)

Don Fabrizio est une **antithèse** faite homme, un tissu de contradictions qui lui viennent de ses origines : « Sollicité d'un côté par l'orgueil et l'intellectualisme maternel, de l'autre par la sensualité et le laisser-aller de son père, le pauvre Prince Fabrizio vivait dans un mécontentement perpétuel, malgré son regard jupitérien courroucé, et il contemplait la ruine de sa classe et de son patrimoine sans rien faire pour y porter remède ni en avoir la moindre envie. » (p. 12-13) Il déteste d'ailleurs les soucis et tout ce qui peut troubler sa quiétude.

Dès les premières pages du roman, sont présentés son **caractère** et son **physique**.

Il est d'un tempérament **autoritaire** et **coléreux**, mais en réalité ses **colères** explosent rarement, il réussit le plus souvent à les contenir, transformant sa colère en ironie. Malgré cela, à plusieurs reprises est souligné le fond de douceur de son caractère, sa bonhomie. Ses colères et ses « mauvaises actions » sont souvent suivies de repentirs et de dégoût de lui-même. Il est habité par des **conflits intérieurs**.

C'est un géant au « teint rosé » et au poil « couleur de miel » qui lui viennent de sa mère allemande (p. 12). « Non qu'il fût gros : il n'était qu'immense et très fort. » (p. 11) Cette taille sera un leitmotiv dans le roman. Tout ce qui le concerne est grand, et il n'est pas de page où cela ne soit souligné. Ses doigts ne connaissent pas leur force, sauf avec les femmes et les instruments d'astronomie. Il impose le respect par son aspect léonin* et fait presque peur, sans s'en rendre compte. Il se confond avec l'animal héraldique* de sa famille. L'**apparence physique** compte beaucoup pour Don Fabrizio, il accorde un soin minutieux à sa toilette, **il a l'obsession de la propreté,** pour lui et pour les autres d'ailleurs, il prend des bains, se parfume. Il attache une grande importance à ses vêtements, qui sont souvent décrits minutieusement, les matières sont pour lui source de plaisir, « la sensation délicate de quelques soies de cravates, l'odeur de certains cuirs macérés ». (p. 267) C'est un **dandy**, un **esthète*** en tout cas, pour qui l'élégance et le bon goût comptent plus que tout. Le plus grand tort des Piémontais n'est-il pas d'avoir un drapeau laid, avec des couleurs criardes, « en comparaison de notre drapeau tout blanc avec l'or fleurdelisé du blason ? » (p. 33) Se regardant dans la glace au début du roman, il pense de lui : « Il n'y avait pas à dire, c'était encore un bel homme. » (p. 33) Tout au long du livre il se regardera dans des miroirs et y observera les signes du temps, jusqu'au jour de sa mort où il ne sera plus qu'un géant émacié.

Il est sensible aux parfums de la nature et au parfum des femmes, qui éveillent sa **sensualité**. Il aime les plaisirs de la chair et de la table. Il est gourmand, et dans le livre abondent les descriptions de tables somptueusement garnies.

Mais ces moments de bonheur sont suivis de tristesse et d'amertume, et même de remords et de dégoût, comme après la visite à Mariannina. Pour une fois il a pitié de lui-même : « Je suis un pauvre homme faible » pensait-il, alors que son pas puissant pressait le pavé sale » (p. 28). Il est pénétré de la fugacité des sentiments, **l'amour** ne dure que l'espace d'un instant : « Feu et flammes pendant un an, cendres pendant trente. » (p. 76)

Il est **différent**, physiquement et intellectuellement, des autres. Il y a un effet de contraste entre son aspect physique imposant et son esprit méditatif porté à l'**abstraction**. Don Fabrizio est un **intellectuel**[1], dans une Sicile qui ne l'est pas du tout. Il est beaucoup plus cultivé que son entourage[2], il parle français. Cela accroît le fossé entre lui et les autres. Dès le début du roman, l'accent est mis sur cet aspect de son caractère : « Un tempérament autoritaire, une certaine rigidité morale, une propension aux idées abstraites qui dans la mollesse de l'habitat de la société palermitaine s'étaient transformés en arrogance capricieuse, en scrupules moraux perpétuels et en mépris pour ses parents et ses amis qui lui semblaient aller à la dérive dans les lenteurs pragmatiques du fleuve sicilien. » (p. 12) On évoque à plusieurs reprises son **orgueil**, et la compassion qu'il éprouve pour les humains et les bêtes est aussi une forme de dédain. Il se sent **supérieur** aux autres, qu'ils soient ou non de sa classe sociale. Il croit qu'il est le seul à avoir compris la vanité de toute chose et plaint les autres, en particulier les jeunes, de ne pas « savoir ». Cet écart culturel sera confirmé durant la scène du bal, avec ce que pense Don Fabrizio de ces hommes qui sont pourtant « le sang de son sang » (p. 239), mais qui débitent des platitudes.

L'incompréhension existe dans l'autre sens aussi, ironiquement soulignée par le narrateur : « Aux yeux de ces messieurs Don Fabrizio passait pour être un "extravagant" ; son intérêt pour les mathématiques était presque considéré comme une perversion coupable, et s'il n'avait pas été justement le prince de Salina et si on ne l'avait pas connu comme un excellent cavalier, un chasseur infatigable et un passable coureur de jupons, ses parallaxes et ses télescopes auraient risqué de le faire bannir. » (p. 235)

1. L'adjectif « intellectuel », c'est Angelica qui le prononce en elle-même à propos de Don Fabrizio avec un léger mépris. (p. 151)
2. Il cite Baudelaire sans le savoir (une « poésie farfelue » !), (p. 30) et il est « dégoûté » par Balzac ! (p. 153)

Son goût pour les mathématiques le porte vers l'astronomie. C'est un homme du siècle des Lumières pour qui l'apparition des comètes est « le triomphe de la raison humaine » (p. 45), un « homme de science » et, par conséquent, un **sceptique**. (p. 128)

L'**astronomie** joue pour lui le rôle de la morphine, qui permet de « rester serein dans les malheurs » (p. 35-36). Il se demande si les étoiles peuvent être considérées comme la vie ou déjà comme la mort. Elles seules sont permanentes et dignes de confiance. Les heures passées dans son observatoire pèsent plus dans son bilan que les instants fugaces de plaisir charnel.

La **religion** ne fournit en effet pas de point d'ancrage à Don Fabrizio. Elle est purement formelle. Il ne croit pas en l'au-delà chrétien. Certes il a un chapelain, il va à la messe, récite le rosaire, se confesse tous les samedis, s'agenouille quand passe le Saint Viatique, accepte de se confesser avant de mourir. Il a une « prédilection » pour le monastère du Saint-Esprit — n'oublions pas que Don Fabrizio, comme Lampedusa, est d'une famille de saints et de bienheureuses ! —, (p. 90-91). Mais **il s'agit pour lui de fidélité à une tradition aristocratique plutôt que de véritable conviction religieuse**. « Furent ensuite murmurées les syllabes **immémoriales** qui aplanissent la route. » (p. 265) On parle souvent de l'anticléricalisme de don Fabrizio, qu'il aurait partagé avec son créateur. Sa critique se fait âpre en effet contre les couvents de Palerme qui « accablent » la ville, remplis d'hommes qui ne valent pas mieux que ceux « tout aussi fanatiques, tout aussi fermés, tout aussi avides de pouvoir, c'est-à-dire, comme de coutume, d'oisiveté », qui allument des feux sur les montagnes. (p. 26) C'est un **anticléricalisme** d'homme des Lumières, d'une époque où l'on opposait la science à la religion[1]. Mais les ecclé-

1. Le roi d'ailleurs le met en garde : « La science est une bien belle chose quand elle ne se met pas en tête d'attaquer la religion. » (p. 18)

siastiques sont plutôt bien traités dans le roman. Nous reparlerons du Père Pirrone. Les nombreux prêtres qui gravitent autour des trois vieilles sœurs dans le dernier chapitre et le cardinal sont, bien sûr, décrits avec ironie (qui ne l'est pas dans le roman ?) mais pas fondamentalement critiqués. Rien de comparable en tout cas avec l'ignoble Don Blasco des *Viceré*. C'est la dévotion sotte et superstitieuse de Concetta et des autres qui est en cause.

Nous avons vu comment Don Fabrizio était perçu par les gens de sa classe. Jusqu'à ce que don Calogero se mêle de ses affaires, il jouit du respect des habitants de ses « fiefs », même si cela ne les empêche pas de le voler parfois. « Les paysans de Donnafugata n'avaient rien contre leur tolérant seigneur, qui oubliait si souvent d'exiger les redevances et les petits loyers. » (p. 64) Il est poli, remercie les gens qui le servent. Il est cordial avec ses fermiers, mais ne supporte pas les odeurs des fromages et est dégoûté par la vue des agneaux morts. Il estime cependant bien peu de personnes : don Onofrio pour son honnêteté scrupuleuse, don Ciccio Tumeo, l'ami et le compagnon de chasse, un des rares qui ait son franc-parler avec lui et ose dire du mariage de Tancredi avec Angelica que c'est une vilenie…

Le regard que porte don Calogero sur le prince est plein d'acuité :

> « il retrouva bien sûr, chez ce dernier, la mollesse et l'incapacité à se défendre qui étaient les caractéristiques de son noble-mouton prédéfini, mais en plus, une force d'attraction différente dans le ton mais égale en intensité à celle du jeune Falconeri ; et encore une certaine énergie qui tendait à l'abstraction, une disposition à chercher la forme de sa vie en ce qui venait de lui-même et non en ce qu'il pouvait arracher aux autres ; […] il s'aperçut qu'une bonne partie de ce charme provenait des bonnes manières… » (p. 145)

Tant de pénétration surprend de la part de don Calogero, et l'on peut se demander pourquoi l'auteur en a fait son porte-parole. Moins étonnant est le fait d'avoir confié au Père Pirrone la tâche de dire du bien de Don Fabrizio, de sa générosité et de prévenir les critiques que l'on pourrait formuler contre les nobles, en particulier sur leur mépris (p. 209).

On pourrait presque dire de Don Fabrizio qu'il est comme Dante, il a perdu son chemin mais lui n'a pas la foi pour le guider. Les vieilles certitudes ont disparu, et rien ne les a remplacées. Il est lucide sur sa classe sociale et sur celle qui va prendre sa place. Cette lucidité le conduit à l'inaction, puisque rien n'a de sens.

Il est très **seul**[1]. Il n'arrive à établir aucun véritable contact avec son entourage. Il se réfugie dans la chasse qui lui permet de « fuir » dans « l'immutabilité de ces contrées reculées » (p. 98-99) et dans les étoiles, qui, elles, ne déçoivent jamais puisqu'elles répondent à des lois mathématiques (p. 89).

Par ses contradictions et ses interrogations, par sa souffrance existentielle, il est en fait un personnage moderne.

Mais ce qui le qualifie le mieux, c'est peut-être son « humour sans illusion » (p. 45), sa lucidité, son scepticisme. **L'ironie est un trait permanent de son caractère**. Comme le dit le Père Pirrone, « La colère et la moquerie sont aristocratiques ; l'élégie, la plainte, non ». (p. 210)

L'épouse de Don Fabrizio, **Maria Stella,** est toujours présentée en opposition à lui : elle est minuscule et il est énorme. Il a fait avec elle un mariage d'amour (p. 133), ces moments font partie des « paillettes d'or » de sa vie, mais l'amour ne dure qu'un temps : « deux semaines avant son mariage, six semaines après. » (p. 265)

Maintenant c'est une femme bigote et inquiète qui calme ses accès hystériques par de la valériane et qui n'apporte plus au

1. On pourrait voir dans cette solitude un point commun avec Garibaldi, l'exilé de Caprera, lui aussi, en un certain sens, victime de l'Histoire.

Prince ce à quoi il estime avoir droit sur le plan sexuel : « Stella ! c'est vite dit ! le Seigneur sait combien je l'ai aimée : nous nous sommes mariés à vingt ans. Mais elle est maintenant trop tyrannique, trop âgée aussi. » (p. 28) Elle ne le comprend pas. Il lui a fait sept enfants sans voir son nombril ! Mais cependant le désir n'est pas mort tout à fait pour elle, on a l'occasion de le voir dans le roman. La seule fois où elle essaie de s'opposer à Don Fabrizio au sujet du mariage de Tancredi et d'Angelica, son « mari tyran » la rabroue vertement et conclut par l'argument suprême ; « C'est moi qui décide » (p. 107). mais tout compte fait Stella s'accommode très bien de cette situation : « Elle se sentit toute consolée et orgueilleuse d'avoir pour mari un homme si énergique et fier. » (p. 107) Don Fabrizio a une affection attendrie pour sa « pauvre petite Stella » mais on a l'impression qu'elle ne lui apporte rien. Ce nombril jamais vu est un peu le symbole du manque de compréhension entre les deux époux.

Don Fabrizio a **sept enfants**, trois garçons et quatre filles, et jouer le rôle du « **pater familias** » en servant la soupe lui est une tâche agréable. Il est fier de cette « belle famille ». (p. 21) En dehors de Giovanni et de Concetta, ils n'ont pas de véritable personnalité et sont soumis à la volonté paternelle. Un regard de leur père suffit à les rendre « muets de crainte ». (p. 21) On ne sait d'ailleurs pas quelles sont ces « lubies » auxquelles il soumet ses enfants (p. 75). Dans la famille Salina, il n'y a aucun dialogue entre les parents et les enfants. Maria Stella regarde d'un œil inquiet « ses enfants esclaves et son mari tyran ». (p. 11) Don Fabrizio se plaint d'être incompris, mais cela est dit sur un tel ton et dans un tel contexte (le bain) qu'on se demande s'il y croit lui-même : « Chez moi, personne ne me comprend. C'est mon malheur. » (p. 73) L'égocentrisme chez lui confine à l'égoïsme.

On peut s'étonner qu'avec sept enfants, Don Fabrizio ait si peu de petits-enfants, et en particulier que le couple Tancredi-Angelica soit stérile. Certes dans la famille de Lampedusa, cela se produisait souvent. Lui-même n'a pas d'enfant. Mais on peut aussi se dire que Don Fabrizio est un père « castrateur ».

De **Chiara** on ne saura presque rien, elle n'apparaît que fugitivement dans la dernière partie : « Carolina était allée épancher sa colère dans une lettre à Chiara, leur sœur mariée, à Naples. » (p. 279) Peut-être était-elle déjà mariée au début du roman, et elle doit avoir des enfants, puisqu'on parle des petits-enfants de Don Fabrizio. Les filles « rondelettes, à la santé florissante » (p. 21) sont souvent évoquées collectivement. **Carolina** et **Caterina** sont présentes tout au long du roman. Elles se signalent le plus souvent par le froissement de leurs jupes.

De **Carolina** on apprend qu'elle a vingt ans en 1860, quand l'une de ses boucles tombe dans son assiette. (p. 46) Angelica trouve que les deux sœurs devraient profiter du fait que Concetta repousse les avances de Cavriaghi pour se mettre sur les rangs. Leur timidité, leur froideur rebutent les prétendants. Elles resteront en fait célibataires. Il faudra attendre qu'elles aient soixante-dix ans, dans le dernier chapitre pour qu'elles prennent un peu plus de relief. Caterina est maintenant paralysée et sur une chaise roulante. C'est Carolina la grande pourvoyeuse de reliques. Victime de sa naïveté et de sa dévotion, elle fera confiance à donna Rosa pour se les procurer. Elle n'a pas un caractère facile, comme le dit le chapelain. C'est d'ailleurs une caractéristique de toutes les filles Salina.

On ne nous dit pas grand-chose non plus de **Francesco Paolo**, qui a seize ans en 1860. Son aspect « poli et honnête » de « grand garçon » rassure Chevalley qu'il va chercher à la gare. (p. 177) Il sera près de son père au moment de sa mort.

Paolo est le fils aîné, duc de Querceta, et sa naissance est une des « paillettes d'or des moments heureux » qu'évoque Don Fabrizio au moment de mourir : « Une demi-heure à l'occasion de la naissance de Paolo, quand il sentit l'orgueil d'avoir prolongé d'une petite branche l'arbre de la maison Salina. (L'orgueil était abusif, il le savait maintenant.) » (p. 265). En effet Paolo, si différent du prince, même physiquement (il est petit, mince, de teint olivâtre, il fait plus vieux que son père) ne sera pour Don Fabrizio qu'un sujet de déception ou d'agacement. Il n'est même pas capable de surveiller la vaisselle lorsque son père l'envoie à Palerme pour garder le palais. Naturellement Paolo ne comprend pas le choix politique de Tancredi : « La jalousie personnelle, le ressentiment du **bigot** contre le cousin sans préjugés, du **nigaud** contre le jeune homme plein d'esprit, s'étaient déguisés en argumentation politique. » (p. 49) Plus tard il se lancera dans des « complots puérils. » (p. 59)

La colère du Prince explose mais se transforme vite en ironie cinglante, lorsqu'il dit à Paolo d'aller parler politique avec ses chevaux. Cet amour des chevaux causera sa mort, nous l'apprendrons dans la septième partie. Il épousera sa cousine Màlvica.[1] Il est le père de **Fabrizietto**, ce petit-fils dont le prince dira qu'il n'est pas un vrai Salina, « si beau, si vivant, si chéri », mais aussi « si odieux », avec « ses instincts jouisseurs, ses tendances à une élégance bourgeoise ». (p. 263)

Le deuxième fils, **Giovanni**, « le plus aimé, le plus boudeur », celui qui ressemble le plus à Don Fabrizio, a quitté la maison sans prévenir deux ans avant le début du roman pour vivre à Londres, préférant sa « modeste vie de commis dans une maison de commerce de charbon à l'existence "trop choyée" (lire : enchaînée) au milieu de l'aisance palermitaine ». (p. 22) Le souvenir de ce fils absent est une souffrance pour Don Fabrizio. Et les quelques conversations qu'il a eues avec lui avant qu'il ne disparaisse, « quelques monologues, pour être exact, au cours desquels il avait cru découvrir chez ce garçon un esprit sembla-

1. Malgré les considérations sur les effets négatifs des mariages consanguins, dans la famille Salina ils ne sont pas bannis, puisque Concetta aurait pu épouser son cousin.

ble au sien ». (p. 266) figurent parmi les moments heureux de sa vie. « Le seul qui lui ressemblât, Giovanni, n'était plus là. » (p. 262) Sans doute l'amour de Don Fabrizio pour Giovanni est-il une forme de **narcissisme***. « Lui aussi avait "courtisé la mort", et en abandonnant tout il avait organisé pour lui-même cette quantité de mort qu'il est possible d'entretenir en continuant à vivre. » (p. 263) Ce que recherche Don Fabrizio dans les personnes pour lesquelles il a de l'affection, c'est lui-même.

Concetta est la fille la plus présente dans le roman. Apparemment soumise, elle cache sous ses dehors réservés un caractère autoritaire qui la fait ressembler à son père. (p. 75)

Elle fait partie des « paillettes d'or » que Don Fabrizio énumérera avant de mourir[1]. Mais son père ne s'est pas rendu compte de la violence qui couvait en elle.

Il semble bien que Tancredi avait, avant de rencontrer Angelica, de tendres sentiments pour sa cousine. Du moins c'est ce que croyait Concetta, puisqu'elle avait chargé le Père Pirrone d'en parler à son père. Les propos du Père Pirrone rappellent son âge à Don Fabrizio, et l'idée de tous les ennuis que cette demande va lui apporter lui gâche la vie : « La jeune fille doit nourrir quelque sentiment pour ce garnement. Ils feraient un beau couple, mais je crains que Tancredi ne vise plus haut, je veux dire plus bas. » (p. 46) Il avait d'ailleurs déjà évoqué en lui-même la possibilité d'un mariage entre Tancredi et la fille de Russo. Concetta n'a pas une dot suffisamment importante et il faudra beaucoup d'argent à Tancredi, elle est trop réservée et nuira à une carrière que Don Fabrizio, par anticipation, prévoit telle qu'elle sera, puisque nous verrons que Tancredi deviendra en effet ambassadeur.

1. « le plaisir éprouvé quand il s'était rendu compte que dans la beauté et dans le caractère de Concetta se perpétuait une vraie Salina. » (p. 267)

Don Fabrizio sacrifie donc Concetta en refusant l'idée de son mariage avec Tancredi. « Le Prince aimait beaucoup sa fille ; mais il aimait encore plus Tancredi. » (p. 75) Ses remords sont de courte durée. « Une douleur aiguë lui traversa le cœur : il pensa aux yeux hautains et vaincus de Concetta. Mais ce fut une douleur brève. » (p. 243)

S'il semble certain que Concetta aimait Tancredi, la réciproque est-elle vraie ? « Lui aussi l'avait voulue autrefois : elle était moins belle, bien moins riche qu'Angelica, mais elle avait en elle quelque chose que la jeune fille de Donnafugata ne posséderait jamais. Mais la vie est une chose sérieuse, que diable ! Concetta aurait dû le comprendre ; et puis, pourquoi avait-elle commencé à le traiter si mal ? » (p. 173) À plusieurs reprises nous est montrée dans le roman la souffrance de Concetta et sa jalousie envers Angelica, malgré une apparente amitié[1] : « En elle se réveillait le sang violent des Salina [...]. Concetta sentait, elle le sentait animalement, le courant de désir qui passait de son cousin vers l'intruse, et son petit air courroucé entre le front et le nez s'exacerbait ; elle désirait autant tuer qu'elle désirait mourir. » (p. 85-86) À Cavriaghi que Tancredi a fait venir avec lui à Donnafugata pour calmer « un certain remords » à l'égard de sa cousine (p. 173) et qui soupire en vain pour Concetta (« Cavriaghi avait plu à tout le monde, sauf à Concetta (et d'ailleurs peut-être aussi à Concetta) » (p. 175), Tancredi parle ainsi : « Tu sais, je connais Concetta depuis sa naissance ; c'est la plus chère créature qui existe, un miroir de toutes les vertus ; mais elle est un peu renfermée, elle a trop de retenue, je crains qu'elle ne s'es-

1. Ces mêmes rapports se retrouveront cinquante ans plus tard, lorsque les démonstrations d'amitié des deux vieilles femmes sont comparées par le narrateur aux sentiments qui uniraient Italiens et Autrichiens dans les tranchées de la Première Guerre mondiale... Angelica résume l'histoire de Concetta d'une manière expéditive : « Elle était follement amoureuse de Tancredi ; mais il ne lui a jamais prêté attention. » (p. 290)

time trop elle-même ; et puis elle est sicilienne jusqu'à la moelle des os. [...] » (p. 175) Cinquante ans plus tard, Concetta apprendra de la bouche du sénateur Tassoni, ancien compagnon d'armes de Tancredi, que l'histoire du couvent qui l'avait tant choquée et avait causé l'incident au monastère du Saint-Esprit n'était qu'une « blague de guerre » :

> « Il serait certes absurde de dire que Concetta aimait encore Tancredi ; l'éternité amoureuse ne dure que quelques années et non pas cinquante [...] Mais jusqu'à aujourd'hui [...] elle se sentait soutenue par un sentiment de martyre subi, de tort reçu, par l'animosité contre son père qui l'avait sacrifiée[1], par un sentiment poignant à l'égard de l'autre mort. »

Et voici qu'elle découvre qu'« il n'y avait pas eu d'ennemis mais une seule adversaire, elle-même ; [...] il lui manquait à présent la consolation de pouvoir attribuer à d'autres son propre malheur. » (p. 288)

Elle n'avait pas compris « les mots d'amour de Tancredi » (sa prière de rentrer au monastère). Mais était-ce la vérité ? (p. 289). L'indifférence d'autrui à l'égard de cette victime de « l'Histoire » se manifeste dans le récit par le fait qu'elle est toujours vue de l'extérieur. Même à la fin, « ce dont rêvait Concetta, personne ne le savait ». (p. 278). Si Don Fabrizio à l'approche de la mort oublie « son agonie en pensant à la fin imminente de ces pauvres chères choses » (p. 262), la chambre de Concetta, elle, est « un enfer de souvenirs momifiés ». (p. 280)

Dans le dernier chapitre, Histoire et histoire se confondent dans le personnage de Concetta, avec « sa déception désormais presque historique, à tel point historique d'ailleurs, qu'on en célébrait officiellement le cinquantenaire ». (p. 288)

Le vrai fils de Don Fabrizio, c'est Tancredi « C'était lui, son fils, le vrai. » (p. 32) « Sans se l'avouer, il eût préféré l'avoir comme

1. Elle est la seule à ne pas pleurer à son lit de mort (p. 268).

fils aîné, plutôt que ce bon nigaud de Paolo. » (p. 24) **Don Fabrizio l'aime plus que ses propres enfants**. Surtout il voit en Tancredi un autre lui-même, il l'admire pour sa capacité à s'adapter aux événements même s'il ne l'estime pas pour cela. « Tancredi, pour son oncle, ne pouvait jamais avoir tort. » (p. 24)

Tancredi est le neveu et le pupille de Don Fabrizio. C'est le fils de la sœur bien-aimée de Fabrizio, Giulia. Son père a dilapidé tout son patrimoine, puis il est mort. À quatorze ans Tancredi a aussi perdu sa mère, si bien que le roi l'a confié à son oncle Salina. « L'enfant, d'abord presque ignoré, était vite devenu très cher[1] au Prince irascible qui remarquait en lui une gaieté querelleuse, un tempérament frivole parfois contredit par de soudaines crises de sérieux. » (p. 24) Apparemment les études ne sont pas son fort : « Pendant cinq ans le Père Pirrone avait essayé d'enseigner le latin au jeune homme ; pendant sept ans il en avait subi les caprices et les farces ; comme tous les autres il en avait ressenti le charme. » (p. 74) Cela ne l'empêchera pas de devenir diplomate… Tancredi a perdu la richesse, mais il a toujours la distinction innée de sa classe. Pour Tancredi la ruine est déjà consommée, et c'est peut-être ce qui lui permet d'échapper au « sommeil » sicilien.

Il a 20 ans en 1860. Il est le plus souvent représenté en mouvement, arrivant d'une manière inopinée, surgissant et repartant. C'est un séducteur, aucune femme ne lui résiste. C'est un jeune homme éveillé et attentif, à la repartie prompte. On retrouve dans son personnage l'antithèse caractéristique du roman : **il est à la fois drôle et sérieux**.

Il est absent durant la récitation du Rosaire pendant laquelle tous les personnages sont présentés, ce qui le met un peu en marge de la famille. Dès la première apparition de Tancredi (son

1. On peut remarquer avec quelle fréquence l'adjectif « caro », qui est un peu plus que notre « cher » français, est associé à Tancredi dans le roman.

visage se reflète dans le miroir de Don Fabrizio) s'opère une sorte d'identification. **Dans la jeunesse de Tancredi, Don Fabrizio retrouve la sienne.** Le physique de Tancredi est évoqué à de nombreuses reprises dans le roman, en particulier ses yeux bleus qui pétillent de malice (les yeux de sa mère, dit Don Fabrizio), son visage triangulaire, sa souplesse (il est comparé à un chat ou une couleuvre), sa voix nasale et ironique. Plusieurs fois est soulignée son **ironie** affectueuse :

> « Conquis depuis toujours par l'affection moqueuse du jeune homme, il avait commencé depuis quelques mois à peine à admirer aussi son intelligence : sa faculté d'adaptation rapide, sa pénétration mondaine, son art inné des nuances ; [...] pour les personnes du caractère et de la classe de Don Fabrizio la possibilité d'être amusées constitue les quatre cinquièmes de l'affection. » (p. 75)

Au moment du bilan qu'il fait avant de mourir, Don Fabrizio redit la même formule : « L'affection moqueuse comme il convient qu'elle soit. » L'absence d'ironie dans le sourire de Tancredi est le signe de la mort prochaine : « Il remarqua aussi que pour une fois le sourire de son neveu n'était pas moqueur, mais au contraire comme teinté d'une affection mélancolique ; et de cela, il reçut la sensation aigre-douce que son neveu l'aimait et aussi qu'il savait qu'il était condamné, puisque l'ironie perpétuelle s'était résignée à être supprimée par la tendresse. » (p. 259) L'ironie est, avec la capacité d'être amusant, la qualité la plus appréciée de Tancredi, la plus aristocratique aussi. Avec lui on ne s'ennuie jamais. Don Fabrizio admire son habileté. Une seule fois, après avoir vu dans les étoiles le visage moqueur de son neveu, il le juge : « On ne pouvait nier qu'il était un tantinet ignoble », jugement immédiatement corrigé par « Et lui-même était comme Tancredi. » (p. 89)

Le prince voyait à Tancredi un avenir politique : « Il aurait pu être le porte-drapeau d'une contre-attaque que la noblesse, ayant changé d'uniforme, pouvait mener contre le nouvel ordre politique. » (p. 75) Pour cela, il lui fallait beaucoup d'argent, et une femme capable de soutenir son ambition. Les propos de Don Fabrizio sont révélateurs de sa conception désabusée de la politique : « Pour avancer en politique, maintenant que le nom comptait moins, il fallait beaucoup d'argent : de l'argent pour acheter des voix, de l'argent pour faire des faveurs aux électeurs, de l'argent pour un train de maison capable d'éblouir. » (p. 75) Mais « Tancredi est un panier percé ». (p. 106) C'est sans doute à lui qu'il pense quand il parle des jeunes à Chevalley : « Vous avez besoin maintenant de jeunes, de jeunes vifs, l'esprit ouvert au « comment » davantage qu'au « pourquoi », habiles à masquer, je veux dire à tempérer leur intérêt particulier précis avec de vagues idéalités politiques ». (p. 190) Ce que Don Fabrizio appelle ambition, don Calogero le traduit par astuce et opportunisme… (p. 136-137) Son oncle s'étonne de tout ce que Tancredi sait de la vie du village, les gens lui parlent, lui font confiance, on dirait aujourd'hui qu'il a un bon contact avec les gens, à quelque classe sociale qu'ils appartiennent.

Les changements de costumes de Tancredi sont emblématiques de l'évolution historique. Il passe du costume de chasse au bandeau noir sur l'œil, de l'uniforme rouge écarlate à l'uniforme bleu de l'armée de Savoie. Quand on le revoit au chevet de Don Fabrizio mourant, il est vêtu en bourgeois. Ces métamorphoses vestimentaires de Tancredi permettent au narrateur d'anticiper sur les futures chemises qui viendront, en particulier les chemises noires du fascisme.

Si nous entendons souvent la voix de Tancredi, si nous le voyons, nous ne voyons jamais, ou presque, par ses yeux. C'est toujours le point de vue de Don Fabrizio qui domine, ou celui des autres membres de la famille : pour Don Fabrizio il était « l'enfant plus aimé que ses propres fils, pour Maria Stella le cher neveu perfidement calomnié, pour le Père Pirrone la brebis égarée et toujours retrouvée, pour Concetta un cher fantôme ressemblant à l'amour perdu ; […] Bendicò lui aussi retrouvait son cher compagnon de jeux [...] » (p. 154-155). Ou encore celui de don Calogero : Tancredi était « capable de troquer très avantageusement ses sourires et ses titres pour les grâces et les richesses d'autrui, tout en sachant recouvrir ces actions "sédaresques" d'une grâce et d'un charme qu'il sentait ne pas posséder, qu'il subissait sans s'en rendre compte. » (p. 145)

On ne saura pas vraiment les clefs de son comportement avec Concetta : l'a-t-il aimée, comme pourrait le laisser supposer la confidence de Tassoni dans la dernière partie ? C'est seulement dans la quatrième partie, Don Fabrizio s'effaçant un peu, que nous avons des monologues intérieurs de Tancredi, sur la sensualité, sur Concetta (« Cette fille était une sotte [...] » p. 173) et sa supériorité sur Angelica, qu'il considère comme ses fiefs de Sicile perdus et retrouvés : « Et il eut, quant à lui, vraiment l'impression que dans ces baisers il reprenait possession de la Sicile[1]. » (p. 161)

C'est certainement le personnage d'**Angelica** qui est vu à travers le plus de regards différents. Le narrateur se montre moins indulgent avec elle que Don Fabrizio qui, même s'il est lucide sur son ambition, est attiré sensuellement par sa beauté et sa vitalité.

Angelica, à la différence de Concetta, n'est pas la victime de l'Histoire. À 17 ans elle ne prêtait pas « d'attention à l'avenir politique de Tancredi », elle n'imaginait pas « qu'un discours de Cavour pût [...] influer sur sa vie et la transformer ». « Ingénuités juvéniles qu'elle renierait par la suite quand, les années passant, elle devint l'une des égéries les plus vipérines de Montecitorio et de la Consulta[2]. » (p. 151)

---

1. Dans la cinquième partie, dans un tout autre milieu, Santino Pirrone récupère sa terre perdue en épousant Angelina qui est un laideron.
2. Le palais de Montecitorio est le siège de la Chambre des députés et celui de la Consulta à Montecavallo celui de la Cour constitutionnelle.

Elle est la fille de don Calogero et de cette **donna Bastiana** que nous ne voyons jamais parce qu'elle n'est vraiment pas présentable. Selon don Ciccio c'« est une espèce d'animal : elle ne sait pas lire, elle ne sait pas écrire, elle ne connaît pas l'heure, elle ne sait presque pas parler : une très belle jument, voluptueuse et fruste ; elle est même incapable d'aimer sa fille ; elle est bonne pour le lit et c'est tout ». (p. 125) Nous ne savons pas ce qu'Angelica pense de ses parents, juste une allusion dans la dernière partie évoque une « enfance soumise et négligée ». (p. 284)

Elle a été élevée dans un couvent florentin où on lui a appris les bonnes manières et où elle a perdu son accent sicilien.

L'arrivée d'Angelica chez les Salina est théâtrale. Elle se fait attendre, ce qui lui permet de faire une entrée remarquée. Elle n'a que 17 ans. La « petite bergère pomponnée » (p. 70) se révèle être une superbe créature. Tous les hommes[1] (même le Père Pirrone !) en ont le souffle coupé :

> « Devant l'impétuosité de sa beauté les hommes furent incapables d'en remarquer, en les analysant, les défauts qui n'étaient pas rares ; […] Elle était grande et bien faite, sur la base de critères généreux ; sa carnation devait posséder la saveur de la crème fraîche à laquelle elle ressemblait, sa bouche enfantine celle des fraises. Sous la masse des cheveux couleur de nuit enroulés en d'exquises ondulations, il y avait l'aube de ses yeux verts, immobiles comme ceux des statues et, comme eux, un peu cruels. »

On pourrait dire d'Angelica qu'elle est « belle à croquer ». Mais elle est immédiatement après comparée à un bel animal : « Devant le fauteuil de la Princesse sa **croupe** magnifique esquissa une légère révérence et cette forme d'hommage inhabituelle en Sicile lui conféra un instant le charme de l'exotisme rajouté à celui de la **beauté paysanne**. » (p. 82) Toutes ses apparitions produisent le même effet : le jour des fiançailles, quand

1. Ils voient en elle la « femelle ». (p. 86)

elle arrive sous la pluie pour voir Tancredi, ou au bal chez les Ponteleone. Son « charme sensuel » (p. 86) ne fait aucun doute. Même dans la vieillesse elle gardera des traces de sa beauté, mais la déchéance ne lui sera pas épargnée, la maladie la transformera en une « larve pitoyable ». (p. 282)

Angelica n'est pas seulement belle, elle est intelligente, elle apprend vite, sait s'adapter, suit à la lettre les conseils de Tancredi si bien qu'elle ne commet pas de faux pas. Elle acquiert « abusivement » (p.233) « la renommée de femme connaissant l'art ». Dans le dernier chapitre on nous dira qu'elle lit beaucoup, et qu'elle s'intéresse à l'architecture. (p. 284) Elle se contrôle constamment. Mais elle est ambitieuse, vaniteuse et dure.

Dès leur première rencontre, Don Fabrizio est attiré sensuellement[1] par Angelica : « Il se rendit compte qu'il était en train d'envier la chance de ces Fabrizio Corbera et Tancredi Falconeri qui trois siècles plus tôt auraient satisfait leur envie de coucher avec les Angelica de leur temps sans devoir passer devant le curé. » (p. 102) Il le sera pendant tout le roman, par son parfum en particulier, par cette beauté et cette santé qui la différencient des « guenons » de la noblesse. Elle n'a rien de commun non plus avec les filles de Don Fabrizio. Elle représente la vie, elle est une façon de lutter contre la vieillesse et la mort. Dans la scène du bal, on remarque qu'il la tutoie, elle est maintenant de la famille. Lorsqu'il danse avec elle, « à chaque tour une année tombait de ses épaules ». (p. 243) Don Ciccio, qui croit comme tous les gens du village, que Tancredi manœuvre pour la séduire, n'hésite pas à dire que « ses draps doivent avoir le parfum du paradis ! » (p. 127) Don Fabrizio ne peut s'empêcher d'éprouver une certaine jalousie pour ce cher Tancredi ! Gioacchino Lanza Tomasi rapporte que Lampedusa, dans *Le canzoniere de la maison Salina* qui n'est pas terminé devait révéler la passion du Prince

1. Page 101, on parle de « l'envie sexuelle » de Don Fabrizio pour Angelica.

pour Angelica dans une suite de sonnets. Don Fabrizio, même s'il garde sa lucidité sur son compte, a pour elle une indulgence qui lui fait gommer les aspects négatifs de la personnalité de la jeune fille qui sont par contre soulignés par les autres et par le narrateur lui-même. « Angelica était Angelica, une jeune fille en fleur, une rose à qui le surnom de son grand-père n'avait servi que d'engrais. » (p. 126) La princesse, parlant à Don Fabrizio, la traite de « catin ». (p. 106) **Vue par les yeux de Concetta,** sa vulgarité réapparaît et sa beauté n'est pas si parfaite : « Elle remarquait la grâce vulgaire du petit doigt de la main droite d'Angelica levé vers le haut quand elle tenait son verre ; elle remarquait un grain de beauté rougeâtre sur la peau du cou, elle remarquait la tentative retenue à moitié d'enlever avec la main un petit morceau de nourriture resté entre les dents très blanches ; elle remarquait encore plus vivement une certaine dureté d'esprit. » (p. 86) Les années au couvent n'ont pas pu faire oublier qu'elle est la petite-fille de Peppe 'Mmerda. Par les yeux de qui voit-on qu'elle empoigne sa fourchette par le milieu du manche ? (p. 85) Elle rit aux sous-entendus osés de Tancredi, ce que ne ferait pas une jeune fille de bonne famille. Dans le dernier chapitre, l'incise sur les jambes d'Angelica, « qui avaient toujours été un peu trop courtes » (p. 282), est évidemment à attribuer au regard de Concetta !

Angelica manifeste de l'affection pour le prince, qu'elle appelle « mon oncle ». Est-elle sincère ? Don Fabrizio parle de sa « cordialité sans doute affectée mais rafraîchissante ». (p. 246) En tout cas elle lui est reconnaissante d'avoir favorisé son mariage avec Tancredi. Pour le Prince, la « demande en mariage » a été une couleuvre difficile à avaler, même s'il essayait de se persuader que ce type de mariage faisait partie des « usages séculaires ». (p. 128)

Ce mariage est-il un mariage d'amour ? Entre Tancredi et Angelica il y a une forte attirance sexuelle. Mais y a-t-il vraiment du sentiment ? « Si on voulait déduire à partir de cette attitude d'Angelica qu'elle aimait Tancredi, on se tromperait : elle avait trop d'orgueil et trop d'ambition pour être capable de cette annulation, provisoire, de la personnalité sans laquelle il n'y a pas d'amour ; [...] mais, tout en ne l'aimant pas, elle était, alors, amoureuse de lui, ce qui est très différent. » (p. 150) Les pages du « cyclone amoureux » nous font partager ce ballet du désir :

> « Ce furent les plus beaux jours de la vie de Tancredi et d'Angelica [...]. Ces jours avaient été ceux du désir toujours présent parce que toujours vaincu [...], de l'aiguillon sensuel qui, justement en raison de son inhibition, s'était, **un instant**, sublimé en renoncement, c'est-à-dire en véritable amour. » (p. 171).

Leur mariage, même érotiquement, ne sera pas une réussite, plus tard Angelica trompera abondamment Tancredi comme elle sera trompée par lui (on sait depuis toujours que Tancredi est un séducteur impénitent, ses conquêtes féminines sont souvent évoquées). Leur vie commune ne sera qu'une « cohabitation orageuse et interrompue ». (p. 284) Dans *Le Guépard* il n'y a pas « d'amour heureux »[1], le scepticisme de Don Fabrizio et de son créateur ne permet pas à l'amour de jouer un véritable rôle.

Ce que veut Angelica, c'est devenir princesse. « Angelica se souciait peu des traits d'esprit, et même de l'intelligence de son fiancé.[...] Elle voyait en Tancredi la possibilité d'avoir une place éminente dans le monde de la noblesse sicilienne, un monde qu'elle considérait comme plein de merveilles... » (p. 151) Tancredi lui-même ne se fait d'ailleurs aucune illusion sur la « bonté » d'Angelica. (p. 176)

Tancredi et Angelica se ressemblent et Don Fabrizio les voit avec lucidité : « Ni l'un ni l'autre n'était bon, chacun était plein de calculs, gros de visées secrètes. » (p. 238) Ce qui attire Don Fabrizio chez ces deux jeunes gens, c'est leur énergie, leur vitalité, si différentes de son indifférence hautaine.

1. Pas dans la famille paysanne du Père Pirrone non plus !

Dans les relations du trio Concetta-Tancredi-Angelica, sans aller jusqu'à employer le terme d'hypocrisie, les apparences ne correspondent pas aux sentiments réellement éprouvés : Tancredi et Angelica feignent de se marier par amour, alors que, passés les moments de désir précédant le mariage, il s'agit, pour parodier les Précieuses, de « Tendre sur intérêt ». Angelica parle de son « cher » Tancredi comme si elle ne l'avait jamais trompé, Concetta et Angelica feignent l'amitié alors qu'elles se détestent (p. 282), personne ne sait vraiment quels avaient été les sentiments de Tancredi pour Concetta... En dehors de Bendicò, qui ne ment pas aux autres ou ne se ment pas à lui-même dans le roman ?

Sur **Don Calogero** aussi nous disposons de plusieurs points de vue différents.

Don Calogero est d'abord présenté à travers le regard de Don Onofrio, l'administrateur de Donnafugata[1], qui en dresse un portrait que nous pourrions qualifier d'objectif. Son « ascension rapide et continue » vient à la fois de sa capacité à gérer ses biens et de l'incapacité des nobles à gérer les leurs. « Six mois plus tôt le prêt accordé au baron Tumino était échu et il en avait confisqué les terres ; [...] il avait conclu des ventes de blé très avantageuses au moment des troubles et de la disette qui avaient suivi le débarquement. » (p. 69)[2] Il va bientôt être aussi riche que Don Fabrizio. Il s'est aussi lancé dans la politique : « À Donnafugata ainsi que dans les bourgs voisins il était devenu le chef des libéraux ; quand les élections auraient lieu, il

1. « Don Onofrio était l'une des rares personnes que le Prince estimait et peut-être la seule qui ne l'eût jamais volé. » (p. 68)

2. Sans doute lorsqu'il écrivait ces lignes Lampedusa pensait-il aussi aux profiteurs de guerre de son époque. On peut remarquer en passant l'allusion à la disette, naturellement non ressentie par la famille Salina, pas plus que pendant la Deuxième Guerre mondiale les cousins Piccolo n'eurent à souffrir des restrictions.

était sûr d'être envoyé comme député à Turin. » (p.70) **Il a tous les ridicules du paysan enrichi**, il est d'une propreté douteuse, il ne sait pas s'habiller, il ne sait pas se comporter (l'épisode du frac et celui de la croix de chevalier). Il est vulgaire et ignorant mais l'importance de la dot d'Angelica laisse Don Fabrizio « abasourdi » (p. 138). Il a le snobisme des parvenus. Il veut s'acheter un titre. « Il se sentait, il se croyait l'égal de n'importe qui. » (p. 137) Une qualité que tous lui reconnaissent est **l'intelligence**. Il raconte « dans une très mauvaise langue mais avec une intuition sagace les dessous de la conquête garibaldienne de la province ». (p. 86) Même don Ciccio qui en souligne l'avarice dit qu'il est « intelligent comme un diable ». (p. 123) Et très habile en politique. **C'est lui l'homme nouveau**. Don Ciccio à mots couverts l'accuse d'avoir commandité l'assassinat de son beau-père qui devenait gênant. Sans doute est-ce à cause de cela qu'on a dit de don Calogero qu'il était un mafioso avant la lettre. Mais ce que don Ciccio ne lui pardonne pas, c'est la manipulation des résultats du plébiscite.

Et son administration ne semble pas avoir eu d'effets particulièrement bénéfiques sur la population de Donnafugata. Dans le Fragment B, inachevé, Lampedusa parle de son action en 1863 : « Sous l'administration modernisée de don Calogero Sedàra, député et maire, la commune s'enrichissait d'écoles édifiées uniquement de premières pierres et d'égouts creusés par des affiches. » (p. 308) L'honnête Chevalley est surpris que Don Fabrizio suggère son nom pour le Sénat. Pour lui, il fait partie des « gens sans scrupules et sans perspectives » qui empêcheront que les choses changent vraiment en Sicile. (p. 192)

Don Fabrizio se sent évidemment très supérieur à don Calogero[1], mais il finira par lui porter une « curieuse admiration »

1. « il se flatta d'être un Guépard imposant au poil lisse et parfumé qui se préparait à déchiqueter un petit chacal craintif » (p. 129)

pour son intelligence, admiration dont il se venge par l'ironie : « Étant affranchi des centaines d'entraves que l'honnêteté, la décence et peut-être la bonne éducation imposent aux actions de beaucoup d'autres hommes, il avançait dans la forêt de la vie avec l'assurance d'un éléphant [...] » (p.143) Peu à peu Don Fabrizio lui parle de ses affaires. Mais les conseils sans pitié de don Calogero appliqués avec mollesse par Don Fabrizio n'ont pour effet que de détruire le prestige de la Maison Salina dans ses fiefs, sans endiguer l'effondrement de son patrimoine. Au contact de Don Fabrizio, don Calogero comprendra l'utilité des bonnes manières.

> « Mais ce fut à partir de ce moment-là que débuta pour lui et les siens l'affinement constant d'une classe qui au cours de trois générations transforme des rustres efficaces en gentilshommes sans défense. » (p. 146)

Le personnage de don Calogero a une importance capitale dans le roman parce que c'**est lui le représentant de la classe montante**, de celle qui va remplacer la noblesse. Cela ne laisse pas d'être inquiétant. (p. 195) Il venge le Mastro-don Gesualdo de Verga et il réussit là où son prédécesseur avait échoué. C'est qu'entre-temps est passé Garibaldi. Comme Tancredi, il utilise la politique à des fins personnelles, et cela lui réussit. Il devrait donc être résolument antipathique, mais son amour pour sa fille — même si le mariage de celle-ci avec Tancredi est aussi un moyen de satisfaire son ambition personnelle — lui donne un côté humain qui corrige un peu ce portrait tout en négatif. Lui et Don Fabrizio ont d'ailleurs un point commun — outre l'intelligence — qui n'a évidemment pas la même origine : tous deux ne se préoccupent guère des autres. Mais don Calogero regarde vers la terre, et Don Fabrizio vers les étoiles...

Le **Père Pirrone** est le jésuite attaché à la famille. Grâce à l'appui des Piémontais et d'un pieux mensonge sur son état de santé, il pourra rester dans la famille Salina malgré l'ordre d'expulsion des Jésuites. (p. 61). Le Père Pirrone, bien que cela ne soit pas clairement dit, semble partager les compétences mathématiques et astronomiques de Don Fabrizio (p. 41-45) Dès le début il est présenté comme un « homme sans médiocrité » (p. 25). Il est proche de Don Fabrizio par ce côté « intellectuel » qui lui vaut d'ailleurs l'incompréhension de son milieu. « À force de lire il est devenu fou, le pauvre, » (p. 206) se dit don Pietrino l'herboriste en l'écoutant. On a pu trouver d'autres points communs entre le Jésuite et Don Fabrizio. L'onction* et la prudence caractéristiques de son ordre correspondent aux bonnes manières de l'aristocratie et est souvent matière à ironie. C'est le « chien de berger » (p. 21) de la famille, celui qui sert à la remettre dans le droit chemin. Dans *Le Canzoniere de la Maison Salina* figure une de ses odes, œuvre du vrai Père Pirrone. Malgré les humiliations qu'il lui fait subir - outre le fait de l'obliger à l'accompagner à Palerme durant son escapade nocturne chez Mariannina, il lui demande de lui essuyer les pieds (p. 72) - il semble que Don Fabrizio ait de l'estime pour lui, et même de l'amitié. Il appartient d'une certaine façon à la classe sociale qui va disparaître. Le portrait qu'il dresse de la noblesse dans la cinquième partie est globalement positif. Les nobles sont des gens différents, difficiles à comprendre « parce qu'ils vivent de choses déjà manipulées. » (p. 206) Mais ils sont généreux, « moins égoïstes que tant d'autres. » (p. 208) Ils attachent de l'importance à des choses qui, pour les autres, semblent ne pas en avoir, mais ils ont la pudeur de leurs ennuis et savent « bien mourir » (p. 210). De toute façon, si la noblesse devait disparaître, il s'en constituerait une autre, qui ne se fonderait plus sur le sang, mais peut-être « sur l'ancienneté de [sa] présence en un lieu ou sur la connaissance prétendue meilleure de quelque texte présumé sacré. » (p. 210) Lampedusa prête ici au Père Pirrone sa connaissance du futur pour évoquer les États-Unis et la Russie…

Nous classons, conformément à ce qu'en dit Lampedusa et que nous avons pu vérifier à la lecture du roman, **Bendicò** parmi les personnages. Il est un peu l'alter ego de son maître. Il en a la stature imposante (les grands danois ou dogues allemands sont de très grands chiens, on parle souvent de sa « grosse tête »), lui aussi est d'origine nordique. Mais à la différence de son maître, il est tout instinct et spontanéité, il recherche la compagnie, il manifeste ses sentiments, il est exubérant. Il grogne à l'arrivée d'Angelica, mais décide que Chevalley est un brave homme. Pour Don Fabrizio, l'animal est « un peu comme elles, comme les étoiles : d'un bonheur incompréhensible, incapable de produire de l'angoisse » (p. 89). Dans le Fragment A finalement supprimé, mais qui aurait dû se placer au début de la IVe partie, comme signe de la sérénité retrouvée de Don Fabrizio (on ne peut s'empêcher de penser que ses chiens aidaient aussi Lampedusa à surmonter ses moments, fréquents, de dépression), « l'on put de nouveau admirer le spectacle de l'homme gigantesque qui se promenait dans le jardin avec son chien-colosse. Le chien espérait apprendre à l'homme le goût de l'activité gratuite, lui inculquer un peu de son dynamisme ; l'homme eût aimé que la bête arrivât à apprécier, à travers l'affection, sinon vraiment la spéculation abstraite, au moins le plaisir de l'oisiveté élégante et aristocratique ». (p. 301) Les chiens, et en particulier Bendicò, « si délicieusement balourd », (p. 266) font partie des « paillettes d'or » évoquées par Don Fabrizio mourant. Dans une lettre à son ami Lajolo, Lampedusa dit que c'est le seul personnage à coup sûr positif du roman…

Le thème de la Mort

Dès la première ligne du roman, la mort est présente dans la formule du Rosaire : « Nunc et in hora mortis nostræ. Amen » « Maintenant et à l'heure de notre mort. Ainsi soit-il. » Tout au long du roman elle sera là comme un leitmotiv musical, jusqu'à l'évocation finale de la carcasse empaillée de Bendicò qui, dans sa chute par la fenêtre, prend la forme du guépard héraldique* et se réduit à « un petit tas de poussière livide. » (p. 294)

Elle concerne les êtres et les animaux, mais aussi les choses, la société, la politique. Elle est liée au thème de la décadence. Elle peut être présentée avec un réalisme atroce ou être attendue lyriquement. **L'attitude de Don Fabrizio devant la mort est ambivalente**. La mort physique est répugnante, la mort comme condition au-delà de la vie a quelque chose d'abstrait. « Tant qu'il y a de la mort il y a de l'espoir. » (p. 77) n'est pas seulement une boutade mise là par amour du paradoxe, mais la phrase reflète ce que pense vraiment Don Fabrizio.

La mort fait partie de l'imaginaire sicilien. « La mort est chez elle en Sicile », écrivait Fulco di Verdura, le cousin de Lampedusa, « les Siciliens sont habitués à sa présence. Les éternelles lamentations, les continuelles références aux morts comme s'ils étaient encore vivants » rendent « dès la petite enfance l'idée de la mort familière aux Siciliens[1]. » C'est ce qu'explique Don Fabrizio à Chevalley, lorsqu'il lui dit que le passé n'attire les Siciliens que parce qu'il est mort.

La **mort physique** avec tout ce qu'elle a d'horrible et de brutal, avec ses « relents douceâtres » qui, par une sorte de fondu enchaîné, a été évoquée au prince par les parfums du jardin (« Aujourd'hui ça sent bon, mais il y a un mois... »), nous la rencontrons à la septième page du livre :

> « le cadavre d'un jeune soldat du 5e bataillon de Chasseurs [qui], blessé dans la mêlée de San Lorenzo contre les escouades des rebelles, était venu mourir, seul, sous un citronnier. On l'avait trouvé la face contre le sol dans le trèfle épais, les ongles plantés dans la terre, couvert de grosses fourmis ; et, en dessous des bandoulières, les intestins violacés avaient formé une flaque. C'était Russo, le surintendant, qui avait trouvé cette chose brisée, qui

1. In *Estati felici*. Les enfants siciliens recevaient leurs cadeaux des morts de la famille, le 2 novembre.

> l'avait retournée, avait caché le visage de son grand mouchoir rouge, avait renfoncé les viscères avec une petite branche dans la déchirure du ventre, et avait recouvert ensuite la blessure avec les pans verts de la capote ; en crachant sans arrêt de dégoût, pas vraiment sur la dépouille, mais assez près. » (p. 14-15).

La mort ôte toute dignité et pudeur, elle fait voir ce qui normalement est caché. Ce mort n'est plus un être humain, c'est un pantin : ses compagnons d'armes « l'avaient traîné par les épaules jusqu'à la charrette si bien que l'étoupe du pantin était ressortie de nouveau. » Cette même image nous la retrouverons à la fin de la 4e partie : elles « avaient été les femmes de ces fantoches sur lesquels on bute aux détours des chemins de campagne ». (p. 194) Le chariot que croise Don Fabrizio à la sortie du bal et sur lequel s'entassent « les bœufs tués peu de temps auparavant à l'abattoir, déjà équarris et exhibant leurs mécanismes les plus intimes avec l'impudicité de la mort » (p. 251) rappelle la charrette sur laquelle les soldats chargent leur camarade mort. Il fait penser d'une certaine façon aux lugubres charrettes des croque-morts dans *Les Fiancés*[1] de Manzoni, même si celles-ci ne transportaient pas des animaux mais des êtres humains malades et morts de la peste. Dans un cas comme dans l'autre l'idée qui vient à l'esprit est celle de corbillards.

---

1. *Les Fiancés* (*I Promessi Sposi*) d'Alessandro Manzoni (1785-1873) est le roman que tous les Italiens connaissent (ou connaissaient…) et citent souvent. L'action se passe en Lombardie, au XVIIe siècle, sous la domination espagnole (puisque la censure n'aurait pas permis de la situer sous la domination autrichienne du XIXe siècle) et raconte l'histoire de deux jeunes gens d'humble condition dont le mariage est empêché par un méchant seigneur qui veut faire enlever la jeune fille. Contraints de fuir, Renzo et Lucia vont traverser diverses épreuves (disette, révolte populaire, guerre, peste, magistralement décrites), avant de finalement pouvoir s'unir. Roman historique dominé par la Providence, écrit dans une langue pleine d'humour, avec une grande finesse psychologique, c'est un chef-d'œuvre de la littérature italienne, peu connu cependant à l'étranger.

Le jeune soldat et les morts mafieux sont les seules descriptions de mort violente du roman, si l'on excepte le cadavre coupé en morceaux et les autres morts des « histoires horribles, malheureusement toujours authentiques » (p. 179) racontées par Tancredi pour impressionner Chevalley — mais ici l'humour noir désamorce l'émotion.

Et pourtant le lecteur a l'impression d'avoir été confronté d'autres fois à la mort. Il s'agit en fait de la **mort d'animaux**, à commencer par les agneaux apportés par les fermiers : « Il y avait six petits agneaux, les derniers de l'année, les têtes pathétiquement abandonnées au-dessus de la large plaie d'où quelques heures auparavant leur vie était sortie ; leurs ventres aussi avaient été écartelés et les boyaux irisés pendaient au-dehors. » (p. 48) L'adverbe « aussi » fait le lien avec le soldat trouvé dans le jardin. Au buffet du bal Ponteleone, le Prince regarde le « corail des langoustes bouillies vivantes », les bécasses « décorées de leurs entrailles triturées ». (p. 245) Les adjectifs et les diminutifs soulignent la pitié qu'éprouve Don Fabrizio pour ces animaux que l'on tue. L'adjectif « innocent » accompagne le gibier de la scène de la chasse, c'est « la chair de bestioles innocentes » (p. 45) qui est hachée par le boucher. Malgré le plaisir tout aristocratique que Don Fabrizio prend à aller à la chasse, le lapin tué suscite la compassion du Prince :

> « Des lacérations horribles lui avaient déchiré le museau et la poitrine. Don Fabrizio se vit fixé par deux grands yeux noirs qui, envahis rapidement par un voile glauque, le regardaient sans reproche mais étaient chargés d'une douleur stupéfaite adressée à tout l'ordonnancement des choses ; ses oreilles veloutées étaient déjà froides, les petites pattes vigoureuses se contractaient rythmiquement, survivant symbole d'une fuite inutile ; l'animal mourait torturé par un espoir angoissé de se sauver, imaginant encore pouvoir s'en tirer quand il était déjà pris, exactement comme tant d'hommes. »

« Comme tant d'hommes » réunit les hommes et les bêtes dans la réaction devant la mort. La voix de l'auteur qui se fait entendre dans la dernière phrase semble se désolidariser de son personnage, malgré la pitié que ce dernier ressent : « Pendant que le bout des doigts compatissants caressait le pauvre museau, la bestiole eut un dernier frémissement, et mourut ; mais Don Fabrizio et Tumeo avaient eu leur passe-temps ; le premier avait même éprouvé, en plus du plaisir de tuer, celui rassurant de la pitié. » (p. 108-109)

Cette **compassion**[1] pour des êtres dont le destin est de mourir est omniprésente dans la **scène du bal**[2], comme la mort l'est, dès la rencontre au départ du prêtre portant le saint sacrement à un agonisant, « avertissement salutaire » note le narrateur. (p. 228) Don Fabrizio n'est pas vieux, c'est un homme mûr certes, mais en bonne santé, et pourtant il ne voit autour de lui que désolation. La présence de la mort se manifeste dans le choix des mots : par exemple on parle des « spectres » des expropriations et des violences (p. 226), les robes de bal arrivent de Naples dans de « grandes caisses noires pareilles à des cercueils » (p. 226), la descente des Bambinai est « lugubre la nuit » (p. 227), les pièces du Palais Ponteleone sont comparées à des « catacombes » (p. 233), les vents font « des arpèges de leur deuil sur les surfaces assoiffées » (p. 237), même les Dieux du plafond, qui « se croyaient éternels » (p. 237), seraient détruits par une bombe américaine. La salle de bal, écrin d'or pâle, malgré sa splendeur, n'est plus que le souvenir d'une richesse « emmagasinée ailleurs » (p. 237). Don Fabrizio rend don Calogero responsable de ce sentiment de mort :

1. Peut-être le jugement porté sur Garibaldi : « Un cocu » (p.51) qui anticipe l'Histoire, procède-t-il de cette même compassion méprisante.
2. Elle l'était déjà lorsque Don Fabrizio, au moment du plébiscite, repense au roi Ferdinand : « brusquement il se rendit compte du grand appel inconscient à la miséricorde que ce visage antipathique avait manifesté. » (p. 114)

« [Il] sentit soudainement qu'il le haïssait ; c'était à son affirmation personnelle, à celle de cent autres qui lui ressemblaient, à leurs obscures intrigues, à leur avarice et à leur avidité tenaces que l'on devait le sentiment de mort qui assombrissait maintenant ces palais ; c'est à lui, à ses compères, à leurs rancœurs, à leur sentiment d'infériorité, à leur échec à s'épanouir que l'on devait le fait que lui aussi maintenant, Don Fabrizio, voyait dans les habits noirs des danseurs des corneilles qui planaient, à la recherche de proies corrompues, au-dessus des vallons perdus. »

Cependant la haine fait place à un sentiment de compassion : « Il eut envie de lui répondre méchamment, de l'inviter à s'en aller hors de sa vue. Mais ce n'était pas possible : c'était un hôte, le père de la chère Angelica. C'était peut-être *un malheureux comme les autres*. » (p. 237-238) Aussi digne de pitié que les agneaux ou le lapin, par le seul fait qu'il vit.

Et cette compassion s'étend à ceux dont la mort semble le plus loin, le couple Tancredi-Angelica : « Ils offraient le plus pathétique des spectacles, celui de deux très jeunes amoureux qui dansent ensemble, aveugles à leurs défauts respectifs, **sourds aux avertissements du destin**, dans l'illusion que tout le chemin de la vie sera aussi lisse que les dalles du salon, acteurs inconscients qu'un metteur en scène fait jouer dans les rôles de Roméo et Juliette en cachant la crypte et le poison, déjà prévus dans l'œuvre. » (p. 238) Ils ne savent pas ce qui les attend, ils ne pensent pas à « leurs corps destinés à mourir » (p. 238) :

« Don Fabrizio sentit son cœur perdre sa dureté : son dégoût faisait place à la **compassion** pour ces êtres éphémères qui cherchaient à jouir du mince rayon de lumière qui leur avait été accordé entre les deux ténèbres, avant le berceau, après les dernières saccades[1]. **Comment était-il possible de s'acharner contre qui, c'est certain, devra mourir ?** C'eût été aussi vil

1. Ces soubresauts correspondent au dernier frémissement du lapin.

> que les poissonnières qui soixante ans plus tôt outrageaient les condamnés sur la place du Marché. »

Le sentiment de supériorité aristocratique n'existe plus, tous les êtres, animaux et humains à quelque classe sociale qu'ils appartiennent, ont droit à la même pitié :

> « Même les petites guenons sur les *poufs* et ses vieux amis benêts étaient **pitoyables**, impossibles à sauver et aimés comme le bétail meuglant dans la nuit, conduit à l'abattoir à travers les rues de la ville ; à l'oreille de chacun arriverait un jour le tintement qu'il avait entendu trois heures plus tôt derrière San Domenico. Il n'était permis de haïr rien d'autre que l'éternité. » (p. 238-239)

On a l'impression que la mort poursuit Don Fabrizio, comme une musique que les autres bruits n'arrivent pas à couvrir, puisque, cherchant un endroit où être tranquille, il entre dans la bibliothèque où se trouve justement une copie du tableau de Greuze[1], *La Mort du Juste*, ce qui l'amène à se demander si sa propre mort ressemblera à celle-ci. « Comme toujours, les considérations sur sa propre mort le **rassérénaient** autant que celles sur la mort des autres l'avaient troublé ; peut-être parce que, en fin de compte, sa mort était en premier lieu celle du monde entier ? » (p. 240) Il en vient à penser au tombeau familial dans le cimetière des Capucins. Il regrette de ne plus pouvoir être enterré dans la crypte du couvent[2]. L'arrivée de Tancredi inter-

---

1. Jean-Baptiste Greuze (1725-1805), peintre de genre, dont les tableaux, sentimentaux et moralisateurs, sont de la même veine que le drame bourgeois de Diderot. *La mort du juste* est en fait le deuxième volet d'une séquence picturale, *La malédiction paternelle*, qui comprend deux tableaux : *Le fils ingrat* et *Le fils puni.* (Musée du Louvre)
2. Ces catacombes des Capucins sont aujourd'hui un haut lieu du tourisme sicilien et sont l'occasion pour les guides de morceaux de bravoure sur le rapport des Siciliens à la mort. La qualité de l'air dans ces catacombes permettait aux cadavres, après une préparation adéquate, de se conserver

rompt le Prince dans sa méditation par sa phrase ironique : « Tu courtises la mort ? » (p. 241)

Le monologue intérieur de Don Fabrizio nous éclaire sur la manière dont il conçoit la mort : une sortie de secours, alors que pour les jeunes ce n'est qu'une construction intellectuelle :

> « Les deux jeunes gens regardaient le tableau avec une insouciance absolue. Pour chacun d'eux la **connaissance de la mort** était purement intellectuelle, c'était pour ainsi dire une donnée de la culture et rien d'autre, et non une expérience qui vous transperce jusqu'à la moelle des os. La mort, oui, existait, sans doute, mais c'était une affaire réservée aux autres ; Don Fabrizio pensait que c'est en raison de l'ignorance intime de cette consolation suprême que les jeunes ressentent les douleurs plus cruellement que les vieux : pour ces derniers, la **sortie de secours** est plus proche. » (p. 241)

Ce n'est pas la première fois dans le roman que l'**idée de mort-libération apparaît** :

> « De l'Église Mère voisine arrivaient les tintements lugubres d'un "mortorio", d'un glas. Quelqu'un était mort à Donnafugata, quelque corps fatigué, qui n'avait pas résisté au grand **deuil** de l'été sicilien et à qui avait manqué la force d'attendre la pluie. "Quelle chance pour lui !" pensa le Prince tout en passant une lotion sur ses favoris. " Quelle chance pour lui, il s'en contrefiche maintenant de ses filles, des dots et des carrières politiques !" Cette identification éphémère avec un défunt inconnu suffit à le

---

plus ou moins bien momifiés. On y enterra les moines à partir du XVIe siècle, puis les nobles palermitains et les grands bourgeois bienfaiteurs du couvent obtinrent le droit de s'y faire enterrer aussi. Plus de 8 000 morts s'entassent dans le sous-sol du couvent, le plus souvent alignés, debout les uns contre les autres, au-dessus les uns des autres, maintenus par des fils de fer, regroupés par sexe et catégories : les femmes, les prélats, les militaires, etc. Leur état de conservation est variable, certains ont encore leurs cheveux. En fait ce n'est qu'en 1881 que cette pratique a été interdite. Don Fabrizio anticipe donc, Lampedusa s'étant pour un instant substitué à lui…

calmer : "**Tant qu'il y a de la mort il y a de l'espoir**", pensa-t-il ; puis il se trouva ridicule de s'être mis dans un tel état d'agitation parce que l'une de ses filles voulait se marier. » (p. 77)

Si la mort satisfait son désir d'éternité, elle le prive de ce monde terrestre auquel il est attaché sensuellement. Pendant que Don Fabrizio danse avec Angelica, « pour un instant, cette nuit, la mort fut de nouveau à ses yeux "l'affaire des autres" ». (p. 243). Quant à la **fin du bal**[1], **métaphore de la fin d'une société**, elle est tout entière placée sous le signe de la mort et de la désagrégation. Le bal qui a commencé dans la splendeur de l'or du palais finit **trop tard**, se prolonge **trop longtemps**, exactement comme cette société rongée dans ses fondations. Les nobles siciliens, en restant debout, ne font que prolonger l'agonie d'un « bal-société ». Mais la menace est déjà installée à l'intérieur du palais en la personne de Don Calogero et de « son caleçon, vraiment très paysan », qui dort profondément dans un fauteuil. Même les domestiques se laissent aller et ne changent plus les bougies. L'accent est mis sur cette « lumière différente, fumeuse, de mauvais augure » et encore plus sur la lumière de l'aube, définie « plébéienne », car métaphoriquement* le jour naissant est celui de la plèbe. En répétant que le bal est très réussi, « à l'ancienne », les nobles se donnent l'illusion que rien n'a changé. C'est pour la même raison que le colonel Pallavicino va directement à la caserne parce que c'est « la tradition ». Si au début du bal les dames et leurs cavaliers étaient pimpants et élégants, à six heures du matin « les visages des femmes étaient livides, les robes froissées, les haleines lourdes ». « Au-dessus de leurs cravates en désordre les visages des hommes étaient jaunes et ridés, les bouches imprégnées d'une salive amère. » Tout se désagrège. Même Don Fabrizio, le colosse inébranlable, déclare avoir « un léger mal de tête ». À l'intérieur du palais nous avons

1. p. 249-251

vu le démantèlement, la désagrégation des êtres humains et des choses. Avec les pots de chambre qui débordent nous atteignons le sommet de l'indécence. L'extérieur est encore plus désolé que l'intérieur, avec les « amas d'immondices » tirés par un petit âne gris et le chariot découvert sur lequel s'entassent les bœufs équarris. Les bêtes qui font voir leurs entrailles ont en commun l'impudicité avec les hommes qui baissent leurs pantalons pour remplir les pots de chambre. La scène du bal est techniquement racontée par le narrateur omniscient qui se glisse dans les pensées intimes de son personnage Don Fabrizio aux prises avec les spectacles nauséabonds qu'il aperçoit dans le palais et dans la rue. Il sent que la mort l'entoure de tous côtés mais, au lieu de réagir, il s'abandonne avec volupté à cette Mort qu'il courtise depuis longtemps. Ou plus exactement, pas à cette mort-ci, car lui n'est pas comme les autres. Son unique désir est de faire de sa mort un chef-d'œuvre d'élégance et de raffinement. Lorsqu'il s'adresse aux étoiles, la lumière n'est plus plébéienne, mais sereine et élégante. Il y a un grand mouvement ascensionnel dans sa manière de regarder « juste au-dessus, au zénith. » C'est l'aube maintenant, les étoiles pâlissent mais Vénus est là, Vénus qui est aussi la créature désirée, la femme idéale à rejoindre un jour. Dans son aspiration vers le haut, Don Fabrizio oublie le temps éphémère de l'Histoire et associe la mort à l'Amour : Eros et Thanatos dans une « région de certitude éternelle ». Nous savons que, quand il mourra, il aura la satisfaction de faire son dernier voyage en compagnie d'une jeune passante « plus belle qu'il ne l'avait jamais vue dans les espaces stellaires ». (p. 268) Cette vision se confond avec celle de Vénus la fidèle, toujours présente à chaque rendez-vous.

Nous avons pu déjà, à travers les citations précédentes, nous rendre compte qu'il y a, pour Don Fabrizio, une grande **différence entre la mort des autres** (le jeune soldat, les animaux)

et sa propre mort. Comme s'il était d'une autre espèce que ces êtres pour qui il éprouve de la compassion.

La mort du soldat et celle du lapin sont brutales, effrayantes, bouleversantes. **Lui, le prince Salina, n'a pas peur de la mort, au contraire**. Souvenons-nous de ce qu'il dit au Père Pirrone à la fin du premier chapitre : « Le vrai problème, l'unique, est de pouvoir continuer à vivre cette vie de l'esprit dans ses moments les plus abstraits, les plus ressemblants à la mort. » (p. 45) Ces moments, c'est l'astronomie qui les lui apporte. L'astronomie lui sert de « morphine ». (p. 36). Les heures passées dans son observatoire « absorbé dans l'abstraction des calculs et dans la poursuite de l'inatteignable » feront partie des « paillettes d'or » qu'il évoquera avant de mourir : « mais ces heures pouvaient-elles vraiment être placées dans l'actif de la vie ? N'étaient-elles pas une largesse anticipée des béatitudes mortuaires ? » (p. 266)

La mort qui viendra pour Don Fabrizio dans la septième partie, intitulée sobrement « La mort du Prince », sans sommaire, n'est pas brutale, c'est un lent processus intérieur. Cette sensation d'un fluide vital qui s'écoule, il l'a ressentie pendant des dizaines d'années avant le moment fatal, il n'en a pas peur, bien au contraire, elle n'est pas du tout « désagréable » : « C'était celle d'une dégradation continue, très faible, de la personnalité jointe cependant au vague présage de la reconstitution ailleurs d'une individualité (grâce à Dieu) moins consciente mais plus vaste. » (p. 256) À l'arrivée à Donnafugata, vingt ans auparavant, alors qu'il n'était pas vieux, « il n'avait pu s'empêcher de comparer ce voyage répugnant à sa propre vie, qui s'était d'abord déroulée dans des plaines riantes, avait grimpé ensuite sur des montagnes abruptes, s'était glissée à travers des gorges menaçantes pour déboucher enfin sur d'interminables ondulations d'une même couleur, aussi désertes que le désespoir. Ces images du premier matin étaient ce qu'il pouvait arriver de pire à un homme mûr ; et bien que Don Fabrizio sût qu'elles étaient destinées à s'évanouir avec l'activité du jour il en souffrait de façon aiguë parce qu'il avait désormais assez d'expérience pour savoir qu'elles laissaient au fond de l'âme un **sédiment de deuil** qui, s'accumulant jour après jour, finirait par être la véritable cause de sa mort. » (p. 63) « Cette fuite continue », il semble être le seul à l'éprouver, il en ressent une grande fierté et une sorte de mépris pour les autres, pour ceux qui s'attachent « mesquinement » à la vie. Seul Tancredi l'avait peut-être compris : « Toi, mon oncle, tu courtises la mort. » Maintenant cette cour était finie ; la belle avait dit oui, la fuite était décidée, le compartiment dans le train réservé. » (p. 256-257) C'est le début de l'allégorie* de la belle voyageuse. Ce qu'il ressent maintenant au moment où il va réellement mourir, est tout à fait différent, la vie s'échappe de lui en « longues vagues pressantes » (p. 257). Les métaphores* aquatiques seront présentes dans tout ce chapitre. On ne sait pas de quelle maladie précisément souffre Don Fabrizio. Le voyage en chemin de fer qui le ramène de Naples, où il a consulté, à Palerme est « lugubre, aussi lent qu'une cérémonie funèbre. » (p. 257) La grande carcasse du Prince n'a plus sa vigueur d'antan, il est faible comme un nouveau-né. Mais même si près de la mort, c'est lui, Don Fabrizio, qui éprouve de la compassion pour le « pauvre diable » de médecin qu'on a appelé à son chevet dans l'hôtel où on l'a conduit (p. 260). Cet hôtel est presque aussi sale et malodorant que celui où s'arrêtait la famille sur la route de Donnafugata. Cette mort hors de sa maison est conforme à ce qui arriva au « modèle » du *Guépard*, l'arrière-grand-père de Lampedusa, qui mourut du choléra dans un hôtel de Florence. L'auteur du *Guépard*, lui qui aurait tant voulu mourir dans le lit où il était né, s'éteindra à Rome, dans la maison de sa belle-sœur.

Le lien se fait entre sa propre mort et celle des plus jeunes, le soldat, son fils Paolo écrasé par son cheval. La mort du prince est aussi celle de sa lignée, « le dernier Salina c'était lui ». (p. 263) Giovanni et Tancredi appartiennent à un monde qui est encore le sien, mais pas Fabrizietto « si beau, si vivant, si chéri. Si odieux ». (p. 263), qui n'est pas, ne sera jamais un vrai Salina. Don Fabrizio se rend compte qu'il s'est trompé, l'histoire le rattrape à travers sa famille. Contrairement à ce que disait Tancredi, les choses ont changé. Toute l'habileté de Tancredi n'a pas empêché le remplacement d'une classe sociale par une autre. Il prévoit un futur où les Salina ne seront plus les Salina[1]. Cette « mort annoncée », si l'on y réfléchit, était prévisible à divers signes. Cela avait commencé par la remarque de Russo :

> « Le Prince se sentit humilié ; il se voyait à présent déchu au rang de protégé des amis de Russo ; son seul mérite, d'après ce qu'il semblait, était d'être l'oncle de ce morveux de Tancredi. « Si ça continue, dans une semaine j'aurai la vie sauve parce que j'ai Bendicò chez moi. » (p. 39)

Mais le général qui accompagne Tancredi donnera de l'Excellence à Don Fabrizio (p. 60), ce qui le réconfortera. À Donnafugata le Prince utilise pour la première fois le mot « nos amis » pour inviter les gens du village :

> « Le Prince, qui avait trouvé le village inchangé, fut en revanche trouvé très changé, lui qui n'aurait jamais auparavant utilisé des mots si cordiaux ; et à partir de ce moment commença, invisible, le déclin de son prestige. » (p. 67)

Certes l'envol des hirondelles, les domaines vendus, sont le signe de la décadence de l'aristocratie. Mais c'est par des détails, par le vocabulaire que se marque le début du déclin : le frac de don Calogero, le « Prince » de don Calogero, la couleuvre à avaler après la réception de la lettre de Tancredi…

Plus que la proximité de sa propre mort qui lui apparaît comme « un banquet désiré »[2] (p. 261), c'est la mort des choses

1. Cf. *La Matinée d'un métayer.*
2. On ne peut s'empêcher de penser au vers de Baudelaire :
C'est la Mort qui console, hélas ! et qui fait vivre (*La Mort des Pauvres*)

qu'il a aimées durant sa vie qui tourmente Don Fabrizio : « Son cœur se serra, il oublia son agonie en pensant à la fin imminente de ces **pauvres chères choses.** » (p. 262) Même devant la mort il reste le Prince de Salina. Il y a des traditions à respecter, il se confesse. Mais il n'a pas grand-chose à dire. « Non pas qu'il se sentît innocent ; mais c'était la vie entière qui était coupable, et non tel fait ou tel autre, en particulier ; il n'y a qu'un seul vrai péché : le péché originel. » (p. 264-265) ; c'est à lui que maintenant on apporte le saint viatique et non plus à un agonisant inconnu dans les rues de Palerme[1]. Sa vie défile devant lui non pas comme un film en accéléré, mais par petites touches, les « paillettes d'or » (p. 265), les rares moments de bonheur, c'est-à-dire ceux pendant lesquels il a réellement vécu : deux, trois ans au maximum sur soixante-treize ans de vie. Et parmi ceux-ci, l'apparition de la jeune femme en marron entrevue la veille à la gare de Catane, « la créature désirée depuis toujours qui venait le chercher » (p. 268), celle qu'il avait invoquée à la sortie du bal chez les Ponteleone plus de vingt ans auparavant, qui se confondait avec Vénus et s'était enfin décidée à lui donner rendez-vous « dans sa propre région de certitude éternelle ». (p. 251) Cette jeune femme, c'est un peu la Sirène de la nouvelle *Lighea* (*Le Professeur et la Sirène*) dans laquelle se fondent deux éléments contradictoires : les plaisirs sensuels, païens, de la vie terrestre, et l'éternité à laquelle Don Fabrizio aspire.

Il est **seul** dans la mort, malgré la présence de toute la famille, seul comme il l'a été dans sa vie. La boucle est bouclée. « Le fracas de la mer se **calma** tout à fait » (p. 268) Comme dans le premier chapitre où la voix « paisible » du Prince récitait le rosaire. (p. 9)

1. On a reproché à Lampedusa d'avoir prêté à Don Fabrizio son propre agnosticisme*, en disant que ce n'était pas l'attitude d'un homme du XIXe siècle.

Quand il a écrit ce septième chapitre, Lampedusa ne se savait pas condamné. Mais il était fatigué, la mort avait dû lui apparaître parfois comme un moyen d'échapper à une vie sans but. Dramatiquement la mort le rejoint au moment où justement, avec l'écriture du roman, il lui a trouvé un but.

Dans la huitième partie, qui se déroule cinquante ans après le débarquement des Mille en Sicile, tout est consommé. C'est le « jubilé de la décadence ». Les reliques, qui devraient durer plus que les personnes et assurer cette pérennité tant recherchée, finissent à la poubelle. Dérision suprême, c'est « l'odieux » Fabrizietto qui représentera les Salina aux fêtes pour le cinquantenaire des Mille : « N'est-ce pas un joli coup ? Un Salina rendra hommage à Garibaldi, ce sera une fusion de la vieille Sicile et de la nouvelle. » (p. 283) Il n'y a plus d'attente de la mort, puisqu'elle est déjà venue, il n'y a plus, dans la chambre de Concetta, qu'un « enfer de souvenirs momifiés » (p. 280) ; Concetta, la fille de Don Fabrizio, celle qui était peut-être la plus proche de son père par le caractère, contemple à la fois la faillite de sa classe et la faillite de sa vie. La princesse, c'est maintenant Angelica. Le sénateur Tassoni, représentant lui aussi d'une classe sociale qui a pris la place de la vieille aristocratie, lui a révélé le quiproquo sur lequel elle a construit sa vie : « Juste au moment où après des décennies les souvenirs ressuscitaient, il lui manquait à présent la consolation de pouvoir attribuer à d'autres son propre malheur, une consolation qui est le dernier philtre trompeur des désespérés. » (p. 288) La plupart des soixante-quatorze reliques que les trois sœurs ont amassées ne sont pas authentiques. « Le prestige du nom en lui-même s'était lentement évanoui. » (p. 282) Le patrimoine avait beaucoup diminué, et maintenant les Salina ne jouiraient même plus de l'estime de l'Église… Comme le dit le sommaire, c'est la « fin de tout ». La fin du monde du *Guépard* est scellée par la décision de Concetta de se débarrasser de la dépouille empaillée qui depuis quarante-cinq ans pourrissait dans un coin de sa chambre :

> « Tandis que la carcasse était traînée au-dehors, les yeux de verre la fixèrent avec l'humble reproche des choses que l'on écarte, que l'on veut annihiler. Quelques minutes plus tard ce qui restait de Bendicò fut jeté dans un coin de la cour que l'enleveur de la voirie visitait chaque jour : au cours de son vol par la fenêtre sa forme se recomposa un instant : on aurait pu voir danser dans l'air un quadrupède aux longues moustaches et la patte droite antérieure semblait lancer une imprécation. Puis tout s'apaisa dans un petit tas de poussière livide. » (p. 294)

Le fier *Guépard* du « blason azur » soutenu « de bon gré » par les dieux de la fresque du plafond de la villa de San Lorenzo (p. 10) est retourné à la poussière…

La décadence de la classe sociale et de la famille du *Guépard* est due, certes, à des circonstances historiques. Mais **elle est due aussi à une perte de volonté et de vitalité**. Don Fabrizio a passé sa vie à contempler la ruine de son patrimoine et de sa classe sociale sans rien faire, ni même avoir envie de faire, pour y remédier. La lucidité et le pessimisme de Don Fabrizio ne l'amènent pas à agir. Pour reprendre la fameuse formule de Gramsci, s'il a « le pessimisme de l'intelligence », il n'a pas « l'optimisme de la volonté ». La supériorité intellectuelle et sociale de Don Fabrizio l'amène à l'isolement et à la solitude et l'écarte d'une action qui l'obligerait à entrer en contact avec une humanité qu'il méprise. Maintenant que les chacals ont remplacé les lions, à quoi bon se lancer dans la mêlée ? Le seul réconfort est dans les astres, qui, eux, ne déçoivent pas.

La **mort** n'est pas seulement celle des êtres, elle est aussi celle annoncée des **institutions** et, nous l'avons vu, celle de l'**aristocratie**. Tantôt par des métaphores*, tantôt par des comparaisons, elle s'introduit dans le récit presque à chaque page. Lors de l'audience au palais royal de Caserte, Don Fabrizio se demande « qui était destiné à succéder à cette monarchie qui portait les signes de la mort sur son visage. » (p. 19) Les feux que les « escouades » rebelles allumaient chaque nuit sur les collines « ressemblaient à ces lampes que l'on voit brûler dans les chambres des grands malades pendant les ultimes nuits ». (p. 25) Même le dîner servi avec le « faste ébréché » d'un royaume des Deux-Siciles destiné bientôt à disparaître participe de cette atmosphère de fin d'un monde. La nappe est fine mais reprisée, l'argenterie est massive mais les assiettes dépareillées. (p. 20) Le **paysage**, la **végétation**, les **monuments**, les **objets** contribuent à donner ce sentiment de mort : « C'étaient ces couvents qui conféraient à la ville son air sombre et son caractère, son décorum joint au **sentiment de mort** que même la frénétique lumière sicilienne ne parvenait jamais à dissiper. » (p. 26) La bague offerte par Tancredi à Angelica est « un bijou un peu sombre mais hautement accordé au goût sépulcral de l'époque ». (p. 160) Les barques qui se balancent dans le vieux port de pêche sont « à moitié pourries [...] avec l'aspect désolé des chiens galeux ». (p. 28)

Il en va de même dans le voyage pour Donnafugata : l'eau du puits tant attendue est « pleine de vers », des charognes de bêtes et d'hommes s'y cachent (p. 56), Bendicò aboie contre les « suggestions lugubres des corneilles qui tournoyaient bas dans la lumière. » (p. 57) Le puits près duquel la famille Salina s'arrêtera pour la collation est, lui, « aimable ». Mais « à l'entour la campagne funèbre ondulait, jaune de chaumes, noire de barbes d'épis brûlées ; la plainte des cigales remplissait le ciel ; c'était comme le râle de la Sicile calcinée qui à la fin d'août attend vainement la pluie ». (p. 58) On pourrait multiplier les exemples : le paysage que voient Don Fabrizio et Ciccio Tumeo : « L'aspect d'une aridité ondulant à l'infini, croupe après croupe, désolée et **irrationnelle**, dont l'esprit ne pouvait saisir les lignes principales, conçues dans une phase délirante de la création ; une mer qui se serait pétrifiée à l'instant où un changement de vent eût rendu les vagues démentes. » (p. 109) Après la description de Donnafugata à l'aube, dont la misère et la saleté sont d'autant plus choquantes que l'on sort du palais de Don Fabrizio, on assiste au départ de Chevalley : la voiture de poste a des roues « couleur de vomi » et le cheval est « tout plaies et famine ». (p. 195)

Par un jeu constant d'oppositions qui sont souvent des oxymores*, toute **sensation** agréable est contrebalancée par une sensation contraire ou un adjectif qui en détourne le sens. Le jardin de la villa de San Lorenzo pourrait être un lieu de délices, mais « sa réclusion lui conférait un **aspect sépulcral** accentué par les monticules parallèles qui délimitaient les petits canaux d'irrigation et qui ressemblaient à des tumulus de géants élancés ». (p. 13) Les parfums qui s'en exhalent sont « onctueux, charnels et légèrement putrides comme les liquides de décomposition aromatiques distillés par les reliques de certaines saintes » (p. 13) Le jardin de Donnafugata semble échapper à ces relents de mort. Mais « du côté de la mer d'immenses nuages couleur d'encre escaladaient le ciel. Peut-être la colère de Dieu s'était-elle assouvie, et la malédiction annuelle de la Sicile avait-elle trouvé son terme ? » (p. 79) C'est que le soleil, lui aussi, participe à cette œuvre de mort. **La mort est présente dans toutes les choses**, même les plus belles, dans les couleurs, dans les odeurs, parce que la mort est inséparable de la vie, sans la mort la vie n'existe pas. Elle se niche dans les pâtisseries. Le démantèlement de la gélatine au rhum évoque celui de l'aristocratie sous les coups (de cuillers) des garibaldiens.

Mort et sensualité sont toujours liées, comme dans l'épisode du « cyclone amoureux » avec la découverte des pièces où se pratiquaient des rites sado-masochistes, métaphore* d'une société sur le déclin à la recherche d'un plaisir extrême indissociable d'une douleur extrême[1]. Le paysage est partie prenante dans cette relation : « La route traversait les orangeraies fleu-

1. Dans un autre appartement, celui du Duc-Saint, la mort, inséparable du mysticisme*, est aussi présente avec un crucifix ensanglanté et la « discipline » avec laquelle Giuseppe Corbera se fustigeait. (p. 169)

ries et l'arôme nuptial des fleurs d'oranger annulait toute chose comme la pleine lune annule un paysage : l'odeur de transpiration des chevaux, l'odeur de cuir des capitonnages, l'odeur du Prince et l'odeur du Jésuite, tout était effacé par cette odeur islamique évoquant houris[1] et outre-tombe charnels. » (p. 26)

Cependant il ne faut pas oublier que l'on pourrait, en reprenant la formule de Tancredi, dire de Don Fabrizio qu'il courtise la **vie**.

Il recherche les plaisirs terrestres et sensuels, les parfums, les couleurs, les sensations qui rendent belle la vie. La nourriture fait partie de ces joies. Il y a dans *Le Guépard* de somptueuses descriptions culinaires, de la timbale de macaronis à la table à thé du palais Ponteleone, de la gelée au rhum au casse-croûte partagé avec Tumeo. L'odeur des jardins et de la campagne sicilienne, de la peau des jeunes femmes lui procure un type de bonheur païen, sans complications. N'oublions pas que nous sommes en Sicile, dans la Magna Grecia, la terre des dieux. L'homme naît avec la même aspiration à l'éternité que les dieux, mais avec l'impossibilité de la satisfaire. De là un sentiment d'angoisse qu'il essaie de calmer par le contact avec quelque chose d'éternel (à l'échelle humaine comme le dit Don Fabrizio), un paysage, une maison, des traditions, un objet, une statue, par exemple la fontaine d'Amphitrite : « Des pierres revêtues de mousses veloutées émanait la promesse d'un plaisir qui ne se muerait jamais en douleur. » (p. 77) Quand Don Fabrizio n'est plus en mesure d'éprouver dans la vie des sens cette illusion d'éternité, il se tourne vers le domaine de l'esprit et de la rationalité, vers les étoiles, monde d'incorruptible perfection. Mais cela ne satisfait pas son attachement sensuel à la vie. Il lui faudrait les deux, et c'est dans cette impossibilité que réside son problème existentiel.

1. Jeunes beautés que le Coran promet aux bons musulmans dans le paradis d'Allah.

Malgré les deux derniers chapitres, l'impression que l'on retire de la lecture du *Guépard* n'est pas un sentiment d'angoisse, à cause de l'ironie omniprésente, bien sûr, mais aussi de cette recherche constante des plaisirs sensuels de la vie.

Les maisons, les choses et les objets

Les maisons, les objets, les choses en général occupent dans *Le Guépard* une place importante. On pourrait presque dire, paradoxalement, qu'elles occupent la première place, avant les personnages. Ou plus exactement, les choses ne sont pas des accessoires, elles ne font pas partie du décor, elles **sont** des personnages à part entière. On a parlé d'animisme* à propos de cette vision du monde. Comme le rappelle Tancredi à Angelica, cet attachement est un trait caractéristique de la noblesse : « **Nous tenons à nos maisons et à notre mobilier plus qu'à n'importe quelle autre chose.** » (p. 232) Les choses jouent, dans la relation de Don Fabrizio à la mort, un rôle de premier plan. Elles participent de la tentative de sauver de la mort ce qui peut être sauvé. Les maisons, les choses, les objets, les reliques durent plus que les personnes. Les choses témoignent de la résistance de l'histoire à disparaître dans le néant. La bougainvillée du palais Falconeri était présente dans sa luxuriance lorsque le palais était en ruine comme elle l'est à la fin du roman lorsque le palais a retrouvé toute sa splendeur grâce à l'argent des Sedàra.

S'il est vrai que tout doit disparaître, **les choses peuvent ralentir ce processus**.

L'univers du *Guépard* est fait d'objets, d'étoffes, de meubles, de plats, présentés selon la figure rhétorique de l'énumération. L'histoire se niche dans les objets, le collier de rubis des Salina, les verres avec le chiffre F. D.. La durée était la caractéristique de l'ancien régime, et Don Fabrizio se complaît à manger les pâtes d'amande des religieuses confectionnées selon des recettes séculaires. À travers les mets, une identité est recherchée. L'or un peu fané de la salle de bal évoque pour Don Fabrizio celui des blés, mais aussi l'or qui vient de la terre, et qui risque de changer de mains. La description des uniformes de Cavriaghi et de Tancredi, celle des médailles de Pallavicino ou encore celle des couvre-chefs ecclésiastiques dans la VIIIe partie sont là pour montrer la permanence de l'ancien régime dans deux institutions au moins, l'armée et le clergé. Pour ces deux classes, les rangs n'ont pas été abolis.

Le guépard dansant est présent partout, il est destiné à remplacer dans la durée la réalité des vies humaines par la réalité du symbole héraldique*. Il est sur la vaisselle, sur les églises, les palais, les maisons. Il peut se charger d'un mauvais présage lorsqu'il a les pattes cassées d'un coup de pierre sur le blason d'une maison après le passage de Garibaldi. Il figure sur la serviette dans la scène des reliques. Tous ces guépards dansants préparent l'assimilation de l'animal du blason à la carcasse de Bendicò qui danse dans sa chute (p. 294).

Les dieux de la fresque du plafond de la villa Salina et les nudités mythologiques du sol semblent presque plus vivants que les personnages qui récitent le rosaire, car, eux, ils sont éternels. Ou du moins, ils se croient éternels. Car, comme les Dieux du palais Ponteleone, ils ne sont pas à l'abri d'une bombe. Par une anticipation fréquente dans le roman, le narrateur fait un saut jusqu'en 1943.

La fontaine baroque d'Amphitrite nous transporte dans les souvenirs personnels du narrateur. Le palais de Donnafugata matérialise pour le Prince « la pérennité » (p. 266). Il n'en connaît pas toutes les pièces et cela le réjouit : « Dans plusieurs de ces appartements perdus même Don Fabrizio n'avait jamais mis les pieds, ce qui d'ailleurs était pour lui une raison de satisfaction non des moindres parce qu'il avait coutume de dire qu'un palais dont on connaîtrait toutes les pièces serait indigne d'être habité. » (p 164) Ce qui est créé par l'art, la peinture, la littérature permet de prolonger la vie au-delà de la vie. Certains des fiefs représentés sur les tableaux, par exemple, « ne restaient plus que sur les toiles bariolées et dans leurs noms ». (p. 35)

Mais les choses elles-mêmes, nous l'avons vu, sont menacées :

> « Les tapisseries de Donnafugata, les plantations d'amandiers de Ragattisi, peut-être, qui sait, la fontaine d'Amphitrite subiraient le sort grotesque d'être métamorphosées en terrines de *foie gras* vite digérées, en petites femmes de *Ba-ta-clan* plus éphémères que leurs fards, au lieu de ces choses délicates et pleines de nuances qu'elles étaient. » (p. 263)

L'agonie des choses est presque plus dramatique que celle des personnes parce que c'est sur elles que repose cet espoir de pérennité. Le cœur de Don Fabrizio « se serra, il oublia son agonie en pensant à la fin imminente de ces pauvres chères choses ». (p. 262) Si Lampedusa se met à écrire, c'est en partie pour alléger la blessure causée par la perte de la maison où il était né. **La destruction de son palais est l'événement de sa vie**. On pourrait presque dire que chez Lampedusa ce n'est pas l'homme qui crée la maison et les choses, mais le contraire. Lampedusa et Don Fabrizio sont le produit de leurs palais et de leurs villas et des objets qui les remplissent.

La technique narrative et la langue du *Guépard*

Nous avons déjà parlé des classements qu'effectuait Lampedusa entre écrivains « gras » ou « explicites » et écrivains « maigres » ou « implicites »[1]. On peut imaginer que ses préférences

---

1. Cf. p. 38.

allaient à la deuxième catégorie, dans laquelle il plaçait Stendhal. La tentation est forte de comparer ce que dit le « professeur » Lampedusa avec ce que met en pratique « l'écrivain » Lampedusa. :

> « aussi [...] ne me reste-t-il plus qu'à essayer de saisir les moyens techniques dont [Stendhal] s'est servi pour exprimer ses dons ; en art, la possibilité de communiquer est évidemment tout ; dans un roman, ces moyens devront particulièrement concerner la façon de rendre le temps, de concrétiser la narration, d'évoquer le milieu et de traiter le dialogue. » (*Stendhal*, p. 58)
>
> « Dépourvu de tout artifice, étranger à toute parole recherchée, ennemi du rythme intentionnel, avare d'adjectifs, le style de Stendhal est le style de la prose du XVIIIe siècle, avec la seule différence que Voltaire, par exemple, ne voulait exprimer que des raisonnements, alors que Stendhal, avec la même économie de moyens, se propose de transmettre au lecteur des sentiments. » (p. 19)

On ne reconnaît évidemment pas dans cette description toutes les caractéristiques du style du *Guépard*. Mais il ne faut pas oublier que, parmi les « gras », il y avait Shakespeare, un des écrivains que Lampedusa aimait le plus, et Dickens. Quant aux dialogues, ils ne sont pas très nombreux et finissent le plus souvent en monologues (Don Fabrizio et Chevalley, le Père Pirrone et Don Pietrino).

> « Dans *Le Rouge et le Noir* les dialogues relèvent d'une technique si raffinée qu'à première vue elle passe inaperçue. Envolé le défaut de tant de romans (dont certains des plus grands !) qui pensent pouvoir révéler l'âme des personnages par leurs paroles. En fait, cette révélation verbale est quasiment absente de la vie réelle : le caractère des gens, nous le comprenons généralement à travers leurs actions, leurs regards, leurs balbutiements, la crispation de leurs doigts, leurs silences ou leur éloquence soudaine, la couleur de leurs joues, le rythme de leur pas : pres-

que jamais à travers leurs propos, qui sont toujours des masques pudiques ou insolents de leur intériorité. » (p. 71)

Il faut aussi distinguer le fond de la forme. Lampedusa lui-même n'a-t-il pas écrit qu'il n'y avait rien d'explicite dans son roman, qu'il fallait le lire avec beaucoup d'attention, « parce que chaque mot est pesé et que chaque épisode a un sens caché » ? Mais le **désir de clarté**, un souci pédagogique pourrait-on presque dire, poussent souvent Lampedusa à expliquer. Un bon exemple en est la fameuse lettre de Tancredi. En elle-même, elle est parfaitement implicite, mais les sous-entendus sont explicités dans les parenthèses. (p. 103) Cependant *Le Guépard* est un livre complexe, qui, sous des dehors « explicites », sollicite beaucoup le lecteur.

Les critiques italiens disent de la prose de Lampedusa qu'elle est « **rondista** », c'est-à-dire conforme aux préceptes suivis par les écrivains de la revue littéraire « La Ronda » (1919-1923), qui préconisaient le retour à la tradition classique de la littérature italienne et le refus pour l'écrivain de toute compromission politique et sociale. On comprend que dans la bouche de certains ce n'était pas un compliment !

Un des traits caractéristiques du style du *Guépard* est l'usage de l'**antithèse***. Elle est présente partout, dans la description des salles du palais de Caserte, dans celle des paysages siciliens, dans l'embarquement pour Cythère, etc. : « on parcourait les salles interminables d'une architecture magnifique et au mobilier écœurant » (p. 17) ; « ce pays qui à quelques milles de distance possède l'enfer autour de Randazzo et la beauté de la baie de Taormina » (p. 188) ; « Les deux amoureux s'embarquaient vers Cythère sur un vaisseau fait de chambres sombres et de chambres ensoleillées, de pièces fastueuses ou misérables, vides ou encombrées d'épaves de mobilier hétérogène » (p. 164). « Cinq doigts énormes effleurèrent la minuscule boîte crânienne [de Stella]. » (p. 106-107) ; « des conseils élaborés suivant une efficacité cruelle et appliqués avec bonhomie et une mollesse craintive par Don Fabrizio. » (p. 144) Les **oxymores*** sont fréquents : « le "gros prince" s'endormit, dans une sorte d'euphorie désespérée » (p. 30) ; « le faste ébréché » du dîner à la Villa Salina (p. 20) ; « on peut dire que chez nous il neige du feu. » (p. 188) ; « le massacre affectueux des lapins et des perdrix » (p. 266), etc.

Si Lampedusa utilise ce trait stylistique, c'est que sa vision du monde est antithétique. Nous avons vu lors de l'examen de la structure de l'œuvre que, surtout dans les premiers chapitres, des moments de sérénité alternent avec des images de mort.

On lui a reproché une langue farcie de « **baroquismes*** ». En réalité sa langue est riche et composite ; à côté de mots littéraires ou anciens, on trouve quelques expressions dialectales[1] (le napolitain du roi Ferdinand), des mots familiers ou vulgaires, parfois employés dans un but ironique, des mots empruntés à la psychanalyse. L'utilisation d'un vocabulaire recherché établit une distanciation entre le personnage et la matière. La langue se moule sur le caractère et la condition sociale des personnages, le Père Pirrone s'exprime d'une manière oratoire, les paysans avec des expressions plébéiennes. Le roman se passant en 1860, on y trouve les échos du romantisme, surtout chez les jeunes gens, et aussi de la rhétorique « risorgimentale » : « Je ne peux offrir à la jeune fille aimée rien d'autre que mon amour, mon nom et mon épée. » écrit Tancredi (p. 103) ; « Je partirai d'ici avec le poignard du regret enfoncé dans le cœur. » dit Cavriaghi. (p. 174) Dans sa lettre Tancredi évoque « Rome, auguste capitale prédestinée de l'Italie nouvelle ». (p. 104)

Il faudrait relever les mots qui font partie d'un même **champ lexical**, par exemple **la mort**, **le dégoût**, et dont la répétition finit par être obsédante : deuil, funèbre, etc.

---

1. Il n'est pas toujours facile de rendre cette variété dans la traduction.

Les maximes générales qui commentent sont dites d'un ton objectif : « Ces pensées étaient désagréables comme toutes celles qui nous font comprendre trop tard les choses. » (p. 114) Lampedusa utilise la **parenthèse** pour dialoguer avec le lecteur, le narrateur intervenant directement pour introduire des éléments rationnels : « Cette impulsion de luxure atavique (qui n'était pas du reste tout à fait de la luxure mais aussi une attitude sensuelle de la paresse) fut à tel point brutale que le gentilhomme quinquagénaire très civilisé en rougit. » (p. 102) ou pour apporter un jugement critique ironique : « Tous les autres (y compris Tancredi, il est regrettable de le dire) manifestèrent leur soulagement de différentes manières. » (il s'agit de l'arrivée de la timbale de macaronis !) (p. 84) Tancredi, si bien élevé, aurait dû se dispenser de ces « manifestations inconvenantes ».

Ces interventions directes de l'auteur sont nombreuses, et pas toujours signalées par une parenthèse : le soir du plébiscite, don Calogero « trébuchant sur un de ces *lapsus* dont Freud expliquerait le mécanisme quelques décennies plus tard » annonce l'octroi d'une contribution de deux mille lires pour les égouts, « une entreprise qui serait achevée d'ici à **1961.** » (p. 116)

Il faut faire attention avant de parler de « monologue intérieur » dans *Le Guépard*. Souvent il s'agit seulement de l'adoption, de la part du narrateur, du point de vue du protagoniste.

Un adverbe de temps peut suffire à éloigner le récit dans le passé : « Le dîner à la Villa Salina était servi avec le faste ébréché qui était **alors** le style du royaume des Deux-Siciles. » (p. 20)

Dans les pages que l'on peut qualifier d'autobiographiques, par exemple celles qui concernent les maisons, la construction impersonnelle relègue au second plan les personnages : « Précédés par les grands pas de Don Fabrizio, tous se précipitèrent vers l'escalier ; on traversa vite les salons dans le noir, on descendit… » (p. 154)

Comme le remarque Simonetta Salvestroni, la structure de la phrase est parfois cinématographique, les actions se succédant comme dans un travelling : Don Fabrizio « oignit ses cheveux de *lemo-liscio* [...] ; il refusa la *redingote* noire et la fit remplacer par une autre d'une très légère teinte lilas qui lui semblait plus adaptée à une occasion présumée de fête, s'attarda encore un peu pour s'arracher du menton, à l'aide d'une pince, un insolent petit poil blond [...] ; il fit appeler le Père Pirrone... » (p. 129) Lampedusa utilise fréquemment le point-virgule où nous attendrions le point, comme s'il ne voulait pas que le lecteur reprenne son souffle. Par un procédé qui rappelle le fondu enchaîné (le narrateur parle d'« associations d'idées »), on passe de l'odeur du jardin parfumé à celle du cadavre du jeune soldat, ou du « Triste époque » pensé par Don Fabrizio à l'exclamation du Père Pirrone qui lui fait écho. (p. 25)

Les passages où la présence de l'auteur se fait sentir derrière les propos de Don Fabrizio, comme le monologue (en fait dialogue, mais les interventions de Chevalley sont bien réduites !) comportent un rythme particulier, presque un souffle épique, une accumulation de mots, des corrections, des reprises, des anaphores*. Lampedusa utilise le procédé de l'**accumulation***, comme si un seul terme ne suffisait pas à préciser sa pensée, en particulier une accumulation d'**adjectifs** (style épithétique). Rares sont en effet les noms qui ne sont pas accompagnés d'un adjectif, ou de plusieurs, le rythme ternaire étant très fréquent.

Toute la description du jardin de la villa Salina, dans la première partie, serait à citer (p. 13), comme celle de la salle de bal des Ponteleone (p. 236-237) où abondent les adjectifs, les métaphores*, les anaphores*, l'ensemble finissant par donner une impression d'angoisse.

Au début du chapitre VII, on trouve une accumulation de métaphores* pour rendre la sensation de mort qui envahit peu à peu Don Fabrizio. Ce chapitre est particulièrement riche en figures de style, ce qui est le cas toutes les fois qu'il y a une forte implication du narrateur. **L'allégorie*** de la Mort qui vient chercher Don Fabrizio sous les traits d'une belle voyageuse a été diversement appréciée par la critique. Vittorini la disait inspirée d'un film hollywoodien sur la vie de Toulouse-Lautrec !

Lampedusa utilise l'**énumération** pour décrire l'immensité du palais de Donnafugata :

> « Tancredi voulait qu'Angelica connût tout le palais dans son ensemble inextricable d'anciens et de nouveaux appartements pour les hôtes, de salons de réception, cuisines, chapelles, théâtres, galeries de tableaux, remises aux odeurs de cuir, écuries, serres étouffantes, passages, recoins, petits escaliers, terrasses et portiques, et surtout la série d'appartements négligés et inhabités, abandonnés depuis des décennies et qui formaient un enchevêtrement labyrinthique et mystérieux. » (p. 163-164)

Les descriptions de paysages sont nombreuses dans *Le Guépard*. Mais, truffées de **métaphores*** et de **comparaisons** (« même la menaçante Palerme s'étendait apaisée autour de ses couvents, comme un troupeau aux pieds des bergers. » (p.42), elles ont une **fonction plus idéologique que descriptive**.

Le paysage vu par Don Fabrizio de la fenêtre de son observatoire dans la première partie, qui s'oppose aux impressions tout à fait différentes de la nuit précédente, annonce ce que dira Don Fabrizio à Chevalley :

> « Le soleil, qui était cependant bien loin en ce matin du 13 mai de sa plus grande ardeur, se révélait comme le souverain authentique de la Sicile : le soleil violent et impudent, le soleil faisant l'effet, aussi, d'un narcotique qui annihilait les volontés individuelles et maintenait toute chose dans une immobilité servile, bercée en des rêves violents, en des violences qui tenaient de l'arbitraire des rêves.
>
> « Il en faudra des Victor-Emmanuel pour changer cette potion magique qui nous est toujours versée ! » (p. 42-43)

Métaphores et comparaisons rapprochent éléments naturels et événements politiques :

> « Le soleil était remonté sur son trône comme un roi absolu qui, éloigné durant une semaine par les barricades de ses sujets, revient régner courroucé mais réfréné par des chartes constitutionnelles. » (p. 97)

La soirée du plébiscite est particulièrement significative à cet égard. (p. 113 et ss.) L'**allégorie*** des fourmis dans la scène de la chasse prend une portée générale, qui dépasse celle du ralliement à la Maison de Savoie et peut tout aussi bien s'appliquer au fascisme ou à d'autres idéologies :

> « Elles avançaient pleines de hardiesse, en désordre mais résolues : des petits groupes de trois ou quatre s'arrêtaient un peu pour chuchoter et, certainement, elles exaltaient la gloire séculaire et la prospérité future de la fourmilière n° 2 sous le chêne-liège n° 4 au sommet de Monte Morco ; puis avec les autres elles reprenaient leur marche vers leur avenir assuré ; les dos luisants de ces insectes vibraient d'enthousiasme et, sans aucun doute, les notes d'un hymne survolaient leurs rangs. » (p. 110)

La description des chefs-d'œuvre gastronomiques trahit sa fonction emblématique au moment où ils se délitent :

> « [la gelée au rhum] se présentait menaçante, avec sa forme de grande tour soutenue par des bastions et des talus, aux parois lisses et glissantes impossibles à escalader, présidée par une garniture rouge et verte de cerises et de pistaches ; elle était cependant transparente et tremblotante et la cuillère s'y enfonçait avec une aisance étonnante. Quand la forteresse ambrée parvint à Francesco Paolo, le fils de seize ans servi en dernier, elle ne consistait plus qu'en des glacis détruits à coups de canon et des blocs arrachés. » (p. 47)

Les **métaphores*** sont partout présentes, et répétées : les « hirondelles », propriétés envolées ; la « couleuvre » de la demande en mariage, les « nobles-moutons », etc.

« Dans cette pièce de la province sicilienne reculée se dessina une estampe japonaise où un gros bourdon velu pendait d'un énorme iris violacé », lorsque Don Fabrizio soulève don Calogero. (p. 133)

Les **comparaisons** peuvent avoir un effet amusant, comme dans le petit mot que Tancredi écrit à Angelica : « Je suis arrivé, et arrivé pour toi. Je suis amoureux comme un chat, mais aussi mouillé qu'une grenouille, sale comme un chien perdu et affamé comme un loup. » (p. 157)

L'usage des **diminutifs** est très révélateur des opinions de l'auteur. Ils s'appliquent essentiellement aux non-siciliens. Dans la traduction française les suffixes ne peuvent pas toujours apparaître et sont rendus par l'adjectif « petit ». Cavriaghi, par exemple, est systématiquement appelé le « petit comte milanais. » (p. 61) On peut relever une centaine d'exemples. Chevalley a « un petit sourire circonspect » (p. 177), il vient tout droit de « sa petite propriété du Monferrat », il porte une « petite valise de toile grise », il pense avec tendresse à sa « petite vigne ». (p. 191)

Les **augmentatifs** (le suffixe -one) sont réservés à Don Fabrizio : « zione » (littéralement « gros oncle », « principone » signifie « gros prince »). Tout ce qui le concerne est grand, démesuré, sauf sa femme, presque toujours accompagnée de l'adjectif « menue ». Certaines de ces comparaisons aboutissent à des images qui ne sont pas forcément heureuses, du moins à notre goût, comme dans la scène du bain : « Le prêtre entra juste à l'instant où, n'étant plus voilé par l'eau savonneuse, non encore revêtu de son éphémère suaire, il se dressait entièrement nu, comme l'Hercule Farnèse, et, de plus, fumant, tandis que l'eau lui ruisselait du cou, des bras, de l'estomac, des cuisses comme le Rhône, le Rhin et le Danube traversent et baignent les chaînes des Alpes. » (p. 72) La masse imposante de Don Fabrizio est soulignée avec exagération presque à chaque page, avec des reprises et des variations diverses.

La **confusion entre Don Fabrizio et son emblème, le guépard**, amène constamment à ce qu'on ne parle pas de ses mains mais de ses pattes, de ses griffes, de son poil et non de ses poils : « [La Princesse] caressa la puissante grosse patte qui reposait sur la nappe. » (p. 22) « Il se flatta d'être un Guépard imposant au poil lisse et parfumé qui se préparait à déchiqueter un petit chacal. » (p. 129) « [Les paysans de Donnafugata] étaient curieux de voir maintenant l'authentique Guépard en pantalon de *piqué* distribuer à tous des coups de patte amicaux et sourire de son visage de félin courtois. » (p. 65) « Les mille stratagèmes auxquels il devait se plier, lui, le Guépard, qui pendant tant d'années avait balayé les difficultés d'un revers de sa patte. » (p. 100) Parfois, il faut le reconnaître, avec une certaine facilité. Le procédé devient trop systématique et attendu, même s'il est teinté d'ironie. Et cette similitude s'étend à tous les membres de sa famille : les « petites Guépardes » (p. 100), par exemple.

Lampedusa est maître dans **l'art du portrait**. En quelques lignes, par un trait de caractère ou une particularité physique, il saisit la vérité des êtres, si bien que les personnages secondaires ne manquent jamais de relief. Voyons par exemple comment il décrit Russo, le surintendant : « Élancé, enveloppé non sans élégance dans sa "bunaca", sa veste de chasse en velours côtelé, les yeux avides sous un front sans remords, il était pour lui l'expression parfaite d'une couche sociale en ascension. » (p. 37) On peut dire avec Salvatore Silvano Nigro que « *Le Guépard* est une galerie de portraits ».

Quant au **rythme** du texte, voici comment l'analyse le traducteur, Jean-Paul Manganaro :

> « ... le texte original est plein de phrasés très longs, complexes, baroques, qui lui donnent une sonorité étrange. Comme si l'auteur allait jusqu'au bout de son souffle. Comme s'il se disait "je vais crever, il faut faire vite, il faut finir". »[1]

---

1. *Le Monde*, 11 mai 2007

Il faut ajouter une remarque à propos de la manière dont sont traitées les œuvres d'art dans *Le Guépard*. Souvent s'opère une identification entre les personnages du roman et ceux des tableaux. Les **ecphrasis*** sont d'autant plus intéressantes qu'elles métaphorisent la situation des personnages ou mettent en abyme* l'œuvre tout entière. C'est le cas du tableau initial des figures mythologiques des fresques et du carrelage (résonance d'une subversion et d'une ironie fondamentales), des peintures des fiefs de la maison Salina, du tableau de Greuze que Don Fabrizio découvre dans la bibliothèque au moment du bal, du portrait de la jeune fille que les sœurs Salina assimilent abusivement à la Madone dans la dernière partie. Lampedusa emprunte à bien des égards les chemins de l'écriture artiste qui affectionne ce genre de détour esthétique.

S'il n'est pas celui de Stendhal, le style de Lampedusa n'en est pas moins fascinant et propre, comme nous le verrons de l'ironie, à s'attirer la complicité du lecteur.

L'ironie dans *Le Guépard*

S'il est un point commun entre tous les écrivains siciliens (ou presque tous) souligné par la critique, c'est bien l'ironie. Le grand poète sicilien Salvatore Quasimodo (1901-1968, prix Nobel de littérature en 1959) dans la poésie intitulée *Lettre à sa mère*, ne remerciait-il pas celle-ci en ces termes :

> Ce que je veux maintenant,
> C'est te remercier de l'ironie que tu as mise
> Sur mes lèvres, douce comme la tienne.
> Ce sourire m'a sauvé de pleurs et de douleurs.[1]

---

1. In *La vita non è sogno* (*La vie n'est pas un rêve*), 1949

L'ironie étant l'apanage de l'aristocratie, on comprend que dans son roman, Lampedusa, noble sicilien, en ait fait un large usage. Et pas seulement dans son roman d'ailleurs, mais aussi dans sa correspondance et dans sa vie comme nous l'avons vu.

On pourrait presque dire que **l'ironie[1] est l'élément unificateur du roman**. Elle permet de varier les points de vue, d'établir une **complicité entre le narrateur et le lecteur**.

À l'intérieur du roman l'ironie est considérée comme une qualité comportementale qui appartient à tous mais à des degrés divers. Sur la plus haute marche il faudrait placer le Prince, suivi de près par Tancrède ; dans le peloton de queue, Cavriaghi et le chevalier Aimone Chevalley de Monterzuolo en sont pratiquement dépourvus.

En premier lieu se place Don Fabrizio : « "Il est inutile de vous dire à quel point est illustre la famille Falconeri : venue en Sicile avec Charles d'Anjou, elle a su continuer à être florissante sous les Aragons, les Espagnols, les rois Bourbons (s'il m'est permis de les nommer devant vous) et je suis sûr qu'elle va prospérer encore sous la nouvelle dynastie continentale (Que Dieu nous garde[2])." (Il n'était jamais possible de savoir quand Don Fabrizio était ironique ou quand il se trompait). » (p. 134)

Aussi bien dans les phrases au discours direct que dans les pensées rapportées et dans les monologues intérieurs, la « forma mentis » de Don Fabrizio le porte à relativiser la réalité. Si chez le Prince une telle attitude naît d'une crise existentielle, chez Tancredi elle est caractéristique du jeune ambitieux, incapable de prendre au sérieux le réel. Tancredi est le seul à se permettre un ton ironique aux dépens du Prince :

---

1. On distingue généralement deux sortes d'ironies, une ironie figure de rhétorique ou ironie discursive, et une ironie attitude de pensée ou ironie structurelle. Les deux sont présentes dans le roman.
2. L'expression accompagnait traditionnellement le nom des rois Bourbons.

« Tu subventionnes la révolution, maintenant ! » (p. 33)

« – Bonjour, mon oncle. Ce que j'ai fabriqué ? Rien de rien : j'étais avec mes amis. Une nuit bénie. Pas comme d'autres personnes de ma connaissance qui sont allées s'amuser à Palerme. » Il s'agit d'une ironie qui vise plus à flatter l'orgueil de mâle du Prince qu'à l'accuser de transgressions morales, mais la suite est moins agréable à entendre : « C'est du beau, à ton âge ! et en compagnie d'un très Révérend Père ! Des ruines libertines ! » (p. 31) La lettre de demande en mariage est un vrai chef-d'œuvre, « regorgeant de sous-entendus ironiques » (p. 104), décryptés pour le lecteur par les parenthèses explicatives qui ne font qu'ajouter à l'ironie initiale. (p. 103)

Lorsqu'il exerce son ironie envers les autres personnes, Tancredi est moins délicat, par exemple quand il raconte au pauvre Chevalley des histoires effrayantes sur le curé assassiné pendant qu'il célébrait la messe (p. 179-181) : « "C'est très amusant, prince, vraiment drôle ! Vous devriez écrire des romans, vous savez si bien raconter ces blagues !" Mais sa voix tremblait... » (p. 181) Les non-Siciliens sont la cible habituelle de l'ironie des personnages du roman et du narrateur. Eux-mêmes, comme Garibaldi, manquent terrriblement d'humour. Ils ne sont pas stupides, mais ils n'ont pas l'esprit vif. (p. 191) C'est sans doute la contrepartie de leur sérieux.

Tancredi lui aussi peut être visé, mais le narrateur conserve toujours pour lui (comme Don Fabrizio) une certaine sympathie. On en a des exemples dans la scène du repas de la deuxième partie.

Don Ciccio aussi a recours à l'ironie, quand il parle de l'avarice de don Calogero : « Quand sa fille était au pensionnat lui et sa femme mangeaient un œuf au plat pour deux. » (p. 123)

L'ironie est généralement le fait du narrateur, qui peut viser le Prince lui-même : « Un peu de mauvaise humeur brouilla son regard quand il revit la petite tache de café qui depuis le matin avait eu l'impertinence de rompre l'étendue blanche de son gilet. » (p. 11)

« Celui qui avait les cris en exécration hurlait lui-même avec tout le souffle que son torse démesuré contenait. Croyant avoir une table devant lui il frappa un grand coup de poing sur son genou, se fit mal et se calma lui aussi. » (p. 107)

Au moment de l'entrée en frac de don Calogero : « Le Prince au contraire ne rit pas, lui à qui, il faut le dire, la nouvelle fit plus d'effet que le bulletin du débarquement à Marsala. » (p. 80)

Dans la scène de la chasse, l'ironie s'exerce aux dépens du Prince : « Don Fabrizio et Tumeo avaient eu leur passe-temps ; le premier avait même éprouvé, en plus du plaisir de tuer, celui rassurant de la pitié. » (p. 109) mais aussi de Tumeo, établissant une complicité avec le lecteur : « Elle [Angelica] est devenue une vraie dame », continuait Don Ciccio, insensible aux nuances, « une dame accomplie. » (p. 127)

Le narrateur peut ironiser sur l'affection de Don Fabrizio pour Tancredi : « Tancredi, pour son oncle, ne pouvait jamais avoir tort, et donc la véritable faute était due à l'époque. » (p. 24-25)

Les autres personnages sont les « victimes » de cette ironie, en particulier la princesse, à partir de son « Jésus-Marie ! » et de la conclusion de Don Fabrizio : « La vraie pécheresse, c'est elle ! » (p. 28-29) Par un procédé très fréquent dans *Le Guépard* un personnage communique en style direct un message non ironique en soi, mais qui produit de l'ironie aux dépens du personnage parce que le lecteur a une connaissance supérieure des faits : par exemple lorsque Cavriaghi chante les louanges d'Angélique : « Et puis elle n'est pas seulement belle, elle est aussi intelligente et cultivée ; et bonne encore : on la voit dans ses yeux, sa bonté, sa chère ingénuité innocente. » Cavriaghi continuait à s'extasier sur la bonté d'Angelica, sous le regard amusé de Tancredi. « Dans tout ça, celui qui est vraiment bon c'est toi, Cavriaghi. » (p. 175-176)

L'ironie peut être à double effet lorsqu'elle s'adresse à quelqu'un en mesure de la comprendre : « Sa maison, m'a-t-on dit, est ancienne ou finira par l'être » (p. 190) dit Don Fabrizio à Chevalley en parlant de Sedàra.

Un groupe social peut être visé, comme dans la scène du bal, où l'inculture des jeunes « guenons » est soulignée par la prononciation « bouffet ». (p. 235)

Elle peut aussi s'exercer à l'égard de la religion : le tableau représente la Vierge, qui « est sur le point de remettre la sainte missive et elle invoque son Fils Divin pour qu'il protège le peuple de Messine ; cette protection qui a été glorieusement accordée, comme on l'a vu aux nombreux miracles qui ont eu lieu à l'occasion du tremblement de terre d'il y a deux ans. » (p. 277)

Sous le voile de l'ironie sont traités les problèmes de fond des rapports sociaux en Sicile : la défiance envers l'État, la bigoterie, la criminalité, l'indolence et la paresse, le sentiment de l'honneur sont présentés ironiquement comme des fatalités.

Certaines scènes pourraient être analysées en détail du point de vue de l'ironie : l'arrivée de Tancredi et Cavriaghi à Donnafugata, préparée par une atmosphère romantique digne de l'Europe nordique, par de la pluie et la lecture d'un roman lombard ; l'entrevue avec Chevalley commence par la présentation ironique du personnage : Chevalley craignait « de recevoir un coup de couteau gratuit dans les boyaux qui lui étaient chers bien qu'ils fussent bouleversés ». (p. 177) On y retrouve les différentes formes d'ironie, toutes étant basées sur l'opposition Piémontais – Siciliens et aboutissant forcément à une incompréhension. Au niveau linguistique l'ironie se manifeste par l'utilisation de registres différents et de diminutifs.

L'ironie s'assure la complicité du lecteur. Elle naît de la conscience d'une supériorité partagée. Elle a aussi le rôle de rendre supportable ce qui ne le serait pas sans elle.

La Sicile du Guépard

C'est dans l'entretien avec Chevalley qu'est exprimé le plus clairement, mais sans doute avec une certaine exagération faite pour impressionner le continental, ce que pense Don Fabrizio de la Sicile et des Siciliens, par conséquent aussi de lui-même.

> « Nous, les Siciliens, nous avons été habitués à couper les cheveux en quatre par une très longue hégémonie de gouvernants qui n'appartenaient pas à notre religion, qui ne parlaient pas notre langue. Si l'on ne faisait pas ainsi on n'échappait pas aux percepteurs byzantins, aux émirs berbères, aux vice-rois espagnols. Désormais le pli est pris, nous sommes faits ainsi. » [...]

On peut s'étonner que Don Fabrizio/Lampedusa mette tous les envahisseurs « dans le même sac » et ne réserve pas une place à part aux Normands (voir à ce sujet en annexe l'histoire de la Sicile). Sans doute considérait-il qu'eux aussi venaient d'ailleurs.

> « Nous sommes vieux, Chevalley, très vieux. Cela fait au moins vingt-cinq siècles que nous portons sur nos épaules le poids de magnifiques civilisations hétérogènes, toutes venues de l'extérieur, déjà complètes et perfectionnées, il n'y en a aucune qui ait germé chez nous, aucune à laquelle nous ayons donné le *la* ; nous sommes des Blancs autant que vous, Chevalley, et autant que la reine d'Angleterre ; et pourtant depuis deux mille cinq cents ans nous sommes une colonie. » (p. 186)

Il n'y a rien dans ce rappel historique qui puisse choquer. Et pourtant Lampedusa a essuyé bien des critiques pour cette vision de la Sicile.

Il s'agit pour Don Fabrizio de faire comprendre au Piémontais Chevalley pourquoi il refuse de devenir sénateur. Il part du constat de ce qu'est le caractère sicilien pour en chercher les causes dans le climat et l'histoire. Dans la Sicile que décrit

Don Fabrizio à Chevalley, le soleil règne en maître et annule les volontés[1] :

> « Ce paysage qui ignore le juste milieu entre la mollesse lascive et l'âpreté damnée ; qui n'est jamais mesquin, terre à terre, détendu, humain, comme devrait l'être un pays fait pour que des êtres **rationnels** y demeurent ; ce pays qui à quelques milles de distance possède l'enfer autour de Randazzo et la beauté de la baie de Taormina, l'un et l'autre outre mesure, et donc dangereux ; ce climat qui nous inflige six mois de fièvre à quarante degrés ; comptez-les, Chevalley, comptez-les : Mai, Juin, Juillet, Août, Septembre, Octobre ; six fois trente jours de soleil surplombant nos têtes ; notre été long et sinistre comme un hiver russe et contre lequel on lutte avec moins de succès ; vous ne le savez pas encore, mais on peut dire que chez nous il neige du feu, comme sur les villes maudites de la Bible… » (p. 188)

C'est un des passages les plus cités du roman, et c'est cette conversation qui a déclenché les foudres d'une partie de la critique. Confondant personnage et narrateur, certains critiques reprochent en effet à Lampedusa cette vision d'une Sicile immobile. La fameuse phrase : « En Sicile peu importe faire bien ou mal : le péché que nous, Siciliens, nous ne pardonnons jamais est simplement celui de *faire.* » (p. 186) sert de preuve à ceux qui reprochent à Lampedusa de refuser toute idée de progrès. En fait sa théorie n'a rien d'original. Il ne fait que reprendre la fameuse **« théorie des climats »** que **Montesquieu** expose dans *L'Esprit des Lois (3e partie)* (1748). La chaleur inciterait à la mollesse et à l'indolence et par là amènerait à l'esclavage, tandis que le froid serait synonyme de vigueur et de vitalité et porterait les individus à rechercher la liberté. On pourrait appliquer aux Siciliens ce qu'il dit des Indiens :

1. On pourrait multiplier les citations. Le soleil joue un rôle très important dans le roman, son influence destructrice est soulignée par des adjectifs : « violent et insolent », « implacable », « narcotique»…

> « Les Indiens croient que le repos et le néant sont le fondement de toutes choses et la fin où elles aboutissent. Ils regardent donc l'entière inaction comme l'état le plus parfait et l'objet de leurs désirs. »

Certes Montesquieu comptait sur les lois pour corriger ce déterminisme géographique, « les vices du climat », mais sa théorie souleva un tollé parmi certains philosophes de l'époque, en particulier Helvétius, pour qui les causes morales et politiques primaient sur les causes géographiques.

> « Le sommeil, cher Chevalley, le sommeil est ce que veulent les Siciliens, et ils haïront toujours celui qui voudra les réveiller, fût-ce pour leur apporter les plus beaux cadeaux. » (p. 187).

Tous les réformateurs se sont toujours heurtés au fatalisme sicilien. Un bon exemple en est le cardinal de Palerme du dernier chapitre, avec l'intervention directe du narrateur pour confirmer le jugement populaire :

> « Il n'était pas sicilien, il n'était même pas méridional ou romain et donc son activité de Septentrional s'était efforcée bien des années auparavant de faire lever la pâte inerte et lourde de la spiritualité sicilienne en général et du clergé en particulier. [...] Il avait dû vite se rendre compte que c'était comme tirer des coups de fusil dans de la ouate : le petit trou produit sur le moment était comblé après quelques instants par des milliers de fibres complices et tout restait comme avant, avec en plus le coût de la poudre, la détérioration du matériel et le ridicule de l'effort inutile. Comme pour tous ceux qui, **à cette époque**, voulaient réformer toute chose dans le caractère sicilien il s'était vite formé autour de lui une réputation d'imbécile (ce qui dans les circonstances de ce milieu était exact). » (p. 290)

La métaphore* du trou dans la ouate évoque les mouvements sporadiques de révolte vite absorbés et oubliés.

Ce cardinal est un exemple rare car généralement la Sicile assimile n'importe quel corps étranger : Don Fabrizio n'est pas à proprement parler un étranger, mais les qualités qui lui viennent de ses ascendances germaniques « dans la mollesse de l'habitat de la société palermitaine s'étaient transformées » en défauts (p. 12). Il en va de même pour les fleurs : « Les roses *Paul Neyron* dont il avait lui-même acheté les plants à Paris avaient dégénéré : stimulées d'abord, puis ramollies par les sèves vigoureuses et indolentes de la terre sicilienne, brûlées par des juillets d'apocalypse, elles s'étaient transformées en une sorte de choux couleur chair, obscènes, mais distillant un arôme dense et presque ignoble qu'aucun horticulteur français n'eût osé espérer. » (p. 14). Il en va de même pour les chansons, telle *La Bella Gigougin* transformée en cantilène arabe. (p. 113)

L'Histoire n'est qu'un éternel recommencement, depuis 2 500 ans conquérants et « conquis » se comportent toujours de la même manière, par conséquent prévisible. Les conquêtes sont relativement faciles, les débarquements ne rencontrent guère de résistance, ne serait-ce que parce qu'ils bénéficient de complicités sur l'île[1], les gouvernants après la conquête, à quelques rares exceptions près (les rois normands par exemple) commettent toujours la même erreur : ils s'en vont, ils n'établissent pas leur capitale dans l'île.

> « Croyez-vous vraiment, Chevalley, être le premier à espérer canaliser la Sicile dans le flux de l'histoire universelle ? Qui sait combien d'imams musulmans, combien de chevaliers du roi Roger, combien de scribes des Souabes, combien de barons d'Anjou, combien de légistes du roi Catholique ont conçu cette même belle folie ; et combien de vice-rois espagnols, combien de fonctionnaires réformateurs de Charles III ; qui sait aujourd'hui qui ils ont été ? La Sicile a voulu dormir, en dépit de leurs invocations ; pourquoi aurait-elle dû les écouter si elle est riche, si elle

1. Il en ira encore ainsi pour le débarquement qui aura lieu après les limites temporelles du roman, celui des Anglo-Américains en juillet 1943…

est sage, si elle est honnête, si elle est admirée et enviée de tous, si, en un mot, elle est parfaite ? » (p. 193)

À l'explication géographique Proudhon[1] et Marx ont substitué une explication socio-politique. Partout où a existé la féodalité, les mêmes problèmes devraient se poser. Or ce n'est pas le cas. On en revient donc à l'explication psychologique. C'est la fierté des Siciliens, leur sentiment de supériorité qui explique leur immobilisme. Pourquoi changer puisqu'on est parfait ? Les Siciliens se croient le sel de la terre, ce sont des dieux :

> « Chez nous aussi, à présent, on dit en hommage à ce qu'ont écrit Proudhon et un petit juif allemand dont j'ai oublié le nom, que la faute du mauvais état des choses, ici et ailleurs, revient à la féodalité ; à moi donc, pour ainsi dire. Peut-être. Mais la féodalité a existé partout, les invasions étrangères aussi. Je ne crois pas que vos ancêtres, Chevalley, ou les *squires* anglais ou les seigneurs français gouvernaient mieux que les Salina ; les résultats sont différents. La raison de la différence doit se trouver dans ce sentiment de supériorité qui éclate dans tout œil sicilien, sentiment que nous-mêmes appelons fierté, mais qui en réalité est de l'aveuglement. Pour l'instant, pendant longtemps, il n'y a rien à faire. » (p. 193/194)

Chevalley n'accepte pas cette analyse. Il croit sincèrement que le type de gouvernement pourra tout changer :

> « Cet état de choses ne durera pas ; notre administration, nouvelle, agile, moderne, changera tout. » Le Prince était déprimé : « Tout cela », pensait-il, « ne devrait pas pouvoir durer ; cependant cela durera, toujours ; le toujours humain, bien entendu, un siècle, deux siècles… ; et après ce sera différent, mais

1. Pierre-Joseph Proudhon (1809-1865). Socialiste français, auteur de *Qu'est-ce que la propriété ?* (1840) et de bien d'autres ouvrages. Il participa à la révolution de 1848. Père de l'anarchisme, créateur du système mutualiste, il évolua vers une position plus réformiste capable de concilier capital et travail si bien que Marx disait de lui qu'il était à la fois révolutionnaire et conservateur.

pire. Nous fûmes les Guépards, les Lions ; ceux qui nous remplaceront seront les petits chacals, les hyènes ; et tous ensemble, Guépards, chacals et moutons, nous continuerons à nous considérer comme le sel de la terre. » (p. 195)

Le monologue intérieur du Prince ne vise pas seulement les Sedàra, mais se projette jusqu'à l'époque de la rédaction du roman, le temps de la narration rejoignant le temps de l'écriture. Le professeur La Ciura est convaincu lui aussi de l'immobilisme de la Sicile : « Si la Sicile est encore ce qu'elle était de mon temps, rien de bon ne doit s'y passer, j'imagine ; comme depuis trois mille ans. » (N. p. 122)

On a confondu les paroles de Don Fabrizio avec ce que pensait Lampedusa. On a prétendu, avec une certaine mauvaise foi, que le Prince se satisfaisait de ce constat. Comme le dit le critique Luigi Russo, on le considère comme un homme politique qui tient des propos réactionnaires et non comme un romancier qui fait parler un personnage. On a oublié aussi la part d'exagération romanesque.

Ce qui est certain, c'est que ceux qui l'ont connu disent qu'il détestait l'immobilisme, le provincialisme. Lui qui avait voyagé dans toute l'Europe trouvait souvent le comportement des Siciliens ridicule. Il stigmatisait leurs défauts, la pauvreté de la vie intellectuelle, la manie de se vanter de prouesses sexuelles. Impossible, d'ailleurs, en Sicile, de savoir la vérité :

> « Nulle part la vérité n'a une vie aussi brève qu'en Sicile : le fait s'est passé il y a seulement cinq minutes et déjà son noyau originaire a disparu, camouflé, embelli, défiguré, opprimé, anéanti par l'imagination et les intérêts ; la pudeur, la peur, la générosité, la malveillance, l'opportunisme, la charité, toutes les passions, les bonnes comme les mauvaises, se précipitent sur le fait et le mettent en pièces ; en peu de temps il a disparu. » (p. 289)

Il pense comme le professeur La Ciura que la Sicile est une belle terre « bien qu'elle soit peuplée de bourriques ». (N., p. 127)

Et on peut même, vu certaines descriptions de paysages, se demander si la Sicile est belle… Lampedusa n'est pas tendre avec les personnages qu'il décrit, ses expressions sont sans pitié. Il parle du « machiavélisme inculte des Siciliens ». (p. 112) Même physiquement peu de personnages se sauvent. Russo a « des yeux avides sous un front sans remords » (p. 37), le beau-frère du Père Pirrone n'est pas mieux traité : « avec son front bas et ses *cacciolani*, les touffes de cheveux qu'il laissait pousser sur ses tempes, avec le balancement de sa démarche, le gonflement perpétuel de la poche droite de son pantalon, on comprenait tout de suite que Vicenzino était un "homme d'honneur" ; un de ces imbéciles violents capables de n'importe quel massacre. » (p. 213). Les nobles ne sont pas épargnés. Don Diego Ponteleone est un petit homme « chenu et ventru, que seuls ses yeux hargneux sauvaient d'une apparence plébéienne », sa femme montre « un visage aquilin de vieux chanoine » (p. 228), les jeunes filles du bal, à cause de mariages consanguins et d'une mauvaise alimentation, sont « incroyablement petites, invraisemblablement olivâtres, insupportablement gazouillantes », de vraies « guenons ». (p. 234)

Si l'on excepte l'oasis des palais de Don Fabrizio, la Sicile est sale. Le voyage entre ces deux oasis (la Villa Salina et le palais de Donnafugata) est particulièrement répugnant. Il faudrait tout citer, de la saleté de l'auberge où la famille du Prince fait étape à celle des rues à Donnafugata, le soir du plébiscite, des chiures de mouche sur les biscuits du rafraîchissement au grand-père d'Angelica surnommé Peppe 'Mmerda. Même à Donnafugata d'ailleurs, les cours intérieures sont pleines d'ordures et de charognes de chats. Les hôtels sont particulièrement visés, celui où Chevalley aurait dû résider si le Prince ne l'avait pas invité, et celui où mourra Don Fabrizio. La Sicile n'est pas seulement sale, elle est désordonnée, non seulement dans le comportement des êtres (après le Rosaire « tout rentrait dans l'ordre, dans le désordre, habituel » (p. 9), mais même dans la végétation : « Les plantes croissaient dans un désordre touffu ». (p. 13)

Le paysage même de la Sicile échappe à toute logique : il a « l'aspect d'une aridité ondulant à l'infini, croupe après croupe, désolée et **irrationnelle**. » (p. 109)

Le rapport que Lampedusa, à travers ses **paysages**, a avec la Sicile est un rapport d'amour et de haine à la fois. Écoutons ce qu'il écrivait de Palerme durant son *Voyage en Europe* :

> « Ô mon berceau, ô ville dans laquelle mon corps fut celui d'un enfant, pourquoi dans l'enceinte de fer de tes montagnes es-tu si crasseuse, triste et désespérée ? et pourquoi élis-tu pour hôtes immuables la tragédie sans âme et la douleur sans lumière ? »

« L'éternelle Sicile, celle des choses de la nature » (N. p. 127), ensorcelante avec ses parfums qu'évoquent La Ciura et Paolo Corbera, c'est celle du maquis qu'ont connue les Phéniciens, les Doriens et les Ioniens quand ils débarquèrent, et qui peut rendre la vie tolérable (p. 108). La Sicile est à la fois Paradis et Enfer comme Don Fabrizio le dit à Chevalley. **La Sicile peut être corrompue, mais elle n'est jamais médiocre**. L'adjectif qui la définit le mieux est difficilement traduisible en français : « irredimibile » comme le paysage qui apparaît au petit matin à Chevalley, *irredimibile*, c'est-à-dire qu'on ne peut racheter, on ne peut rien faire pour elle, son cas est désespéré.

> « Donnafugata, entrevue dans la clarté livide de cinq heures et demie du matin, était déserte et semblait désespérée. Devant chaque habitation les déchets des repas misérables s'accumulaient contre les murs lépreux ; des chiens craintifs les remuaient avec une avidité toujours déçue. Quelques portes étaient déjà ouvertes et la puanteur des dormeurs entassés se répandait dans la rue ; à la lueur des lumignons les mères scrutaient les trachomes sur les paupières de leurs enfants ; elles étaient presque toutes en deuil et plusieurs avaient été les femmes de ces fantoches sur lesquels on bute aux détours des chemins de campagne. Les

> hommes, empoignant leur bêche, sortaient pour chercher quelqu'un qui, si Dieu le voulait, leur donnerait du travail ; un silence atone ou des cris stridents et exaspérés de voix hystériques ; du côté de Santo Spirito l'aube d'étain commençait à baver sur les nuages de plomb. » (p. 194-195)

Il est évident que l'obsession de la mort dont nous avons précédemment parlé conditionne cette vision du monde. Donnafugata est vue par le regard de Don Fabrizio. Mais on peut se demander si en fin de compte la vision pessimiste du *Guépard* n'a pas fini par déteindre sur Chevalley. Qui prononce l'adjectif « irredimibile » ?

Ce constat, Don Fabrizio/Lampedusa n'est pas seul à le faire. Des historiens ont souligné comment la Sicile, pendant les siècles de domination espagnole, s'était trouvée comme au ban de l'histoire, livrée à la contre-réforme. Elle n'a pas connu la nouveauté apportée par les armées napoléoniennes, pas plus que la résistance au fascisme.

Sciascia, qui s'était montré très sévère à la sortie du roman, ne dit pas autre chose. Dans *La Sicile comme métaphore* (1979), il cite les propos de Don Fabrizio et les commente ainsi : « C'est vrai, ici les réformes généralement n'amènent à rien. Et les choses étant ainsi, je ne crois pas que la Sicile puisse s'attendre à un avenir très radieux. »

Quelques pages auparavant il livre l'analyse suivante :

> « Je n'ai absolument pas l'impression que la Sicile ait jamais connu un quelconque "Âge d'or" suivi d'une décadence. Ici, chez nous, la décadence n'est pas une donnée conjoncturelle, mais plutôt permanente. Elle a toujours existé. Tous ceux qui ont débarqué sur l'île ont pillé tout ce qu'ils pouvaient : ce sont les Romains qui ont commencé en déboisant impunément. Puis la chose a continué avec les Espagnols, avec les Piémontais. Quand on définissait la Sicile "grenier de l'empire", on ne voulait pas du tout dire qu'elle était riche, mais qu'elle représentait une occasion de pillage systématique. Pourquoi ? Mais parce qu'une

île au cœur de la Méditerranée [...] ne peut être autre chose qu'une terre de conquête et de dévastation. » Il parvient à la même conclusion que Don Fabrizio/Lampedusa : « La viscosité particulière de l'histoire sicilienne, on la doit aussi au fait qu'ici on a toujours espéré dans des changements qui venaient du dehors et d'en haut. [...] Personne [...] ne pensait à renverser l'institution, le peuple étant parfaitement habitué à cette idée du changement qui descend d'en haut. »

Et personne n'oserait taxer Sciascia de conservatisme.

On reproche deux choses à Lampedusa : d'avoir mis à mal le mythe national du Risorgimento, et d'avoir donné une image négative de la Sicile. Il est vrai qu'aujourd'hui beaucoup de lecteurs du *Guépard*, et surtout de spectateurs du film de Visconti, voient la Sicile à travers le filtre du *Guépard*. De même que ce qu'ont écrit Stendhal ou Goethe de l'Italie est présent dans l'imaginaire et, pourrait-on dire, le subconscient de chacun d'entre nous, de même la Sicile de Lampedusa conditionne notre vision de l'île. Lampedusa disait que Londres ne mourrait pas parce que Dickens l'avait rendue immortelle. On pourrait en dire autant de lui et de la Sicile. La Sicile qu'il dépeint est une « Sicile métaphysique » et un siècle n'est pas passé en vain. Lampedusa ne nie pas que quelques progrès[1] aient été accomplis. Mais fondamentalement les choses n'ont pas changé. Sur le constat il est difficile de n'être pas d'accord. Ce qui pose problème à certains, c'est que son pessimisme existentiel rejoint son pessimisme historique pour justifier son refus d'agir.

1. Lampedusa ne pouvait ignorer le phénomène de l'émigration, qui avait vu partir des centaines de milliers de ces Siciliens « endormis ». Il était au courant de la réforme agraire, de la quasi-disparition de l'analphabétisme, des efforts de développement industriel.

Les différentes éditions du *Guépard*

La question des éditions du *Guépard* a fait couler beaucoup d'encre et suscité d'ardentes polémiques. Essayons de faire un point rapide sur un sujet qui intéresse en premier chef les philologues mais est sans grande influence sur l'intérêt de l'œuvre.

Nous disposons actuellement de trois états différents du texte du *Guépard*, celui-ci variant au fur et à mesure des découvertes faites dans les papiers de Lampedusa.

Le premier est celui publié par **Bassani** chez Feltrinelli en **1958** d'après le texte dactylographié par Francesco Orlando. C'est cette version qui avait été envoyée aux différents éditeurs. Aux six chapitres initiaux s'ajoutaient la Ve partie (« Les vacances du Père Pirrone ») et la VIe (« Le Bal »). Bassani crut bon d'y apporter quelques corrections de son cru, portant en particulier sur la ponctuation « anarchique » de Lampedusa. Il avait comparé les deux versions, la dactylographiée et la manuscrite que lui avait confiée la veuve de Lampedusa, et choisi ce qui lui semblait préférable dans l'une ou l'autre.

Personne ne contesta la correction de l'édition de 1958 jusqu'à ce qu'en 1968, le critique Carlo Muscetta ne déclare avoir trouvé des centaines de divergences entre le manuscrit et le texte imprimé.

En **1969** paraissait donc une édition plus fidèle puisque conforme au manuscrit de 1957. On n'y parlait plus de chapitres, mais de parties. Un certain nombre d'erreurs matérielles, des fautes de frappe, étaient corrigées. Gioacchino Lanza Tomasi s'avoue d'ailleurs souvent incapable de trouver une réelle différence littéraire entre les diverses variantes. Par exemple la nouvelle édition respecte l'apparente incohérence du manuscrit en ce qui concerne l'usage des majuscules. Mais s'agit-il d'incohérence, lorsque Don Fabrizio est écrit avec une majuscule à Don, et don Calogero avec une minuscule ? Les différences entre les deux versions sont relativement peu importantes et deux ajouts de quelques lignes ne changent en rien l'économie du roman. Cependant on peut regretter que Bassani n'ait pas retenu la version du manuscrit dans la confession du prince : « Mais c'était la vie entière qui était coupable, et non tel fait ou tel autre, en particulier »[1] (p. 264) est suivi dans le manuscrit de « il n'y a qu'un seul vrai péché, le péché originel. »

En **1995** est paru le « Meridiano » (l'équivalent de notre Pléiade) avec les œuvres complètes de Giuseppe Tomasi di Lampedusa. Y figure le fragment que l'on pourrait intituler « Don Fabrizio et Bendicò », supprimé ensuite par l'auteur.

En **2002** une nouvelle édition revue et corrigée, établie par le fils adoptif du Prince de Lampedusa, Gioacchino Lanza Tomasi, voyait le jour. Les 49 erreurs relevées par les philologues étaient rectifiées, y figuraient quelques ajouts dans le cours du texte et, en appendice, des fragments retrouvés récemment : la page sur les rapports de l'homme et du chien qui aurait trouvé place au début de la IVe partie (fragment A) et le « Canzoniere de la maison Salina ».

En 1998 en effet, Giuseppe Biancheri, en rangeant les papiers de sa tante, la veuve de Lampedusa, avait trouvé dans des papiers autographes et dactylographiés une autre partie du roman, qui sera publiée sous le titre de « Fragment B ». Ce 2e fragment, intitulé le « Canzoniere de la maison Salina », c'est-à-dire le « recueil poétique », est à placer entre la VIe et la VIIe partie. Y sont passés rapidement en revue tous les membres de la famille Salina. Don Fabrizio, âgé de cinquante ans en 1863, « se considère vieux et irrémédiablement destitué », la princesse

1. La traduction de Fanette Pézard « c'était sa vie tout entière qui lui semblait coupable » change le sens de la phrase.

Maria Stella suit l'exemple de son mari, revêtant l'uniforme des vieilles dames de l'époque, Paolo, l'aîné de la famille, qui ne s'intéresse qu'aux chevaux, malgré le peu d'enthousiasme du Prince, a fini par épouser sa cousine Annina Màlvica. Après de longues fiançailles, Tancredi et Angelica se sont mariés. Pendant un an, le jeune couple, « fascinant et dépensier » a voyagé à travers l'Europe, Paris, Baden-Baden, Venise, Londres et Spa. Grâce à l'argent de Don Calogero, la villa Falconeri a été restaurée. Tancredi prépare adroitement son futur d'homme politique. Le Père Pirrone réussit à démêler des querelles de famille « compliquées et dangereuses ». « Le palais de Donnafugata continuait à dresser la volupté baroque de ses volutes et de ses jets d'eau au cœur le plus profond de la noire misère sicilienne. » Chevalley de Monterzuolo a obtenu une promotion en Toscane, à Grosseto. « Dans ce climat de sérénité transitoire, la poésie avait fleuri dans la maison Salina. » À l'époque la chose n'était pas si extraordinaire. C'est ainsi que l'on retrouve, après les bombardements, dans les décombres du Palais Salina, une chemise sur la couverture de laquelle on peut lire : « Canzoniere de la maison Salina » et qui contient une ode composée par le Père Pirrone, des papiers de la main de Don Fabrizio, vingt-sept sonnets et quelques feuillets, eux aussi de la main du Prince, quelques poésies d'un contenu plus léger de Tancredi. Sont reportés l'ode du Père Pirrone et deux sonnets du prince seulement, les moins gâtés de tares pour ne pas exposer une « figure respectable » « aux moqueries d'un public qui préfère l'obscurité dans la poésie seulement quand elle est préméditée et non pas, comme dans ce cas, lorsqu'elle vient d'une pathétique difficulté d'expression ». (p.310)

Gioacchino Lanza Tomasi rapporte que le Prince lui avait parlé de poésies composées par Don Fabrizio qui révéleraient son amour pour Angelica, sous la forme de quelque artifice rhétorique, comme un acrostiche*. Et d'un chapitre où Don Fabrizio éviterait un scandale en se rendant en avance à l'hôtel des Palmes de Palerme où Angelica avait rendez-vous avec son amant. Ce chapitre supplémentaire se serait placé entre le « Canzoniere » et la mort du Prince, après la guerre de 1866, au moment de la 1re candidature parlementaire de Tancredi. Ce chapitre n'a jamais été écrit. Le « Canzoniere » serait, selon les termes de Gioacchino Lanza Tomasi, un « jeu littéraire », mêlant les *Sonnets* de Shakespeare que Lampedusa admirait à la versification italienne des sonnets de Michel - Ange. On peut y voir l'écho des jeux poético-culturels auxquels se livraient, à Capo d'Orlando, Lampedusa et ses cousins Piccolo. Quant à l'*Ode du Père Pirrone*, c'est une parodie basée sur une chansonnette « écrite par le vrai Père Pirrone à l'occasion du mariage du grand-père de Giuseppe Tomasi di Lampedusa, qui tourne en dérision la culture jésuitique et la lecture catholique de l'histoire… » On peut donc conclure, avec Gioacchino que « le Canzoniere, tel qu'il nous est parvenu, n'est pas un ajout significatif au roman, et il est inachevé ».

Les traductions françaises du *Guépard*

La **première traduction française** du *Guépard*, d'après l'édition Feltrinelli de 1958 est celle de **Fanette Pézard**. Elle remonte à 1959. En 1996, une préface de Vincenzo Consolo, traduite par Jean-Paul Manganaro, remplace la préface d'origine de Giorgio Bassani.

C'est sur l'édition italienne de juin 2002, revue et augmentée, en appendice, des fragments retrouvés, d'une bibliographie et d'une postface de Gioacchino Lanza Tomasi, que se base la **nouvelle traduction de Jean-Paul Manganaro**, parue au Seuil en mai 2007, accompagnée d'une « Note du traducteur ».

Les différences entre les deux traductions s'expliquent en partie par le fait qu'elles n'ont pas eu la même base italienne : comme nous l'avons déjà dit, les chapitres de la première édition sont devenus des parties. Les corrections et les ajouts ne sont évidemment pas à imputer au traducteur. Par exemple, si dans les premières lignes du roman, la traduction de F. Pézard parle de « Mystères glorieux et douloureux » et celle de J.-P. Manganaro de « Mystères douloureux », c'est que le texte italien a été modifié.

La deuxième traduction est sans doute plus proche du texte original. Dans celle de F. Pézard, certains prénoms sont traduits (Fabrice, Tancrède, Angélique, François, Paul, etc.), alors que d'autres sont laissés en italien (Stella, Concetta, Calogero, etc.) Les dialogues sont détachés du corps du texte, alors qu'ils sont insérés sans solution de continuité dans le texte italien. F. Pézard dans sa traduction « gomme » certaines particularités du texte, par exemple les rares « sicilianismes ». Traduire « zione » par le banal et prolétaire « tonton » ne tient pas compte du fait que la terminaison -one est un augmentatif, qui correspond parfaitement à la personne de Don Fabrizio — « il principone », dont la stature imposante est très souvent soulignée dans le roman. Mieux vaut traduire par « mon oncle », comme l'a fait J.-P. Manganaro, qu'utiliser un diminutif réducteur. La race du chien Bendicò pose aussi problème. Le mot italien « alano » indique un « grand danois » ou un « dogue allemand », à ne pas confondre, comme l'a fait F. Pézard, avec un dogue, qui n'a pas le même museau.

On peut diversement apprécier les choix opérés par les deux traducteurs. Quelquefois aucune des deux traductions n'est vraiment satisfaisante : l'adjectif *irredimibile*, par exemple, appliqué au paysage sicilien, n'a pas d'équivalent français, « irrachetable » ne s'employant guère. Fanette Pézard le traduit par « un paysage pour lequel il n'existait pas de rachat », et Jean-Paul

Manganaro par un paysage « sans rachat », alors que « sans rédemption » aurait peut-être mieux convenu.

Voici ce que répond Jean-Paul Manganaro à un journaliste qui lui demande s'il fallait moderniser la traduction de F. Pézard :

> « – Il s'agit de contemporanéité plus que de modernité. L'approche de la traduction a beaucoup changé en cinquante ans : on est passé d'une conception où la langue française primait à un plus grand respect de la puissance de l'auteur. La traduction de Fanette Pézard est très arrangée, un peu précieuse, le style en est lisse, tout est "meublé" (c'est d'ailleurs quelque chose qu'on retrouve dans le film de Visconti). La phrase est recomposée en fonction d'un académisme caractéristique de l'époque, qui ne retient pas vraiment le bouleversement littéraire propre au livre. (*Le Monde*, 11 mai 2007)

Sans doute est-il exagéré de dire comme Claude Michel Cluny dans *Le Figaro*[1] que la traduction nouvelle « semble plus agréable et piquante que la première ». Le jugement de Dominique Fernandez selon qui la traduction de J.-P. Manganaro serait « plus précise, mais pas vraiment meilleure » [2] nous paraît plus proche de la vérité. Comme le dit Umberto Eco à la fin de son livre sur la traduction *Dire quasi la stessa cosa* (*Dire presque la même chose*) (2003) :

« Si vous consultez n'importe quel dictionnaire vous verrez que parmi les synonymes de *fidélité* ne figure pas le mot *exactitude*. Mais bien plutôt *loyauté, honnêteté, respect, piété.* »

---

1. 3 mai 2007
2. *Le Nouvel Observateur*, 10/05/2007

Du roman au film : *Le Guépard* de Luchino Visconti

En Italie[1] les années 1960 voient la sortie de films que l'on peut qualifier de chefs-d'œuvre et l'affirmation de grands metteurs en scène qui domineront le cinéma italien du XXe siècle.

Luchino Visconti, qui a réalisé pendant la guerre *Ossessione* (*Les amants diaboliques*, 1942), premier film que l'on ait qualifié de néo-réaliste, a continué avec *La terre tremble* (1948), inspiré par le roman de Giovanni Verga *I Malavoglia*, tourné avec des acteurs non professionnels en dialecte sicilien. *Senso* (1954)[2], qui se passe à Venise à l'époque du Risorgimento en 1866, est son premier film « historique » en costumes, où l'amour passion de l'héroïne pour un homme veule et intéressé a des accents d'opéra. En 1960 *Rocco et ses frères* nous ramène dans l'Italie contemporaine avec l'histoire d'une famille méridionale émigrée à Milan. En même temps Visconti se consacre à la mise en scène de pièces de théâtre et d'opéras. Il est l'ami de la Callas.

Qu'est-ce qui pousse Visconti à adapter *Le Guépard* ?

Certes des points communs existent entre Visconti et Lampedusa. Tous les deux sont nobles, descendants d'une grande famille. Mais Visconti ne cache pas ses sympathies pour le parti communiste, c'est un cinéaste engagé : « Le roman de Giuseppe Tomasi di Lampedusa me plut énormément. Je me pris d'affection pour l'extraordinaire personnage qu'est le prince Fabrizio di Salina. Je me passionnai pour les polémiques de la critique sur le contenu du roman, au point de désirer pouvoir intervenir

1. En France régnait la « nouvelle vague ».
2. Outre *Senso*, sur le Risorgimento avaient été tournés, en 1933, *1860*, d'Alessandro Blasetti et en 1961, *Viva l'Italia* de Roberto Rossellini.

et dire ma pensée. Peut-être est-ce précisément cette raison qui me poussa à accepter l'offre de réaliser le film. »

En 1963, tout en réaffirmant sa fidélité au parti communiste, Visconti prend acte de l'immobilisme politique du moment alors que se constitue le premier gouvernement de centre gauche. Visconti veut dénoncer la mystification sur laquelle s'est édifiée l'Italie, le détournement par les classes dirigeantes du Risorgimento et de la Résistance :

> « Le thème central du *Guépard* — pour que rien ne change, il faut que tout change — ne m'a pas seulement intéressé sous l'angle de la critique impitoyable contre le "transformisme" qui pèse comme une chape de plomb sur notre pays et qui a empêché tout vrai changement jusqu'à aujourd'hui, mais sous l'aspect plus universel, et hélas très actuel, de plier toute la poussée du monde vers le neuf aux règles du vieux. »

Une des raisons de la réussite du film est sans doute la parfaite adéquation des acteurs aux personnages qu'ils incarnent. Visconti a choisi pour *Le Guépard* ses acteurs de prédilection, avec qui il a tourné ou tournera : Burt Lancaster (Don Fabrizio), Alain Delon (Tancredi), Claudia Cardinale (Angelica). Mais aussi des acteurs de théâtre qu'il a pu apprécier, Paolo Stoppa (Don Calogero) par exemple. Il s'entoure des meilleurs scénaristes, en particulier Suso Cecchi d'Amico avec qui il a l'habitude de travailler. Il est d'une exigence tatillonne et coûteuse pour le tournage. Son souci maniaque de réalisme le conduit à reconstituer exactement même ce qui n'est pas visible à l'écran, de remplir, par exemple, les tiroirs des commodes de linge d'époque. Il tourne en Sicile, dans le village de Cimmina qui lui semble correspondre à la Donnafugata du livre (mais il faut reconstruire la façade du palais), et à Palerme, au palais Gangi où est tournée la fameuse scène du bal (avec comme figurants les parents et invités des propriétaires). C'est le fellinien Nino Rota qui compose la musique et Don Fabrizio et Angelica dansent sur une valse inédite de Verdi retrouvée par hasard chez un libraire de Rome.

Les événements historiques occupent dans le film une place plus importante que dans le roman, par la volonté de Visconti et la nécessité d'expliquer **visiblement** les faits qui servent d'arrière-plan au livre. Dans le roman les tumultes de l'histoire arrivent comme assourdis, filtrés par la conscience ironique du prince : « Tomasi voit l'histoire exclusivement du côté du prince ; [...] Moi au contraire j'espère me maintenir dans une voie médiane : je montrerai avec la facilité offerte par le langage des images, non seulement le splendide déclin du prince, mais aussi le ferment de vie de la collectivité. » [1]Surtout, Visconti fait le choix de resserrer l'action dans le temps, en arrêtant le film à la fin du bal, en supprimant les deux derniers chapitres et le chapitre V, donnant ainsi une plus grande cohérence à l'ensemble et liant davantage les destins personnels à l'Histoire. Le film s'achève par les conséquences de la bataille d'Aspromonte. La transposition en dialogues du discours indirect libre du roman déplace la focalisation*. Il n'y a pas non plus dans le film de ces projections dans le futur qui permettent à Lampedusa d'exprimer son pessimisme sur l'Histoire ou l'histoire personnelle des personnages. Le peuple, bien que muet, est plus présent que dans le roman. La rencontre du prêtre portant le viatique à un agonisant, présage de mort, est déplacée à la fin du film, et l'on entend les salves qui accompagnent l'exécution des « déserteurs ». Le film est ainsi divisé en quatre blocs narratifs d'inégale longueur : le premier « chapitre » se passant à Palerme, dans le Palais Salina, le deuxième retraçant le voyage et l'arrivée à Donnafugata, le troisième se passant à Donnafugata, et le quatrième, après une ellipse* de deux ans, étant la fameuse scène du bal, d'une longueur exceptionnelle. Le film a une fluidité temporelle qui per-

1. Interview de Luchino Visconti, *Stasera*, 27 septembre 1962

met de « sentir » le passage du temps et qui s'oppose aux effets de discontinuité de la nouvelle vague. Dans les versions distribuées à l'étranger certaines scènes ont été coupées ou raccourcies, le film durant près de trois heures. Malgré les différences dont nous venons de parler, **la fidélité du film au roman est profonde**, même si la lucidité désabusée de Don Fabrizio ne transparaît pas toujours chez Burt Lancaster. Ce qui fait le plus défaut au film, c'est l'ironie omniprésente dans le roman.

Comme pour le roman, le public fait un triomphe au film, qui obtient la **Palme d'or à Cannes en 1963**. Mais les critiques sont partagés, certains font la fine bouche. Le film est assimilé à une production commerciale, un *Autant en emporte le vent* italien ne répondant pas aux exigences du cinéma moderne. Pour un Roger Boussinot[1] qui y voit l'un des chefs-d'œuvre du cinéma de tous les temps, que de critiques fielleuses, par exemple celle de Moravia[2], qui parle d'« infidélité spirituelle » et de « fidélité factuelle » :

> « Luchino Visconti, placé face au problème qui consiste à traduire sur l'écran *Le Guépard*, n'a pas pris en considération excessive la physionomie historique, stylistique, morale propre au livre, jouant plutôt sur l'efficacité de la sensibilité que sur la supériorité d'une vision globale et profonde, et a voulu traiter *Le Guépard* comme une espèce de *Guerre et Paix* italien, avec le rythme et le style qui auraient été nécessaires pour un Tolstoï. »[3]

Visconti fait les mises au point suivantes, répondant également à la critique concernant la « décadence » :

> « Ce qui m'a toujours intéressé c'est l'analyse d'une société malade [...]. Je partage le point de vue de Lampedusa, et disons même celui de son personnage le prince Fabrizio [...]. Le pessimisme du prince de Salina le conduit à regretter la chute

1. *L'Encyclopédie du cinéma*, Bordas, 1980.
2. Voir note 5, p. 39.
3. In *Trente Ans au cinéma*, Flammarion, 1990.

> d'un ordre qui pour immobile qu'il ait pu être n'en était pas moins un ordre, tandis que notre pessimisme se charge de volonté et au lieu de regretter l'ordre féodal et bourbonien, il vise à en postuler un nouveau. Mais en conclusion je rejoins aussi les définitions du Risorgimento comme "révolution manquée" ou, mieux, "trahie",[1] [...] »

selon les formules de Gramsci[2] et de Trotski.

Conclusion

Cinquante ans après sa parution, *Le Guépard* confirme son statut de grand roman.

Les débats stériles sur le genre auquel il appartient, les polémiques partisanes sur la philosophie de l'histoire qui s'en dégage, les critiques sur une langue qui serait vieillotte se sont heureusement apaisées. Les lecteurs, eux, sont toujours comme Angelica, fascinés par ce monde de l'aristocratie vu de l'intérieur, et heureux d'y pénétrer guidés par Don Fabrizio.

Restent donc un grand roman, et un grand écrivain. Lampedusa est un homme extraordinaire, dans tous les sens de l'adjectif, qui ne se réduit pas aux schémas habituels. C'est un noble profondément attaché à sa classe qu'il estime porteuse de valeurs qu'elle est la seule à posséder. C'est un Sicilien qui, comme tous les Siciliens, pratique l'autocritique avec délectation et lucidité. Méditerranéen par ses origines, il devint « mittleeuropéen » par ses voyages et ses lectures. Il ne se passionnait pas seulement pour la littérature, mais aussi pour l'histoire. Il connaissait Freud (sa femme était une psychanalyste reconnue) et les philosophes allemands.

---

1. Préface au scénario du *Guépard*, éd. Cappelli, 1963.
2. Voir note 1, p. 53.

Cet homme à la stature imposante se montrait timide et réservé en public, sauf avec sa famille et ses amis. Alors sa conversation et sa correspondance étaient pleines d'humour et d'ironie. Si l'on se fie au témoignage de ses proches, ce n'était pas un homme heureux, dominé qu'il était dans sa vie quotidienne par sa mère puis sa femme, tourmenté par des problèmes financiers. L'événement qui constitua pour lui un véritable traumatisme fut la destruction en 1943 du palais où il était né et où il pensait mourir. C'est sans doute à cette disparition que l'on doit aujourd'hui de pouvoir lire *Le Guépard*, pour que le souvenir ne s'en perde pas à jamais. Écoutons ce qu'il écrit dans ses *Nouvelles*, après avoir relu, en juin 1955, *La vie de Henry Brulard* de Stendhal :

> « Je voudrais essayer d'en faire autant. J'y vois comme une obligation. Sur le déclin de notre vie, ce devient un impératif de rassembler les sensations qui ont traversé ce corps qui fut nôtre. Bien peu parviendront de la sorte à réaliser un chef-d'œuvre (Rousseau, Stendhal, Proust), mais chacun devrait pouvoir préserver ainsi quelque chose, qui sans ce petit effort serait à jamais perdu. Tenir un journal ou écrire ses Mémoires, à un certain âge, j'aimerais que l'État nous y contraignît ; les matériaux accumulés au bout de trois ou quatre générations auraient une valeur inestimable ; nombre de problèmes psychologiques et historiques seraient ainsi résolus. » (N. p 23)

Lampedusa n'a pas eu le temps d'écrire ses mémoires, nous n'en avons que le premier chapitre, mais il nous a laissé *Le Guépard*, qui est sa façon à lui de « préserver » quelque chose. Son palais qu'il croyait immortel (à l'échelle humaine, c'est-à-dire cent, deux cents ans) ayant disparu, il confie à l'écriture ce qu'il veut sauver. Et il crée le personnage charismatique* de Don Fabrizio. Son orgueil aristocratique, son dédain pour ceux qui lui sont inférieurs, socialement mais surtout intellectuellement, sa misanthropie pourraient le rendre antipathique. Mais son scepticisme, sa lucidité, ses tourments nous le rendent proche. Son drame personnel nous touche plus que celui de sa classe sociale. Ses moments de bonheur sont les nôtres, la sensualité dans laquelle baigne le roman contrebalance le leitmotiv de la mort et de la décadence et l'ironie rend les choses supportables. Plus que la perte de privilèges, c'est l'arrivée d'une civilisation matérialiste où la consommation sera reine qui l'inquiète. Sa mélancolie est certes celle de l'aristocrate qui assiste sans rien faire au déclin de sa classe mais elle est surtout celle de l'homme placé devant l'absurdité de la condition humaine. Pourquoi agir alors ? Incapable de trouver de nouvelles valeurs susceptibles de donner un sens à sa vie, il transfère sur le plan existentiel les problèmes liés à la situation historique. En ce sens Don Fabrizio est un héros moderne. Malgré sa nombreuse famille, il est seul devant la mort. Lampedusa, plus que Don Fabrizio qui conserve les lieux où il a vécu, sait que les choses qui pouvaient donner l'impression de la pérennité sont périssables. *Vanitas vanitatum*... Ni Don Fabrizio ni Lampedusa ne croient en une vie dans l'au-delà. Don Fabrizio trouve une consolation dans les étoiles qui seules sont éternelles. La mort qui vient le chercher se confond avec l'image sensuelle d'une jeune femme et avec Vénus qui l'attend dans le ciel.

Lampedusa, lui, a trouvé la solution de l'écriture, et son *Guépard* est l'unique forme d'immortalité possible.

Troisième partie

L'œuvre à l'examen

Propositions de sujets

1 - Questions portant sur un aspect de l'œuvre

- Quel regard les différents personnages du roman portent-ils sur Garibaldi ?
- Quelles relations Don Fabrizio entretient-il avec ses enfants ?
- Quels sentiments Don Fabrizio éprouve-t-il pour sa femme Maria Stella ?
- Giuseppe Tomasi di Lampedusa prête à Don Fabrizio cette pensée à propos de son neveu Tancredi : « Sans se l'avouer, il eût préféré l'avoir comme fils aîné, plutôt que ce bon nigaud de Paolo. » Qu'est-ce qui, dans le tempérament et le comportement de Tancredi, vous semble expliquer cette préférence ?
- **Quelle image le roman nous donne-t-il des Piémontais ?**
- Dans quelle mesure le personnage de Don Calogero annonce-t-il les temps nouveaux ?
- Don Fabrizio est aussi astronome : quelle importance ce détail revêt-il selon vous pour la compréhension du personnage ?
- Tancredi et Angelica font-ils un mariage d'amour ?
- Dans quelle mesure peut-on dire du *Guépard* que c'est un roman autobiographique ?
- Quelle est la place de la nourriture dans *Le Guépard* ?
- **Quelles fonctions ont les voyages et les déplacements des personnages dans le roman ?**
- À en croire Chevalley, Don Fabrizio serait un homme qui refuserait de « collaborer ». Votre lecture du *Guépard* confirme-t-elle cette affirmation ?

- Au dos de l'enveloppe de la lettre adressée le 30 mai 1957 à l'un de ses amis, Enrico Merlo, Giuseppe Tomasi di Lampedusa écrivait : « Fais attention ! le chien Bendicò est un personnage très important et il est presque la clef du roman. » Qu'est-ce qui, dans *Le Guépard*, peut selon vous justifier cette affirmation ?
- Giuseppe Tomasi di Lampedusa nourrissait des doutes sur le chapitre « Les vacances du Père Pirrone ». Giorgio Bassani en revanche le trouvait « essentiel à la structure du roman. Cette sorte de descente aux Enfers est un élément fondamental pour comprendre Fabrice et la Sicile. » En quoi votre lecture du *Guépard* peut-elle justifier cette dernière affirmation ?

2 - Questions portant sur l'ensemble de l'œuvre et l'objet d'étude qui s'y rattache

- Quels liens peut-on établir entre le titre et l'ensemble du roman ?
- Comment comprenez-vous la phrase de Don Fabrizio : « Tant qu'il y a de la mort il y a de l'espoir. » ?
- « Si nous voulons que tout reste tel que c'est, il faut que tout change », affirme Tancredi dans la première partie. Votre lecture de l'ensemble du *Guépard* confirme-t-elle cette vision ?
- Quelle image le personnage de Don Fabrizio nous donne-t-il de la Sicile ?
- L'écrivain sicilien Andrea Camilleri, le « père » du commissaire Montalbano, dit du *Guépard* que « c'est un livre né classique ». Que pensez-vous de cette affirmation ?
- En quoi *Le Guépard* est-il plus qu'un roman historique ?
- **Quel traitement particulier du temps le roman nous propose-t-il ?**

- Quelle place tient l'ironie et quels rôles joue-t-elle dans *Le Guépard* ?
- Quelle importance ont les maisons et les objets dans *Le Guépard* ?
- Peut-on dire avec Vincenzo Consolo que *Le Guépard* est un « roman de la fin » ?
- **Dans ses *Leçons sur Stendhal*, Giuseppe Tomasi Di Lampedusa admire la technique subtile grâce à laquelle s'opère, dans *Le Rouge et le Noir*, « la fusion complète de l'auteur, du personnage et du lecteur ». Vous direz en quoi cette affirmation peut se vérifier à la lecture du *Guépard*.**
- Giuseppe Tomasi di Lampedusa divisait les écrivains en deux catégories : les « maigres » ou « implicites », comme Stendhal, Racine, Calvino, Laclos, Madame de La Fayette, La Rochefoucauld, Mallarmé, qui procèdent par allusions et font travailler le lecteur, et les « gras » ou « explicites » (Dante, Rabelais, Montaigne, Shakespeare, Balzac, Thomas Mann, Proust), qui expliquent tout et ne laissent rien à la déduction du lecteur. À quelle catégorie, selon vous, appartient l'auteur du *Guépard* ?

Quelle image le roman nous donne-t-il des Piémontais ?

Analyse du sujet

Le mot « piémontais » est ambivalent, puisqu'il désigne aussi bien, dans le roman, des personnes originaires du Piémont que des partisans ou représentants de la monarchie de Savoie. Plus généralement, on pourrait même dire que « Piémontais » est synonyme de non-siciliens.

Du point de vue des Siciliens, le terme se charge de connotations opposées : les Piémontais sont à la fois ceux d'ailleurs, des envahisseurs, mais aussi la voie politique nouvelle que représente le Risorgimento pour les êtres tentés par l'aventure (Tancredi), ou conscients de ce que la modernisation de la société peut représenter pour leurs intérêts (Don Calogero). Pour les tenants de l'ordre ancien, en revanche, ils sont représentatifs d'une forme d'imposture (Don Ciccio Tumeo), adversaires de l'ordre établi et de la religion (pour le Père Pirrone et les villageois de San Cono). Entre ces deux positions, tout à fait opposées, existe une voie moyenne, faite d'opportunismes (l'intendant Russo) ou d'ambiguïté (Don Fabrizio lui-même, puisqu'il encourage le vote positif au Plébiscite).

Les Piémontais sont représentés par les personnages[1] que des fonctions militaires (Cavriaghi, Pallavicino) ou administratives (Chevalley) ont appelés en Sicile à la suite de l'expédition garibaldienne : ils ont à cœur de représenter le nouveau régime, dont les principes sont à l'opposé du despotisme mais, en même temps, ils peuvent difficilement se départir de leur statut de conquérants, étrangers à la terre sicilienne.

Commenter « l'image » qu'offrent les Piémontais revient donc à mettre en évidence une triple contradiction : statut ambivalent du terme (1), portrait double du point de vue des Siciliens (2), autoportrait également double, de la part des Piémontais eux-mêmes (3). À l'opposé d'une conception manichéenne* qui réduirait l'intrigue à un affrontement irréductible entre des autochtones défenseurs de leur bon droit et des envahisseurs

1. On pourrait y ajouter le sénateur Tassoni, compagnon d'armes de Tancredi dont la réussite est présentée d'une manière plutôt positive : « Sa richesse, qui était grande et ne cessait de croître, avait été conquise à travers des compétitions et des luttes ; au lieu de l'épuiser, celles-ci l'avaient maintenu dans un état d'énergie constant qui surmontait à présent les années et les gardait ardentes. » (p. 285)

dont la conduite serait répréhensible — ou l'inverse[1] ! — le monde de Lampedusa est fait de complexité, de subtilité, de vérité politique et psychologique.

Proposition de plan détaillé

I. Un terme ambivalent

- Le terme renvoie, dans le texte, aux personnes originaires du Piémont. Cette origine géographique est montrée à plusieurs reprises, parfois avec insistance. L'arrivée du secrétaire de la Préfecture, Chevalley, qui appartient à la petite noblesse piémontaise, fait l'objet d'un jeu de contrastes qui montrent le caractère incongru de sa présence dans une île dont il ignore tout de la réalité sociale ; il en reste à des clichés, voire à des mythes, ce que ne manquera pas d'exploiter le facétieux Tancredi, avec toute la férocité qui le caractérise[2]. De même, les origines milanaises et terriennes du comte Cavriaghi sont précisées, comme pour justifier sa retenue courtoise chez les Salina, où il est tombé amoureux

1. Le roman de Lampedusa évite deux extrêmes : le roman régionaliste qui exalterait les vertus de la Sicile traditionnelle contre le modernisme colonisateur et, à l'opposé, le roman progressiste et positiviste qui montrerait les bienfaits de la démocratie et de l'Unité italienne face aux féodalismes ambiants.
2. « Il avait eu la tête farcie de tous les récits de brigands avec lesquels les Siciliens aimaient tester la résistance nerveuse des nouveaux arrivés et depuis un mois il voyait un sicaire dans chaque huissier de son cabinet et un poignard dans chaque coupe-papier en bois sur son bureau ; en outre, la cuisine à l'huile avait mis depuis un mois ses entrailles en désordre. Maintenant il se tenait là, dans le crépuscule, avec sa petite valise de toile grise… » Il n'arrive pas à se convaincre qu'il est dans un endroit qui fait partie de sa propre nation. Il a peur de ne pas être compris s'il s'adresse aux paysans. (p.177-178)

de Concetta[1]. Tancredi ne manque pas de faire allusion à la ville de Milan, « une sale ville où pour manger un plat de macaronis il faut s'y prendre une semaine à l'avance ». (p. 175) On le voit donc : l'origine géographique n'est jamais neutre. Elle s'accompagne toujours de valeurs contradictoires, et dans le cas de Cavriaghi, de dignité, de courtoisie et de retenue, mais également d'une inadaptation, d'une lourdeur face aux circonstances. Le raccourci semble encore plus net avec le secrétaire du cardinal de Palerme, Don Pacchiotti, qui intervient dans la dernière partie. Ses origines expliquent tout : « Il avait été élève à l'École de Paléographie du Vatican, de surcroît il était piémontais ; son travail fut long et soigné.[2] » (p. 292-293)

- En fait, si le terme de *Piémontais* ne peut se réduire à une vision géographique restreinte, c'est qu'il s'accompagne toujours d'une signification politique. Les Piémontais présents dans le récit sont pratiquement tous représentatifs de la monarchie de Savoie : des militaires (le général, Cavriaghi, Pallavicino), des représentants de la nouvelle administration (Chevalley est secrétaire de la Préfecture), des religieux (le Cardinal de Palerme, qui « n'est pas Sicilien », représente le clergé qui s'est finalement accommodé du nouvel État italien : il apparaît dans la dernière partie, c'est-à-dire en 1910). À l'origine géographique s'est donc lentement substituée une autre notion, où confluent les idées de modernité,

1. « Cavriaghi était un beau garçon, une bonne pâte d'homme, il avait un bon nom, de grosses fermes en Brianza ; il était en somme ce que l'on appelle, d'un terme réfrigérant, un "beau parti". » (p. 173)
2. Ne faut-il pas voir dans ce détail un éloge voilé de tristesse ? Les deux points, de caractère consécutif, donnent une explication rationnelle à l'efficacité décisive du bonhomme, tout en maintenant le regret des choses anciennes et disparues, et de leurs très siciliennes propriétaires : les demoiselles de la Maison Salina.

d'État de droit, l'efficacité de la loi écrite face à la coutume, le sens de l'efficacité matérielle face à l'ordre ancien, tout ce que rappelle avec nostalgie le Père Pirrone dans la cinquième partie, indispensable contrepoint dans l'économie du roman[1] : discours totalement impuissant, et d'autant plus cocasse qu'il s'adresse à un homme endormi.

II. De la part des Siciliens, un portrait contradictoire[2]

- Pour les tenants de l'ordre ancien, les Piémontais sont représentatifs d'une forme d'imposture. Les plus virulents ne sont pas les aristocrates siciliens mais les petites gens du peuple, qui ont construit leurs pratiques et leurs valeurs dans les vertus d'une société ancienne. Ainsi, la remarque de Don Ciccio Tumeo : « Moi, les savoyards, je les mange avec mon café, moi ! » (p. 120) (jeu de mots sur les biscuits appelés *savoiardi*). De même, dans la cinquième partie, Don Pietrino l'herboriste sent avec le nouveau régime « la morsure de la fiscalité ». Dans le même passage, le Père Pirrone célèbre les vertus de l'ordre traditionnel où l'inégalité se trouvait justifiée par le principe de redistribution assuré par le clergé et la noblesse : en disparaissant, ce monde sera remplacé par un autre, injuste, plus égoïste, et que n'éclairera plus la foi. Il n'est donc pas étonnant que les paysans s'interrogent à plusieurs reprises sur les véritables raisons de Don Fabrizio, qui les invite à répondre affirmativement au Plébiscite.

1. « Vous verrez, don Antonino, vous verrez. Le maire achètera tout, paiera les premiers versements, et après, ni vu ni connu. C'est ce qui s'est déjà passé au Piémont. » (p. 205)
2. « Les Piémontais, (c'est ainsi que le Prince continuait à les appeler pour se rassurer, de même que d'autres les appelaient "Garibaldiens" pour les exalter ou "Garibaldesques" pour les injurier) [...] » (p. 59-60)

- À l'opposé, plusieurs Siciliens entrent en rébellion face aux Bourbons, appuient les troupes garibaldiennes, et se mêlent aux Piémontais dont ils épousent la cause politique : ceux-ci ne sont donc plus jugés comme les destructeurs d'un monde ancien, mais les tenants du progrès et de l'aventure qui chatouille des aristocrates comme Tancredi. Peu nombreux, en fait, sont les aristocrates réellement effrayés par les événements : le fils aîné de Don Fabrizio, ce « nigaud » de Paolo, et son beau-frère Màlvica, font exception[1]. Ils sont rapidement ridiculisés en raison de leurs vues étroites ou de leur poltronnerie. En fait, l'élégance est du côté des vainqueurs, comme en témoigne l'arrivée prestigieuse des officiers du nouveau régime à Donnafugata : il s'agit d'ailleurs d'aristocrates eux-mêmes, qui parlent littérature, se caractérisent par leur courtoisie et leur mondanité à l'occasion d'une soirée au château ou dans un bal.[2] Le général, Cavriaghi, Chevalley, Pallavicino appartiennent à la noblesse. Ils ne sont pas princes (Cavriaghi est comte, Chevalley chevalier), mais ils sont de la même classe sociale que Don Fabrizio et Tancredi. La présence des Piémontais fleure donc le parfum de bonne compagnie : Don Fabrizio

1. « Les Piémontais ont débarqué », dit terrorisé Màlvica. (p. 50)
2. Peu de temps après le débarquement de Garibaldi, les officiers des troupes piémontaises sont invités à dîner chez les Salina : « L'officier d'ordonnance, un novice de dix-neuf ans, était un comte milanais qui fascina les jeunes filles avec ses bottes brillantes et ses « r » à la française. » (p. 60). Plus tard, lors de son arrivée un soir d'orage à Donnafugata, Cavriaghi apportera à Concetta les chants d'Aleardo Aleardi avec l'inscription « Toujours sourde » ; dans le même passage, Tancredi et Cavriaghi se sont changés et leurs uniformes sont « un enchantement» pour les jeunes filles de la maison (p. 157).

ne manque pas lui-même de reconnaître la droiture de ses interlocuteurs, même s'il n'adhère pas à leurs positions.[1]

- Ce portrait des Piémontais que nous transmettent des Siciliens bienveillants, dont certains sont d'ailleurs acquis au nouveau régime, ne manque cependant pas d'ambiguïté. Tancredi, pourtant acquis aux idées progressistes, exploite le caractère impressionnable de Chevalley, dès son arrivée à Donnafugata. Les glorieux conquérants sont d'une politesse presque obséquieuse à force d'être respectueuse des hiérarchies existantes[2]. Leurs efforts ne sont d'ailleurs guère couronnés de succès auprès de leurs hôtes, si l'on en juge de l'attitude indifférente de Concetta vis-à-vis de Cavriaghi, ou de l'ironie distante, voire de la moquerie dont il est l'objet : comme le dit Tancredi, il est « bon », ne voit le mal nulle part. Mais en Sicile (comme l'attestera plus loin le portrait du cardinal de Palerme), « bon » est souvent synonyme de *fesso* (c'est-à-dire *imbécile*). Un autre exemple

1. Don Fabrizio : « Vous êtes un gentilhomme, Chevalley, et j'estime que c'est une chance de vous avoir connu… » (p. 192)
« Don Fabrizio conversait avec Pallavicino et se rendait compte qu'il était, au-delà des phrases sucrées réservées peut-être aux dames, tout autre qu'un imbécile ; c'était un "seigneur" lui aussi et le scepticisme fondamental de sa classe, habituellement étouffé par les flammes impétueuses et bersagliéresques du col de son uniforme, ressortait de nouveau maintenant qu'il se trouvait dans un milieu identique à celui dans lequel il était né, hors de l'inévitable rhétorique des casernes et des admiratrices. » (p. 246)
2. « Les Piémontais s'étaient présentés à lui sinon le chapeau à la main, comme on l'avait annoncé, du moins la main à la visière de leurs affreux képis rouges aussi fripés et froissés que ceux des officiers bourboniens. » (p. 60)
Le « général en jaquette rouge et brandebourgs noirs » était « un Toscan très vif d'une trentaine d'années, bavard et quelque peu fanfaron ; bien élevé, par ailleurs, et sympathique, il s'était comporté avec le respect voulu, allant jusqu'à donner de l' « Excellence » à Don Fabrizio, en contradiction nette avec l'un des premiers décrets du Dictateur. » (p. 60)

nous montre que, dès le débarquement des Piémontais, une intimité à base de « tu » et de « mon vaillant ami » réciproques est prodiguée avec une ferveur puérile par les « continentaux » auprès des rebelles qui ont fait cause commune avec eux ; ces marques de courtoisie sont renvoyées par Tancredi, mais nasalisées et exprimant, selon Don Fabrizio, une ironie sous-entendue. De façon plus générale, le rapport des aristocrates siciliens à leurs homologues piémontais est fait d'ambiguïté. Il est en même temps le fruit d'une reconnaissance teintée de fatalisme pour l'efficacité des vainqueurs, qu'accompagne le cours de l'Histoire, et d'une réserve, voire d'une distance ironique pour tout ce qui n'est pas sicilien. À ce sujet, c'est surtout l'adjectivation qui est intéressante. Les diminutifs abondent pour tout ce qui les concerne (en italien diminutifs, en français traduction par « petit »). Ils peuvent être médiocres, alors que la Sicile ne l'est jamais.

III. De la part des Piémontais eux-mêmes, un autoportrait ambigu

- Les Piémontais sont convaincus de leur mission et de la valeur du nouveau régime qu'ils incarnent, militaires ou représentants de l'administration. Plusieurs passages nous montrent qu'ils sont conscients d'être en représentation. Ainsi, l'introduction de Pallavicino au bal des Ponteleone s'effectue dans un tintement de breloques : « C'était un homme du monde avec des manières pleines de rondeurs, spécialisé, comme désormais toute l'Europe le savait, en baisemains denses de signification. » (p. 230) De manière plus sérieuse, Chevalley est un fonctionnaire consciencieux, sincèrement attaché aux valeurs nouvelles de liberté et d'équité qu'insufflent le nationalisme italien et la politique nouvelle ; Bendicò le flaire et estime qu'il a affaire à un brave homme. (p. 185) Qu'ils soient ridicules à force d'artifice, ou à l'inverse sincères dans la vision intérieure qu'en propose la narration, les Piémontais donnent toujours la conviction d'agir au nom de valeurs positives dont le lecteur peut approuver le bien-fondé[1].

- Cependant, par leurs paroles, ou le regard intériorisé du narrateur, les Piémontais sont des êtres de doute et de découragement. Dans la dernière partie, le portrait du Cardinal de Palerme fait état de son impuissance face aux conservatismes et à l'inertie des insulaires[2] (p. 290-291) ; de même, Chevalley repart sans avoir convaincu Don Fabrizio, et cet échec est métaphorisé par la description sinistre de la voiture de poste et du chemin au moment de son départ : « devant lui, sous la lumière de cendre, le paysage cahotait, sans rachat. » (p. 195). Cavriaghi joue le rôle doublement navrant d'amoureux transi et de chaperon auprès de Tancredi et d'Angelica dans leurs courses folles à travers le palais. Mais il s'épuise vite et revient au jardin pour « soupirer en regardant les mains glacées de Concetta ». (p. 165) Enfin, au-delà de ses certitudes apparentes, dès qu'il n'est plus en représentation auprès des dames, le colonel Pallavicino fait état de son scepticisme en matière politique, ce qui lui vaut la sympathie de Don Fabrizio, et certainement celle du lecteur[3]. À son exemple, on se demande si Chevalley

1. « On peut vaincre un climat, le souvenir des mauvais gouvernements s'efface, les Siciliens voudront être meilleurs ; si les hommes honnêtes se retirent, la route restera libre pour des gens sans scrupules et sans perspectives, pour les Sedàra ; et tout sera encore comme avant, pendant d'autres siècles. Ecoutez votre conscience, prince, et non les vérités orgueilleuses que vous avez dites. Collaborez. » (p. 192)
2. Voir p. 174.
3. « Jamais nous n'avons été autant divisés que depuis que nous sommes unis. » (p. 249)

lui-même, en repartant, n'a pas perdu ses illusions sur les possibilités de rédemption de la Sicile.

Conclusion générale

– Les Piémontais, que l'on doit rapidement identifier comme les représentants de la modernité en marche, offrent une image ambiguë, du fait de leurs observateurs siciliens, qui ne sont pas tous des conservateurs opposants, mais aussi des alliés, parfois des proches : même chargés des meilleures intentions, ils ne sauraient entamer la compacité de l'histoire sicilienne.

– Pour le lecteur, ce sont des personnages honnêtes, mais naïfs : ils ont l'illusion des grands commencements, à l'image de Cavriaghi, qui unit la foi de la jeunesse à l'ingénuité du sentiment. Mais les plus avertis d'entre eux ont compris que les temps nouveaux ne porteraient sans doute pas toutes leurs promesses. Dans un paradoxe final, se rejoignent donc les paroles désenchantées de Don Fabrizio, face à Chevalley, et les propos désabusés du colonel Pallavicino : frères d'une même distance intellectuelle et d'une élégance souveraine qu'offre le détachement, un brin artiste, sur la marche du monde.

Quelle fonction ont les voyages et les déplacements des personnages dans le roman ?

Analyse du sujet :

Le sujet appelle la résolution d'un paradoxe. La villa de San Lorenzo et Donnafugata symbolisent la puissance d'une famille dont les valeurs résident dans la permanence, la reproduction des mêmes gestes et la prééminence d'une aristocratie que les siècles ont polie. Les déplacements s'opposent donc à ce schéma primordial, sauf s'ils trouvent leur place dans cette régulation éternelle ; dès que le voyage conduit le personnage à renier cette immobilité fondamentale, il y a confrontation ou dialectique des contraires.

On distinguera donc deux formes de déplacements ou de voyages :

– Le voyage cyclique, qui trouve sa place dans les valeurs du temps passé.

– Le voyage sans retour, qui appartient aux temps nouveaux.

Proposition de plan détaillé

I. Le voyage cyclique de l'ordre ancien

- **Plusieurs déplacements s'inscrivent dans un rituel** : le retour périodique à Donnafugata, au mois d'août, correspond à une migration saisonnière de la famille. Il en va de même du déplacement au monastère du Saint-Esprit, qui doit avoir lieu le lendemain de chaque arrivée, c'est-à-dire une fois l'an, en hommage à sa fondatrice, ancêtre des Salina (p. 90 et sqq.) ; par un usage bien établi, seul Don Fabrizio peut en franchir le seuil. Ces voyages sont à la fois prévus, organisés, et comme obligatoires : ils débouchent sur un espace reconnu, dont le personnage est le nu-propriétaire. Ils s'inscrivent dans la coutume, qu'ils fortifient.
- **De petites migrations individuelles** ont un caractère périodique, qui ne dérange aucunement l'ordre ancien. Il s'agit d'une sorte de « vacance » du personnage. Elle participe aux plaisirs de l'existence : visite à Mariannina qui s'agrémente de la présence absolutoire et cocasse du Père Pirrone (p. 22), parties de chasse en compagnie de don Ciccio Tumeo, dont les parcours à l'aube sont à la fois immuables et délicieux (p. 98).

- **Le voyage du Père Pirrone**, dans la cinquième partie, correspond à cette forme de migration inscrite dans la coutume. Pour être exceptionnelle, l'arrivée du prêtre à San Cono ne s'inscrit pas moins dans une démarche attendue et reconnue de la population locale : il est le religieux respecté pour son état, et le parent qui règle les conflits par une connaissance subtile de la psychologie du milieu.

Le voyage cyclique appartient à l'ordre ancien : ritualisé, il appelle la reconnaissance d'un domaine dont on connaît les moindres détails. Le personnage fait corps avec son mouvement, qui n'est que la juste prolongation et la confirmation de lui-même ; le voyage le concilie avec l'espace, par « un certain accord de la terre et du pied », comme le dit justement Camus de l'homme méditerranéen.

II. Le voyage sans retour des temps nouveaux

- **Les temps futurs dérèglent le cycle des mouvements séculaires** : l'arrivée inattendue de Tancredi et de Cavriaghi à Donnafugata en novembre 1860 après leur campagne militaire bouleverse l'organisation de la famille, qui remet à plus tard son retour à Palerme. De son côté, la charmante et plébéienne Angelica, cumulant innocence et rouerie, annonce bien les temps nouveaux. Son père, Don Calogero, se signale lui-même par le dérèglement d'une fin de partie de chasse, le pauvre Don Ciccio se trouvant malgré lui enfermé dans la salle d'armes tandis que le Guépard doit avaler la couleuvre de l'humiliation (p. 139). Enfin, les intrusions multiples dans le domaine du Prince offrent autant de figurations symboliques de la mort de plus en plus proche : soldat éventré venu mourir dans le jardin (première partie), inspection comminatoire* du cardinal dans la chapelle privée des sœurs Salina, qui sonne la fin des illusions et la disparition des dernières reliques (huitième partie), apparition, surtout, de la jeune femme au costume de voyage marron, allégorie* euphémisante qui délivre Don Fabrizio du poids de l'existence ancienne.

- Des voyages imprévus prennent le caractère d'une aventure exceptionnelle, ou se caractérisent par le saut dans l'inconnu. Si les voyages à Paris avaient pu confronter Don Fabrizio au modernisme, c'était pour s'associer à l'élégance d'un désenchantement, ce que confirme l'emploi de termes français en italique dans le texte, et les réminiscences de la poésie baudelairienne (p. 30). Elle chatouille la sensibilité de l'aristocrate, taquine ses valeurs sans pour autant compromettre son « retour » aux repères traditionnels. Mais ce qui bouleverse véritablement l'ordre ancien, c'est, moins la révolution politique jugée rapidement comme une comédie sociale de plus, que l'ouverture au matérialisme et à la loi de l'argent sous les traits de la démocratie, ce que cautionne finalement l'engagement de Tancredi parmi les chemises rouges : voyage initiatique, en partie inachevé (Tancredi rallie finalement les troupes loyalistes contre les aventuriers qui soutiennent Garibaldi), mais tout de même prise de risques sur l'inconnu. Même s'ils s'accompagnent d'un retour et d'une part de renoncement, les voyages et déplacements de Tancredi ont quelque chose de définitif, comme en témoigne sa visite chez les Sedàra à la fin de la deuxième partie, particulièrement soulignée au moyen d'un rapprochement cinématographique saisissant (p. 93) : « Ce que l'on voit d'une fenêtre ». Voyage de l'œil, qui signale son caractère décisif.
- **Le voyage sans retour trouve son expression finale dans la mort de Don Fabrizio.** Le déplacement chez un médecin de Naples sera fatal ; le Prince ne pourra regagner sa maison et mourra dans un hôtel de Palerme. À l'opposé du cycle rassurant des déplacements séculaires, où le personnage est assuré du retour, le voyage ultime signale la disparition

de tout. Elle est d'autant plus poignante dans le cas de Don Fabrizio que, contrairement à tous ceux de sa lignée, il en est le dernier membre actif, et que tout s'évanouira après lui : c'est ici que le cycle s'achève. Dans les pages précédentes, la nouveauté bouleversante de certains paysages est la chronique d'une mort annoncée : au cours du voyage à Donnafugata, la métaphore d'une existence entière vouée au déclin et à la ruine[1], et dans la phase terminale en train, la figuration directe d'une tragédie au moment de son dénouement.[2] Plusieurs épisodes annoncent d'ailleurs cette mort future par la seule thématique du voyage : Chevalley, venu offrir à Don Fabrizio un « risorgimento » personnel, repartira sans avoir rien obtenu. Son voyage, manqué, est privé d'un authentique « retour », ce que figure la description sinistre de la voiture de poste et du chemin au moment de son départ : « devant lui, sous la lumière de cendre, le paysage cahotait, sans rachat. » (p. 195) Quant au départ à Londres du seul fils aimé, Giovanni, n'est-il pas semblable à la mort parce qu'il est sans retour ?[3]

---

1. « [...] il n'avait pu s'empêcher de comparer ce voyage répugnant à sa propre vie, qui s'était d'abord déroulée dans des plaines riantes, avait grimpé ensuite sur des montagnes abruptes, s'était glissée à travers des gorges menaçantes pour déboucher enfin sur d'interminables ondulations d'une même couleur, aussi désertes que le désespoir. » (p. 62)
2. « [...] on traversait des paysages maléfiques, des chaînes de montagnes maudites, des plaines à malaria engourdies ; ces paysages de Calabre et de Basilicate qui lui semblaient barbares alors qu'ils étaient de fait identiques à ceux de Sicile. » (p. 258)
3. Les exemples de voyages funèbres ne manquent pas, y compris dans les passages en principe les plus heureux du récit. Ainsi, l'errance de Tancredi et d'Angelica dans les pièces du château aboutit au lieu troublant de l'appartement des sadiques, « au noyau secret, au centre d'irradiation des inquiétudes charnelles du palais ». (p. 168)

Conclusion générale :

– Le voyage doit être distingué dans sa version ritualisée, accordée à la tradition et à ses exigences, de sa version aventureuse, provocatrice d'un autre ordre. En témoignent les deux manières « d'entrer » dans un monastère : aux affabulations d'un Tancredi rapportant l'épisode grivois auquel il aurait participé en compagnie des chemises rouges, on opposera la retenue fière et respectueuse qui caractérise Concetta. Finalement, Tancredi restera à la porte des sœurs du Saint-Esprit.

– Dans sa version aventureuse, le voyage prend une signification ambivalente. À la fois porteur de valeurs positives (il contribue à l'initiation du personnage) et de présages funestes (ce voyage sans retour amène à la mort), il revêt un caractère tragique.

– Le voyage idéal tiendrait donc au paradoxe réussi d'un mouvement que contiendrait l'immobilité (et non l'inverse, d'un mouvement apparent qui ne serait que vanité[1]). Cette image culmine dans l'esthétique du couple Fabrizio-Angelica, au cours de la valse dont le mouvement réunit la double vertu de l'envol et du retour incessant sur soi ; elle trouve également sa pleine expression dans les étoiles qui accompagnent la rêverie en marche :

« L'âme de Don Fabrizio s'élança vers elles, vers les intangibles, les inatteignables, celles qui offrent la joie sans rien vouloir prétendre en échange, celles qui ne troquent pas [...] » (p. 89)

1. On pense, bien sûr, à la phrase déterminante prononcée par Tancredi : « Si nous voulons que tout reste tel que c'est, il faut que tout change. » (p. 32)

Quel traitement particulier du temps le roman nous propose-t-il ?

Analyse du sujet

Les travaux de la critique littéraire des années 1970, en particulier ceux de Gérard Genette dans *Figures III* (Paris, Seuil, 1972) ont bien montré la distinction qu'il faut opérer entre les différentes instances du temps dans un récit :

– **Le temps de la fiction** nous place du **côté des personnages** ; il avoisine le temps historique, référentiel, qui crédibilise la « fable » en donnant au lecteur l'illusion du réel. Les effets de datation, réels ou vraisemblables, le fil chronologique des événements racontés ou le vieillissement des personnages relèvent de cet aspect.

– **Le temps de la narration** nous place du **côté du narrateur et du lecteur**. Le récit peut suivre l'ordre chronologique des événements, mais peut également le bousculer (retours en arrière ou, à l'inverse, anticipations). Sauf à retenir tous les événements vécus par les personnages (ce qui est impossible), le romancier doit également faire des choix, c'est-à-dire sélectionner des épisodes en fonction de leur degré d'importance : le récit procède donc par scènes successives, séparées par des ellipses*, ou raccordées par des sommaires. On le voit, le narrateur dispose à la fois de l'ordre et de la durée des événements dans l'agencement de son récit.

– **Le temps de l'écriture nous place du côté de l'énonciateur et/ou de l'écrivain.** Lorsqu'il formule un jugement, met en perspective, modalise l'énoncé, le narrateur nous renvoie au présent de l'écriture. C'est une manière de maintenir un regard critique et distancié. Lampedusa use souvent de ce procédé, qui accentue l'historicité des événements racontés en même temps qu'il établit un lien de complicité avec le lecteur, par exemple dans le passage suivant, à propos de Don Fabrizio qui assiste à l'accélération de l'Histoire : celui-ci se trouve alors « dans l'état d'âme de celui qui, croyant aujourd'hui être monté à bord d'un des avions paisibles qui font la navette entre Palerme et Naples, se rend compte au contraire qu'il est enfermé dans un appareil supersonique et comprend qu'il va atteindre son but avant même d'avoir eu le temps de se signer. » (p. 104)

Proposition de plan détaillé

I. Le temps historique

- **La présence de l'Histoire** : elle est inséparable des événements narrés. Le choix des dates figurant au début de chaque partie correspond aux phases les plus actives de l'Unité italienne, débarquement des Mille à Marsala, occupation de Garibaldi appuyé par des insurgés locaux, franchissement du détroit de Messine et prise de Naples (1860). Par la suite, la proclamation du royaume d'Italie (1861), la marche sur Rome de Garibaldi, interrompue par les troupes loyalistes à Aspromonte (1862), la position des forces internationales, Autrichiens, Français et Anglais, tous ces événements parviennent à la maison Salina, de manière assourdie ou indirecte (par l'implication de Tancredi, l'intrusion de Piémontais, ou encore le récit de témoins directs comme le colonel Pallavicino). L'univers social et politique de certains personnages (Don Calogero, Chevalley), en pleine mutation face à la Sicile éternelle, accompagne cette marche des événements. Le temps est donc traité de manière à **donner au lecteur le sentiment d'une forte vraisemblance des personnages et des situations.**
- Le temps historique, associé à l'espace qui en modalise les effets (l'éloignement de Donnafugata, l'imperméabi-

lité de la Sicile profonde) est donc intégré au temps de la fiction. Obligés malgré eux de composer avec la marche du Temps, les personnages évoluent (Tancredi, ses amis piémontais), ou à l'inverse résistent (Don Ciccio Tumeo l'organiste, le Père Pirrone, Concetta gardienne des reliques au dernier chapitre). La position du *Guépard* est à la fois plus complexe et plus nuancée : en principe garant de l'ordre ancien, par nécessité, Don Fabrizio accueille en son sein les nouvelles élites qui effaceront jusqu'au souvenir des Salina dans la dernière partie (on pense au sort funeste de la dépouille de Bendicò, métaphore* d'une splendeur passée, devenue charogne immonde).

Le temps historique, intégré à la fiction, débouche donc sur un antagonisme. Au temps linéaire, progressif et daté des événements extérieurs s'oppose le temps intérieur des personnages, forcés de sortir d'eux-mêmes et de voir sombrer leurs valeurs. C'est le sens du débat qui oppose Chevalley, le Piémontais, partisan sincère de la démocratie et du modernisme, au Guépard, conservateur d'un monde ancien voué à des lois immuables : « Le sommeil, cher Chevalley, le sommeil est ce que veulent les Siciliens, et ils haïront toujours celui qui voudra les réveiller [...] » (p. 187)

II. Le temps mis en scène par le récit

- Choix des épisodes et des liens narratifs : les événements sont choisis en fonction de leur impact sur les personnages : dans le premier chapitre, nous voyons presque coïncider la fiction avec le débarquement des troupes garibaldiennes à Marsala (p. 50) ; le décalage de deux jours permet cependant au lecteur de mesurer la distance, élégante et désenchantée, qui sépare Fabrizio de son beau-frère Màlvica en prise directe, et poltronne, sur les événements. La narration accompagne donc les moments stratégiques du

Risorgimento : Sicile occupée par les Piémontais (été 1860, deuxième partie), reddition du royaume des Deux Siciles et plébiscite confirmant l'annexion (automne de la même année, troisième partie), scission des troupes loyalistes et des chemises rouges (novembre, quatrième partie), échos d'Aspromonte (1862, idem). A partir du chapitre VII, ce n'est plus l'Histoire qui est mise en scène, mais la mort des personnages, réelle (Fabrizio et les siens) ou symbolique (la chapelle aux reliques, le chien Bendicò). La première des stratégies consiste donc à **placer les ellipses* et les scènes narratives de manière que le lecteur puisse vivre les événements dans un effet de proximité, et non pas de simple coïncidence**, par rapport au repérage historique ou aux événements marquants de la fiction ; le seul événement officiel marquant auquel le lecteur assiste en direct est celui de la mort de Fabrizio.

- **Ordre de la narration** : le temps de la narration respecte pour l'essentiel **le fil chronologique**, mais il s'accompagne **de nombreux retours en arrière** (ou : analepses*) grâce auxquels nous revivons les événements précédents par l'intermédiaire du discours ou de la pensée des personnages. Bien souvent, l'effet de rupture avec le chapitre précédent consiste à nous plonger immédiatement dans une nouvelle scène, à la manière d'un film où se succéderaient les plans moyens et les gros plans avant que nous ne comprenions où nous nous trouvons, et pourquoi : c'est le cas, par exemple, au début de la deuxième partie, lorsque l'arrivée à Donnafugata est saisie dans les derniers lacets de la route, de manière que la cérémonie qui suivra puisse être vécue en temps réel. Entre-temps, par la rêverie de Don Fabrizio, le lecteur a pris connaissance des événements de Palerme et des trois journées éprouvantes du voyage (p. 58-63). **Le temps est donc associé à l'in-**

tériorisation des personnages, tout particulièrement la conscience du personnage principal.

- **Durée narrative** : en bon romancier, Lampedusa **joue de la variabilité des durées**, une scène succédant en principe à un sommaire[1]. Par exemple, au début de la quatrième partie, la partie de chasse avec Don Ciccio Tumeo est vécue à la manière d'un film, le lecteur progressant avec ses personnages dans le maquis (la mort du lapin, le déjeuner, l'intervention des fourmis). Dans la même partie, se succèdent récit itératif* à l'imparfait (l'habitude des départs à l'aube, les rituels délicieux, p. 97) et le récit singulatif (à la chasse, ce jour-là) ; Entre-temps, pour une durée indéterminée, le narrateur a évoqué, par l'intermédiaire de la conscience de Fabrizio, les événements politiques des mois précédents et les lettres de Tancredi, dont une en particulier qui a suscité la colère de Stella. **L'ordre** (le retour en arrière par opposition au simple fil chronologique), **la fréquence** (le récit itératif* contre le récit singulatif), et **la durée** (la scène rapprochée s'opposant au sommaire, dans le résumé d'événements antérieurs), **ces trois variants permettent d'ajuster la vitesse narrative à la place de certains passages, tout en les encadrant dans un contexte.** Pour une autre raison, qui tient à un effet de « panorama » [2], dans la seule

1. Par « scène », il faut entendre la proximité temporelle des événements, comme s'ils se déroulaient devant nos yeux à la manière d'un film : il faut donc beaucoup de lignes pour un temps référentiel relativement court. A l'inverse, le « sommaire » consiste à rassembler un temps référentiel relativement long en quelques lignes. Entre ces deux phénomènes opposés joue la vitesse narrative, ou durée du temps narratif.
2. Pour Jules Romains, auteur des 27 tomes romanesques des *Hommes de bonne volonté*, « l'effet de panorama » consiste à « créer, puis à entretenir chez le lecteur la sensation de rester en contact continu avec l'étoffe des événements. Une fois que cette sensation est bien établie, elle tend d'elle-même à

première partie, Lampedusa choisit de nous faire vivre très exactement vingt-quatre heures de Don Fabrizio (de la prière du Rosaire, le 12 mai, à la même prière journalière le lendemain). Le temps s'accélère ensuite, au point d'enjamber les années, tandis que le nombre de pages diminue dans les trois dernières parties.

Le temps narratif est donc un temps intériorisé, très proche de la conscience des personnages : un temps théâtralisé, mis en scène et en relief, un temps de la proximité, de la conséquence immédiate plus que de l'anticipation. Appréhender le temps, c'est vouloir vivre ; le perdre, c'est à l'inverse mourir. Ainsi, lorsqu'il se sent perdu, Don Fabrizio constate que « l'impétuosité du temps qui s'échapp[e] de lui ne perd […] pas de sa fougue. » (p. 260)

III. Le temps vécu par l'écrivain

- **Les renvois au présent de l'écriture** sont nombreux. Le retour périodique à l'énonciation, et donc au temps de 1957, a pour effet d'établir une relation directe entre l'auteur et ses lecteurs, de manière très stendhalienne, « to the happy few ». La première des intelligences, semble nous dire l'écrivain, c'est de faire partie du même monde, **de bénéficier du même regard en surplomb sur le temps** : **une complicité** qui n'a d'égale que *le gag* soupiré à l'oreille du Prince par Angelica, et que le narrateur compare aussitôt à la voiture d'enfant du film *Le Cuirassé Potemkine* d'Eisenstein (p. 147).

---

se perpétuer par l'équivalent d'une illusion d'optique. Le lecteur, habitué à vivre les faits jour par jour, garde cette impression par la suite, même quand des intervalles de plus en plus larges sont venus s'ouvrir entre les faits. » (*Ai-je fait ce que j'ai voulu*, Namur, Wesmael-Charlier, 1964, p. 119)

- Cependant, le retour au présent de l'écriture permet aussi **d'effacer l'illusion romanesque en même temps que celle des personnages sur leur propre vie** : les dieux du plafond « se croyaient éternels : une bombe fabriquée à Pittsburgh, Penn., leur prouverait le contraire en 1943. » (p. 237) Ici, le recul ironique et désenchanté du narrateur est de toute évidence auctorial et autobiographique : Lampedusa traduit en termes très directs ce que lui-même éprouva après la destruction du palais de sa famille à Palerme, durant la Seconde Guerre mondiale. Les événements de la fiction sont donc replacés dans un ensemble, un mouvement général de l'Histoire, où l'existence privée de l'auteur peut trouver sa part.
- Le roman apparaît alors, à plus d'un titre, **comme la métaphore* de la vie de l'écrivain**. Les anticipations, qui accompagnent la vie des personnages sont autant de **mises en garde contre les ravages du temps, l'inutilité de leurs efforts, la vanité de leurs rêves** : ainsi, à l'occasion du plébiscite, le lapsus des autorités promettant l'achèvement des égouts de Donnafugata pour 1961 (p. 116), ou encore le regard lucide porté sur les mariages consanguins de cette époque, qui fait des jeunes femmes de la bonne société « un étang rempli de grenouilles ». (p. 234) Les paysages que l'on croit immuables sont placés dans la perspective du monde moderne, c'est-à-dire aussitôt effacés : le village de San Cono, emblématique de la Sicile profonde, où se rend le Père Pirrone dans la cinquième partie, est devenu « à présent, grâce aux autobus, [...] une des cages à poules satellites de Palerme » (p. 199) De manière générale, si les personnages vieillissent et meurent, c'est pour mieux nous rappeler la fragilité des êtres et de toute chose : roman d'un pessimisme profond, où ne survit que l'aspiration à l'éternité, à l'apaisement, que permettraient l'art et l'esthétique :

« La valse dont les notes traversaient l'air chaud ne lui semblait qu'une stylisation du passage incessant des vents qui font des arpèges de leur deuil sur les surfaces assoiffées, hier, aujourd'hui, demain, toujours, toujours ». (p. 237)

Conclusion générale :

- Le temps historique est largement dépassé par le temps intériorisé des personnages : durée, rythme, retours en arrière, fréquence, qui s'affirment dans une forme d'antagonisme face aux événements.
- Le personnage central de Don Fabrizio, mais aussi tous ceux qu'il aime et qui lui sont proches, éprouvent un véritable traumatisme à se voir imposer une marche historique qui dénie leurs valeurs et leurs références, celles de la transmission perpétuelle et du cycle. En même temps, cette confrontation est pour eux le seul moyen de se sentir vivre : dès qu'il y a déprise, éloignement des éléments, dès que les ellipses* augmentent et que les événements se distendent, le monde extérieur parvient à peine comme un écho assourdi, le personnage se referme sur lui-même et la mort n'est plus très loin.
- L'auteur semble avoir figuré ses visions intérieures, en particulier celle de la maladie et de la mort inéluctable, dans l'imagerie d'un monde sur le déclin, dont les battements de cœur s'espacent peu à peu, dont le rêve d'esthétique permettrait, seul, d'arrêter les pendules, comme en témoignent les derniers instants de la dépouille de Bendicò, avant qu'il ne retourne au néant :

  « … au cours de son vol par la fenêtre sa forme se recomposa un instant : on aurait pu voir danser dans l'air un quadrupède aux longues moustaches et la patte droite antérieure semblait lancer une imprécation. » (p. 294)

Dans ses *Leçons sur Stendhal*, Giuseppe Tomasi Di Lampedusa admire la technique subtile grâce à laquelle s'opère, dans *Le Rouge et le Noir*, « la fusion complète de l'auteur, du personnage et du lecteur ». Vous direz en quoi cette affirmation peut se vérifier à la lecture du *Guépard*.

Analyse du sujet

La référence à Stendhal est importante. D'une part, Lampedusa est un admirateur de cet écrivain auquel il a consacré un ouvrage (traduit aux éditions Allia par Monique Baccelli, Paris, 2002) ; la citation est d'ailleurs tirée de ce livre. D'autre part, plusieurs observateurs ont remarqué la parenté d'inspiration romanesque entre *Le Guépard* et *La Chartreuse de Parme*•. Certes, le sujet ne consiste aucunement à comparer les deux auteurs, mais on gagne toujours à réinvestir des lectures personnelles, et à faire preuve d'une véritable culture romanesque. À bien des égards, le style alerte de Stendhal peut servir de comparaison et de point d'appui à une analyse du *Guépard*.

Le terme « **fusion** » doit s'entendre ici comme la rencontre absolue des trois tenants de l'écriture romanesque (auteur, personnage, lecteur). Toute la difficulté consiste donc à **les réunir à chaque point de l'étude** ; il n'est donc pas question d'envisager les binômes qui pourraient se présenter à l'esprit de manière séparée (auteur/personnage, auteur/lecteur…). On écartera donc la question de l'écriture autobiographique ; en plaçant essentiellement la réflexion sur la rencontre de l'auteur et de son personnage, elle ne permet de traiter qu'un aspect du sujet. Pour les mêmes raisons, on laissera de côté le problème du roman historique, qui permettrait, certes, de faire le lien entre le passé et le présent (auteur/personnage, lecteur/personnage), mais qui placerait au second plan la rencontre de l'auteur et du lecteur.

C'est donc **le lien esthétique** qu'il faut privilégier, cette écriture romanesque dont **la force de suggestion** permet au lecteur de pénétrer instinctivement dans une atmosphère, un état mental, des caractères. Cette complicité active du lecteur est cependant guidée par des **techniques « subtiles »**, que l'on peut reconnaître dans la focalisation*, la voix narrative, « l'omnivoyance[1] » ou le monologue intérieur. Ces deux aspects sont apparemment antithétiques mais complémentaires : la présence manipulatrice d'un narrateur guidant le point de vue n'exclut pas la part active laissée au lecteur. Cette démarche guide le plan qui suit.

Pour terminer, il faut noter que la problématique de ce sujet rejoint **le nouvel objet d'étude au programme de la classe de première,** qui concerne **le roman et ses personnages** : la question posée demande bel et bien de « dépasser le stade de l'identification psychologique au personnage, auquel correspond le modèle dominant du roman de mœurs » en « relativis[ant] ce modèle, en le replaçant dans l'histoire littéraire et en dégageant les moyens formels qui permettent au romancier de construire le personnage ».[2]

Proposition de plan détaillé

I. Omniprésence, « omnivoyance » du narrateur et polyphonie du récit…

- Le lecteur, guidé par le narrateur, pénètre la conscience des personnages. Le plus souvent, il entre en complicité avec

1. Ce terme est employé par Lampedusa (*Stendhal*, op.cit. p. 64).
2. *Documents d'accompagnement pour la classe de première*, addition au Bulletin officiel n°40, du 2 novembre 2006.

Don Fabrizio, dont il suit le cheminement mental. Parfois incompréhensible pour ses proches, le comportement du personnage apparaît naturel, compte tenu des circonstances et de ce qui précède, comme en témoigne sa position vis-à-vis de la demande en mariage d'Angelica qu'il effectuera au nom de Tancredi : la lettre de ce dernier, dont Fabrizio a su apprécier le contenu, prépare le lecteur à cette décision, lourde de conséquences mais peut-être la plus sage, tandis que Stella en reste à la réaction primaire et scandalisée de l'aristocrate que bouleverse cette forme de trahison (deuxième partie). Le même phénomène se retrouve dans la dernière partie, lorsqu'après les investigations paléographiques du Père Pacchiotti s'opposent les réactions emportées des deux sœurs, tandis que Concetta se contente d'enregistrer froidement les événements. **L'essentiel tient donc, non aux faits, mais aux perceptions mentales des personnages**. Ainsi, révélé au jour par le regard scrutateur de Don Fabrizio, Don Calogero est rendu à son exaspérante réussite matérielle teintée de ridicule, car se trouve ainsi rapetissé « ce petit tas d'astuce, de vêtements mal coupés, d'or et d'ignorance qui maintenant allait presque faire partie de la famille » (p. 139) : ce très beau zeugma* consacre une vision ironique, non dénuée de tristesse et de désenchantement, qui « chosifie » le personnage. Dans la lecture du roman, rien ne cesse d'être intérieur.

- **L'auteur peut franchir un degré supplémentaire de complicité avec son personnage en liant le passé et le présent** : le lecteur est convié à cette perception, parfois fugitive, qui tient de l'intuition, parfois de la révélation. Cette « fusion » en surplomb peut s'effectuer par le biais de la focalisation* zéro, œuvre d'un narrateur omniscient. C'est le cas des anticipations, ou prolepses*, lorsque le narrateur donne un aperçu de l'avenir de ses personnages : à propos d'Angelica, il est question de ses « ingénuités juvéniles qu'elle renierait par la suite quand, les années passant, elle devint l'une des Égéries les plus vipérines de Montecitorio et de la Consulta. » (p. 151) Mais il peut également s'agir d'une vision plus générale concernant la société, comme en témoigne le regard sagace du Père Pirrone, à propos de la réalité des sentiments dans les familles siciliennes, point de vue du personnage auquel se joint celui du narrateur : « Tout était évident : l'amour, la passion n'avaient rien à voir. Ce n'était qu'une saloperie qui vengeait une autre saloperie. » (p. 215) Ou parfois, c'est la propre angoisse de l'auteur devant la mort qui émerge tout à coup, au détour d'un sentier de chasse où la vue de Fabrizio porte loin : « Le vent léger passait au-dessus de tout, universalisait les odeurs d'excrément, de charogne et de sauge, effaçait, supprimait, recomposait chaque chose dans son passage insouciant. » (p. 109). À bien des égards, l'auteur Lampedusa dépasse la voix immatérielle du narrateur en s'identifiant à Don Fabrizio, jusque dans sa mort qu'il vit par anticipation.

- Enfin, les paroles des personnages sont souvent l'effet d'une double énonciation : derrière leur discours est perceptible, et très sensible, la pensée de l'auteur. Il peut s'agir d'une forme de monologue intérieur, par lequel le mouvement d'empathie* joue pleinement, comme lors de la mort de Fabrizio[1]. Par ailleurs, à la fin de la quatrième partie, en

1. Avant de mourir, le Guépard évoque tous ceux que la mort a fauchés avant lui : « Et si en lui, qui était vieux, le fracas de la vie en fuite était si puissant, quel avait dû être le tumulte des réservoirs encore pleins de ces pauvres jeunes corps qui se vidaient en un instant ? » (p. 260) Rappelons que le monologue intérieur, en l'absence de guillemets, et dans le fil de la narration, se présente comme un flux ininterrompu de pensées qui traversent

entendant parler Don Fabrizio, le lecteur croit entendre Lampedusa, à la fois lucide et désenchanté ; mais il entend également une autre voix de l'auteur, tout aussi autorisée, dans le dialogue qui l'oppose à Chevalley[1]. Peu de personnages, du reste, font l'objet d'une surdité véritable du narrateur, si l'on excepte Don Calogero, qui « exemplarise » un arrivisme social détesté aussi bien de Fabrizio que de l'auteur lui-même. À l'inverse, au fil des pages, avec leur dose de naïveté et d'impuissance, le lecteur est amené à sympathiser avec des personnages aussi divers que le Père Pirrone, Don Ciccio Tumeo l'organiste, ou encore l'intendant Don Onofrio, qui se signalent par leur honnêteté foncière et leur fidélité obstinée : leurs discours possèdent toujours un fonds de vérité qui nourrit une vision générale de l'existence.

L'auteur entretient donc un lien permanent avec ses personnages, au moyen d'une focalisation* variable, qui nous amène à pénétrer plusieurs situations à la fois. La parole est également source de (con)fusion entre l'auteur, les différents personnages, et le lecteur qui participe à un certain état mental. En même temps, en effet, nous prenons connaissance d'un monde que

---

la conscience du personnage au fur et à mesure de leur apparition, sans volonté de hiérarchie : c'est bien le cas dans ce passage, qui correspond aux images mentales qui se pressent intérieurement chez Don Fabrizio, à l'orée de la mort proche.

1. Don Fabrizio : « [La Sicile] me semble plutôt une centenaire traînée en fauteuil roulant à l'Exposition universelle de Londres, qui ne comprend rien, qui se fiche de tout, des aciéries de Sheffield comme des filatures de Manchester, et qui n'aspire qu'à retrouver son demi-sommeil parmi ses coussins où baver et son pot de chambre sous le lit. » (p. 186/187)
Chevalley : « Écoutez votre conscience, prince, et non les vérités orgueilleuses que vous avez dites. Collaborez. » (p. 192)

guide « l'esprit désabusé, sympathique, accommodant, raffiné[1] » de Fabrizio ou de Tancredi, tous ceux que touche la conscience de leur époque : une pénétration du regard qui équivaut à un dépassement.

II. mais aussi : présence active du lecteur

- ***Le Guépard* est un roman de l'inachèvement et de la suggestion**. Le récit contient une grande part d'implicite, qui laisse une marge d'interprétation au lecteur. Les personnages sont d'autant plus présents que le narrateur ne donne le plus souvent que des indications les concernant : scènes exemplaires et cocasses (la complicité forcée du Père Pirrone lors de l'escapade à Palerme et sa retenue bougonne et complice le lendemain dans l'observatoire – Les confidences de Don Ciccio Tumeo, et sa rétention dans la salle d'armes), anecdotes à partir desquelles se décide le destin d'un personnage (La réaction scandalisée de Concetta après le récit de Tancredi, à la fin du repas d'accueil à Donnafugata, la danse de Fabrizio et d'Angelica lors du bal des Ponteleone…). Par cette technique du grossissement qui consiste à monter un épisode en épingle, la description systématique du cadre importe moins que l'atmosphère suggérée à partir de ce que vivent et découvrent les personnages : le comité d'accueil lors de l'arrivée à Donnafugata (deuxième partie), l'entrée dans le bal des Ponteleone, ou ce trait essentiel, le panier de pêches aperçu « d'une fenêtre » lorsque Tancredi se rend pour la première fois chez les Sedàra à la fin de la deuxième partie. C'est par ces éléments minuscules et déterminants que le lecteur accède à un ensemble : **Lampedusa élimine le superflu et ne retient que**

1. Ces termes sont employés par Lampedusa pour les personnages de Stendhal (op. cit.)

le nécessaire, cheminement intérieur du personnage principal, attitudes et réactions de son entourage immédiat. Il peut également procéder par allusions, qui rendent parfois indécidable la paternité du point de vue adopté, auteur et personnage, jusque dans l'évocation du soleil d'automne de l'année 1860 : « [...] le soleil était remonté sur son trône comme un roi absolu qui, éloigné durant une semaine par les barricades de ses sujets, revient régner courroucé mais réfréné par des chartes constitutionnelles. » (p. 97)

- **L'essentiel**, en effet, **consiste en une parole des personnages, indirectement exprimée** par « leurs actions, leurs regards, leurs balbutiements, la crispation de leurs doigts, leurs silences ou leur éloquence soudaine, la couleur de leurs joues, le rythme de leur pas : presque jamais à travers leurs propos, qui sont toujours des masques pudiques ou insolents de leur intériorité. » (Lampedusa, *Stendhal*, p. 72). Ce que Lampedusa dit des personnages de Stendhal pourrait tout aussi bien convenir à ceux du *Guépard*, qui trahissent leur état mental, leur personnalité à partir de signes que l'on peut facilement décrypter : par exemple, l'entrée d'Angelica à l'occasion du retour de Tancredi, agit comme un sortilège, sur Tancredi bien sûr, mais aussi sur toute la famille et sur le lecteur[1]. Dans un autre épisode, le changement brutal d'attitude de Vicenzino face au Père Pirrone nous révèle d'un seul coup ce qu'il en est des réalités sociales dans une famille sicilienne : mieux que ne le ferait la prise de parole, toujours biaisée, masquée, porteuse d'artifice.[2] C'est ici que se glisse l'ironie du narrateur,

1. « À cette vue, devant ce contraste entre la beauté de la personne et l'aspect rustique du vêtement, Tancredi reçut comme un coup de cravache... » (p. 160)
2. « Il est bien clair, Vicenzino », dit-il, « que moi aussi je veux contribuer à tout arranger. Le document privé qui m'assure la propriété de ce qui me

discours qui se surimpose à celui des personnages : regard neuf, distant et railleur, qui permet de voir au-delà des apparences, dès le premier chapitre[1].

Conclusion générale :

Le narrateur est particulièrement présent dans le roman : c'est lui qui ordonne, qui choisit, qui oriente les épisodes et les rend perceptibles à partir d'un point de vue. Nous prenons connaissance de l'univers des personnages à partir de leurs représentations mentales. En même temps, cette focalisation* variable a pour effet de rendre l'auteur plus présent : son regard, parfois sa voix, se surimposent à ceux des personnages. L'auteur, en effet, impose sa vision réelle plus marquée (y compris autobiographique) alors que le narrateur resterait une voix immatérielle : il y a bien présence, constante, de Lampedusa dans le roman.

Une part active est laissée au lecteur : s'il est guidé, il reste cependant ouvert à l'interprétation, goûte une atmosphère, le piquant de certaines situations, la réalité complexe et subtile de plusieurs personnages. « [Il] n'est plus un étranger qui contemple l'action, mais presque toujours l'un des acteurs de l'action elle-même[2]. »

---

revient sur l'héritage de notre cher défunt, je te le renverrai déchiré de Palerme. » L'effet de ce baume fut immédiat. Vicenzino, absorbé dans les supputations de la valeur de l'héritage anticipé, se tut ; et dans l'air ensoleillé et froid passèrent les notes très fausses d'un air que 'Ncilina avait eu envie de chanter en balayant la chambre de son oncle. » (p. 220)

1. « Seule une Andromède resta cachée par la soutane du Père Pirrone, qui s'était attardé dans ses oraisons supplémentaires ; elle l'empêcha un moment de revoir le Persée argenté qui, survolant les flots, se hâtait à son secours et vers le baiser. » (p. 9-10)
2. *Stendhal*, op.cit. p. 66.

Le Guépard : quelques citations

Tout au long de cet ouvrage figurent de nombreuses citations. Celles que nous réunissons ici sont, nous semble-t-il, facilement mémorisables.

Le personnage de Don Fabrizio, portrait et autoportrait :

« Non qu'il fût gros : il n'était qu'immense et très fort. » (p. 11)

« Premier (et dernier) d'une lignée qui au cours des siècles n'avait jamais su faire l'addition de ses dépenses ni la soustraction de ses dettes, il avait de réelles et fortes inclinations pour les mathématiques [...]. » (p. 12)

« J'appartiens à une génération malheureuse, à cheval entre les temps anciens et les nouveaux, et qui se trouve mal à l'aise dans les deux. » (p. 190)

« Le vrai problème, l'unique, est de pouvoir continuer à vivre cette vie de l'esprit dans ses moments les plus abstraits, les plus ressemblants à la mort. » (p. 45)

Don Fabrizio et les étoiles :

« L'âme de Don Fabrizio s'élança vers elles, vers les intangibles, les inatteignables, celles qui offrent la joie sans rien vouloir prétendre en échange. » (p. 89)

Don Fabrizio et la mort :

« Tant qu'il y a de la mort il y a de l'espoir. » (Don Fabrizio, p. 77)

« Tu courtises la mort ? » (Tancredi à Don Fabrizio, p. 241)

« Pour un instant, cette nuit, la mort fut de nouveau à ses yeux "l'affaire des autres". » (Don Fabrizio dansant avec Angelica, p. 243)

« Il oublia son agonie en pensant à la fin imminente de ces pauvres chères choses. » (p. 262)

Don Fabrizio et sa famille :

Le Prince « aimait avoir autour de lui toute chose à son échelle, hormis sa femme ». (p. 20)

Maria Stella regardait d'un œil inquiet « ses enfants esclaves et son mari tyran. » (p. 11)

« Le seul qui lui ressemblât, Giovanni, n'était plus là. » (p. 262)

« Sans se l'avouer, il eût préféré l'avoir comme fils aîné, plutôt que ce bon nigaud de Paolo. » (Don Fabrizio à propos de Tancredi, p. 24)

« Tancredi, pour son oncle, ne pouvait jamais avoir tort. » (p. 24) « C'était lui, son fils, le vrai. » (Don Fabrizio à propos de Tancredi, p. 32)

« Je crains que Tancredi ne vise plus haut, je veux dire plus bas. » (à propos d'un éventuel mariage avec Concetta, p. 46)

« Le Prince aimait beaucoup sa fille ; mais il aimait encore plus Tancredi. » (à propos de Concetta, p. 75)

« Ce mariage n'était la fin de rien mais le début de tout ; cela faisait partie des usages séculaires. » (à propos du mariage de Tancredi et d'Angelica, p. 128)

« [...] le dernier Salina c'était lui, le géant émacié qui agonisait à présent sur le balcon d'un hôtel. » (p. 263)

La mort :

« cette monarchie qui portait les signes de la mort sur son visage. » (p. 19)

« C'étaient ces couvents qui conféraient à la ville son air sombre et son caractère, son decorum joint au sentiment de mort que même la frénétique lumière sicilienne ne parvenait jamais à dissiper. » (p. 26)

Le Père Pirrone :

« en homme sans médiocrité, il transférait aussitôt ses propres peines éphémères dans le monde durable de l'histoire. » (p. 25)

Les nobles :

« Nous tenons à nos maisons et à notre mobilier plus qu'à n'importe quelle autre chose ». (Tancredi à Angelica) (p. 232)

« La colère et la moquerie sont aristocratiques ; l'élégie, la plainte, non. » (Le Père Pirrone, p. 210)

« Ce ne sont pas les latifundia et les droits féodaux qui font l'homme noble, mais ce sont les différences. » (id.)

Don Ciccio Ferrara (le comptable) et les libéraux :

Il avait « l'âme pleine d'illusions et rapace d'un libéral. » (p. 36)

Don Calogero et Angelica :

« [Don Fabrizio] regardait rapetisser ce petit tas d'astuce, de vêtements mal coupés, d'or et d'ignorance qui maintenant allait presque faire partie de la famille. » (p. 139)

« Don Calogero se tenait dans le sillage [d'Angelica], petit rat gardien d'une rose flamboyante. » (p. 231)

Don Calogero « est intelligent comme un diable. » (Don Ciccio, p. 123)

« Angelica était Angelica, une jeune fille en fleur, une rose à qui le surnom de son grand-père n'avait servi que d'engrais. » (Don Fabrizio, p. 126)

Le chien Bendicò :

« Tu vois, Bendicò, toi, tu es un peu comme elles, comme les étoiles : d'un bonheur incompréhensible, incapable de produire de l'angoisse. » (p. 89)

L'amour

« Feu et flammes pendant un an, cendres pendant trente. » (Don Fabrizio, p. 76)

« L'éternité amoureuse ne dure que quelques années et non pas cinquante. » (p. 288)

Regards sur l'Histoire et l'Unité italienne :

« Ne serait-ce pas la même chose ? Le dialecte turinois à la place du napolitain ; rien d'autre. » (p. 19)

Don Fabrizio « savait maintenant qui avait été étranglé à Donnafugata, dans cent autres lieux, au cours de cette nuit de sale vent : une nouveau-née, la bonne foi ». (p. 119)

« Beaucoup de choses se passeraient, mais tout serait une comédie, une comédie bruyante, romantique, avec quelques taches de sang sur son habit de bouffon. » (p. 39)

« Si nous voulons que tout reste tel que c'est, il faut que tout change. » (Tancredi, p. 32)

Ce ne sera « rien qu'une lente substitution de classes. » (p. 40)

« Et après ce sera différent, mais pire. Nous fûmes les *Guépards*, les Lions ; ceux qui nous remplaceront seront les petits chacals, les hyènes. » (Don Fabrizio, p. 195)

« Jamais nous n'avons été autant divisés que depuis que nous sommes unis. » (Le colonel Pallavicino, p. 249)

« Ce Garibaldi, ce Vulcain barbu, après tout, avait vaincu. » (p. 264)

La Sicile :

« Le soleil [...] se révélait comme le souverain authentique de la Sicile : le soleil violent et impudent, le soleil faisant l'effet, aussi, d'un narcotique, qui annihilait les volontés individuelles... » (Don Fabrizio, p. 42-43)

« En Sicile peu importe faire bien ou mal : le péché que nous, Siciliens, nous ne pardonnons jamais est simplement celui de "faire". » (Don Fabrizio à Chevalley, p. 186)

« Le sommeil, cher Chevalley, le sommeil est ce que veulent les Siciliens, et ils haïront toujours celui qui voudra les réveiller [...] » (id., p. 187)

« Mais était-ce la vérité ? Nulle part la vérité n'a une vie aussi brève qu'en Sicile. » (à propos des sentiments de Tancredi pour Concetta, p. 289)

Les Piémontais :

« Il avait été élève à l'École de paléographie du Vatican, de surcroît il était piémontais : son travail fut long et soigné. » (à propos de Don Pacchiotti, p. 292-293 »

« C'était un honnête homme. » (à propos de Chevalley, p. 191)

Annexes

Glossaire

Abyme (mise en) – procédé d'inclusion d'une œuvre à l'intérieur d'une autre, par exemple un tableau dans un tableau.

Accumulation – procédé littéraire qui consiste à ajouter des termes ou des syntagmes de même nature et de même fonction.

Acrostiche (m) – poème dont les initiales de chaque vers, lues verticalement, composent un nom.

Agnosticisme (adj. agnostique) – courant de pensée d'après lequel tout ce qui ne peut être vérifié scientifiquement est inconnaissable.

Allégorie – figuration d'une abstraction par une image, souvent par un être vivant.

Anaphore (f) – répétition d'un mot ou d'un groupe de mots en tête de phrase.

Animisme – attitude consistant à attribuer aux choses une âme analogue à l'âme humaine.

Antépénultième – avant-avant-dernière syllabe.

Antithèse – figure de style qui met en parallèle des mots qui désignent des réalités opposées.

Baroquisme – recherche des idées, des figures, et des mots les plus rares, les plus surprenants, les plus curieux.

Charismatique – se dit d'une personnalité exceptionnelle qui exerce un grand ascendant sur les autres.

Comminatoire – menaçant (à l'origine, terme légal).

Ecphrasis (f) – figure qui consiste à mettre sous les yeux du lecteur la description d'une représentation artistique, le plus souvent picturale, au sein du récit.

Ellipse (temporelle) – procédé qui consiste à omettre certains éléments du récit. Le narrateur passe sous silence un long moment de l'histoire.

Empathie – faculté de ressentir ce que ressent quelqu'un (≠ sympathie).

Épigone (m) – successeur, imitateur.

Esthète – personne qui a le culte exclusif de la beauté formelle, personne aux goûts raffinés.

Focalisation – le romancier organise son récit en fonction du **point de vue** qu'il choisit d'utiliser :

1 – focalisation **interne** : le narrateur ne rapporte que ce que voit le personnage, en s'identifiant à son regard.

2 – focalisation **externe** : le narrateur ne rapporte que les apparences extérieures de l'histoire. Il en dit moins que ne sait le personnage. Cette technique donne une impression d'impartialité et d'objectivité. Le narrateur est invisible.

3 – focalisation **zéro** : le narrateur **omniscient** en sait et en dit plus que ce que savent les personnages. C'est le « point de vue de Dieu ».

Héraldique – relatif au blason.

Itératif – qui est répété plusieurs fois.

Léonin (adj.) – propre au lion.

Manichéisme (adj. **manichéen**) – conception qui oppose de manière absolue le positif et le négatif. Exemple : l'univers du western est manichéen : d'un côté les bons, de l'autre les méchants.

Métaphore (f) – rapprochement de deux réalités éloignées au moyen de l'imaginaire, sans l'intermédiaire d'un outil de comparaison. « Plus les rapports des deux réalités rapprochées seront lointains et justes, plus l'image sera forte – plus elle aura de puissance émotive et de réalité poétique. » (Pierre Reverdy, *L'Image*, 1918)

À ne pas confondre avec la **comparaison**, qui est explicite (présence de « comme »).

Mysticisme – croyance selon laquelle l'homme peut, par diverses pratiques, en particulier la contemplation, entrer en communication directe avec Dieu ; foi religieuse intense et instinctive qui s'accompagne souvent de mortification.

Narcissisme – attention exclusive portée à soi-même (vient du personnage de la mythologie Narcisse, amoureux de sa propre image).

Oligarchie – régime politique dans lequel le gouvernement est entre les mains d'un petit groupe de personnes.

Onction – douceur dans les gestes et les paroles, affectée sinon hypocrite.

Oxymore (ou oxymoron) (m) – figure de rhétorique qui consiste à placer l'un à côté de l'autre deux mots opposés par le sens. Certains sont passés dans la langue courante : clair-obscur.

Exemples : « cette **obscure clarté** qui tombe des étoiles » (Corneille, *Le Cid*•), « un **silence assourdissant** » (Camus, *La chute*•)

Prolepse (f) – anticipation (≠ **analepse** : retour en arrière).

Sarcasme – trait d'ironie mordante, moquerie souvent cruelle.

Scansion – action ou manière de scander un vers, c'est-à-dire de le découper en ses éléments métriques (longues et brèves), d'où le sens de « découpage ».

Topos (m. pluriel grec : topoï) – thème récurrent et attendu dans la littérature.

Understatement – mot anglais souvent employé en italien pour désigner la tendance à minimiser l'importance d'une affirmation.

Zeugma (m) – figure de style qui consiste à lier par la syntaxe deux mots ou deux groupes de mots dont un seul se rapproche logiquement du verbe. Les deux mots liés syntaxiquement peuvent être incompatibles parce que l'un est abstrait et l'autre concret ou parce qu'ils font appel à des sens différents du verbe. Exemple : « Vêtu de probité candide et de lin blanc » (Victor Hugo)

Notes bibliographiques

En italien

Œuvres de Giuseppe Tomasi di Lampedusa :

Il Gattopardo (nuova edizione riveduta a cura di Gioacchino Lanza Tomasi) (Le Comete, Mondadori, 2002). Cette édition, conforme au manuscrit de 1957, comporte les fragments inédits et un appareil critique de Gioacchino Lanza Tomasi.

I racconti, Feltrinelli, 2002.

Viaggio in Europa. Epistolario 1925-1930, Mondadori, 2006.

Sur *Le Guépard* **et son auteur :**

Comme nous l'avons dit, il s'est écrit des milliers d'articles et publié des centaines de livres sur le roman et son auteur.

Voici quelques titres qu'il est possible de se procurer actuellement :

Gioacchino Lanza Tomasi, *I luoghi del Gattopardo*, Sellerio, 2001.

Le livre présente des tableaux et des photos de la famille de Tomasi di Lampedusa et des lieux où il a vécu, avec une introduction biographique.

Giancarlo Buzzi, *Invito alla lettura di Tomasi di Lampedusa*, Mursia, 1972-1997.

David Gilmour, *L'ultimo Gattopardo. Vita di Giuseppe Tomasi di Lampedusa*, Feltrinelli, 1989.

Francesco Orlando, *Ricordo di Lampedusa. Da distanze diverse*, Bollati Boringhieri, 1996.

En français

Giuseppe Tomasi di Lampedusa, *Le Guépard*, traduction de Jean-Paul Manganaro, nouvelle édition et postface de Gioacchino Lanza Tomasi. Cette édition, conforme au manuscrit de 1957, comprend les fragments inédits et une note du traducteur, Seuil, 2007.

Giuseppe Tomasi di Lampedusa, *Le Guépard,* traduction de Fanette Pézard d'après le texte italien publié par Bassani en 1958. Préface de Vincenzo Consolo, Seuil, coll. « Points », actuellement épuisé.

Giuseppe Tomasi di Lampedusa, *Le Professeur et la Sirène* (nouvelles), traduit de l'italien par Louis Bonalumi, d'après le texte des *Racconti* de 1961. Préface de Giorgio Bassani, Seuil, coll. « Points », 1962). Cette traduction suit malheureusement l'édition italienne fautive de 1961 et non celle conforme aux manuscrits originaux de 1988.

Aux éditions Allia, dans la traduction de Monique Baccelli :

Stendhal (1999) (*Leçons sur Stendhal,* publié avec *Stendhal et la Sicile,* de Leonardo Sciascia, aux éditions Nadeau en 1985, est épuisé)

Byron (1999)

Shakespeare (2000)

Giuseppe Tomasi di Lampedusa, *Voyage en Europe.* Introduction de Gioacchino Lanza Tomasi. Préface et notes de Salvatore Silvano Nigro. Traduction de Nathalie Castagné, Seuil, 2006.

Francesco Orlando, *Un souvenir de Lampedusa* (1962) suivi de *À distances multiples* (1996). Traduction de Michel Balzamo, L'Inventaire, 1997.

Lectures complémentaires :

Jean-Bernard Naudin, Gérard Gefen, Fanny Calefati di Canalotti, Lydia Fasoli, *La Sicile au temps des Guépards. Vie quotidienne d'une aristocratie,* Éditions du Chêne, 2000.

Dominique Fernandez-Ferrante Ferranti, *Palerme et la Sicile,* Stock, 1998.

Le grand guide de la Sicile, Gallimard, Bibliothèque du voyageur, dernière édition.

Edmonde Charles-Roux, *Une enfance sicilienne* d'après Fulco di Verdura, Grasset et Fasquelle, 1981.

Federico De Roberto, *Les princes de Francalanza* (= *I Viceré*), traduction de Nathalie Bauer, Stock, 1993-2007.

Luigi Pirandello, *Les vieux et les jeunes*, traduction de Jacqueline Bloncourt-Herselin, Denoël, 1982.

Max Gallo, *Garibaldi, la force d'un destin*, Fayard, 1982.

Guy Gauthier, *Garibaldi, l'aventurier de la liberté*, France-Empire, 2007.

Sur le film de Visconti :

Laurence Schifano, *Le Guépard* de Luchino Visconti, Armand Colin, 1991 (actuellement indisponible)

Filmographie :

Luchino Visconti, *Le Guépard*. Édition Collector (contient deux DVD : version française, version longue italienne, et divers bonus).

Giuseppe Tomasi di Lampedusa, *Un siècle d'écrivains*, émission de Bernard Rapp, 1997, FR3, 02/03/1998.

La Sicile

Géographie, histoire, art et traditions

Aujourd'hui les géographes classent la Sicile parmi ce qu'ils appellent les « périphéries », c'est-à-dire des territoires méditerranéens éloignés du cœur de l'Europe par la distance kilométrique, mais également par un moindre degré de développement.

Or la Sicile dans l'Antiquité et jusqu'à la découverte de l'Amérique se trouvait au cœur du monde, c'est-à-dire du seul monde connu à l'époque, du monde méditerranéen. De ce fait elle était l'objet de toutes les convoitises. Géographiquement parlant la Sicile est la plus grande île de la Méditerranée, et elle a le redoutable privilège d'avoir des **volcans** en activité : l'Etna, mais aussi les volcans des îles Éoliennes ou Lipari, le Stromboli et Vulcano. Les terres volcaniques étant particulièrement fertiles, malgré le danger les villages fleurissent sur les pentes du volcan.

La Sicile est une île de montagnes et de collines, les seules plaines importantes étant celle de Catane et la Conca d'Oro, près de Palerme. Les fleuves sont des torrents, à sec l'été. Par sa position sur une faille de l'écorce terrestre, elle est sujette à de violents **tremblements de terre**. Celui de 1693 détruisit l'est de l'île. Celui de 1908 fit plus de 80 000 morts à Messine et dans sa région. C'est au cours du séisme de 1968 dans la vallée du Belice que fut détruite la villa de Santa Margherita où Lampedusa passait ses étés étant enfant.

Le paysage sicilien est caractérisé par des **contrastes** entre la luxuriance des jardins de bord de mer et des orangeraies, et les paysages de lave noire de l'Etna, entre le vert et les fleurs du printemps et les étendues jaunes des chaumes brûlés de l'été.

La Sicile reste une **région** essentiellement **agricole**. La plupart des cultures et de la végétation qui caractérisent pour nous la Sicile aujourd'hui — les orangers et les citronniers — ont été importées relativement récemment, par les Arabes. À l'époque romaine la Sicile était le « **grenier à blé** » de l'empire. Les vins siciliens, à forte teneur en alcool, et en particulier le marsala, « découvert » par les Anglais en 1814, sont exportés dans le monde entier. Au cours des siècles les latifundia de l'Antiquité sont devenus les « **fiefs** », mais le résultat est le même : la terre appartient à quelques grandes familles qui confient leur exploitation à des intendants qui s'enrichissent à la fois aux dépens des paysans (« braccianti ») qu'ils exploitent et des propriétaires qu'ils grugent. Quand ces derniers sont ruinés, ils rachètent leurs terres à bas prix. Cette absence de classe moyenne et la gestion indirecte à distance des domaines sont parmi les causes du phénomène de la mafia. La sécheresse et l'organisation sociale expliquent aussi la forte émigration. Ce n'est qu'après la Seconde guerre mondiale que la réforme agraire modifiera cet état de choses. Les aides de la « Cassa per il Mezzogiorno » ne permettront pas cependant de résoudre le problème du chômage.

Quant au **sous-sol**, on trouve des mines de **soufre** sur les plateaux arides du Sud, dans les provinces d'Agrigente, de Caltanissetta et d'Enna. Exploitées de la fin du XVIIIe siècle à la moitié du XXe siècle, ces mines ont été abandonnées car la concurrence du soufre américain ne les rendait plus rentables[1]. Potasse, sel gemme, sel marin sont aussi exploités. La pêche est une ressource importante, et dans les années 1950 on a découvert des gisements de pétrole, si bien que des **pôles industriels** se sont développés autour de Syracuse, de Porto Empedocle, de Gela et de Milazzo et aussi de Palerme et de Catane. La Sicile a tous les atouts pour être une région touristique de premier plan, ce

1. Au XIXe siècle le travail dans les mines de soufre, le sort pitoyable des ouvriers et des petits porteurs de soufre, les « carusi », ont donné naissance à une littérature comparable à celle qu'ont inspirée les mines de charbon en France (Zola) et en Angleterre : Verga, Pirandello ont dans leurs nouvelles décrit la condition de ces mineurs.

qui n'est pas encore tout à fait le cas, malgré l'amélioration des moyens de communication.

Comme le dit Don Fabrizio, la Sicile était l'« **Amérique de l'Antiquité** ». (p. 108) Habitée dès la préhistoire par **les Sicanes, les Sicules et les Elymes** qui laisseront leur empreinte à Ségeste où leur temple se dresse aujourd'hui dans une impressionnante solitude, la Trinacrie (ainsi appelée à cause de sa forme triangulaire) a des origines mythiques ; c'est, pour les Grecs, **la terre des dieux et des héros**, « l'île du soleil » pour Homère. En 858 av. J.-C. les **Phéniciens** établissent des comptoirs commerciaux au nord-ouest de l'île. Ils fondent Palerme. À Eryx, la moderne Erice, un temple avec ses prostituées sacrées est dédié à Astarté, dans l'île de Mozia on a retrouvé un tophet (autel sacrificiel) et des traces de sacrifices humains, à Marsala les restes d'un bateau punique. En 733 av. J.-C. c'est au tour des **Corinthiens** de débarquer en Sicile et de fonder Syracuse. Puis **Ioniens** et **Doriens** s'installent à leur tour sur les côtes. Naissent ainsi les colonies de Naxos, Messine, Catane, Megara Hyblaea, Gela, Sélinonte, Akragas (Agrigente), etc. On peut dire que **la partie occidentale de l'île a été en partie colonisée par les Carthaginois, la partie orientale par les Grecs**.

Au Ve siècle av. J.-C. Syracuse rivalise de puissance avec Athènes. Syracuse remporte des victoires aux jeux Olympiques, Eschyle y fait jouer ses tragédies. La Grande Grèce, c'est-à-dire la Sicile et le sud de l'Italie hellénisé, compte trois millions d'habitants. On a coutume de dire que les plus beaux **temples grecs** se trouvent en Sicile. La Vallée des temples d'Agrigente, les ruines des temples de Sélinonte (la ville fut rasée par Hannibal en 409 av. J.-C.), les théâtres de Syracuse et de Taormina et tant d'autres monuments témoignent de la richesse de cette civilisation.

Dans les villes grecques s'installe la tyrannie, c'est-à-dire que le pouvoir est exercé par un homme au lieu de l'être par une oligarchie*. Mais les guerres sont incessantes, contre les Carthaginois et entre les cités grecques de Sicile, les alliances impliquant des villes de la Grèce. Les guerres puniques se soldent par la victoire des Romains. Syracuse, dernier bastion de la résistance, est vaincue, malgré l'intervention d'Archimède, en 212 av. J.-C. et **toute la Sicile devient romaine**.

La période de la domination romaine n'est pas heureuse pour la Sicile. Elle est gouvernée par un préteur. Les exactions de Verrès sont restées célèbres à cause des plaidoiries de Cicéron. Jusqu'au IVe siècle après J.-C. environ, la Sicile est un lieu de villégiature pour les riches Romains qui y possèdent des villas. La célèbre Villa del Casale de Piazza Armerina a conservé un ensemble unique de mosaïques de sol remarquablement conservées. La Sicile connaît ensuite les **invasions barbares** jusqu'en 535, date à laquelle le général de l'Empire romain d'Orient, c'est-à-dire de **Byzance**, Bélisaire, la conquiert. La Sicile restera territoire byzantin jusqu'en 827, quand les **Arabes** (on les appelait les Sarrasins) entreprennent la conquête de l'île qu'ils ne termineront qu'en 902. De la domination byzantine restent quelques sarcophages et églises mais surtout l'art et la technique de la mosaïque qui fleurira lorsque seront construites, au XIIe siècle, les cathédrales de style arabo-normand.

La domination arabe durera environ deux cents ans. Les historiens s'accordent à voir dans cette période une des plus heureuses pour la Sicile. Palerme sous la domination arabe compte 300 000 habitants, 300 mosquées, des écoles coraniques mais les Arabes se montrent relativement tolérants pour « les gens du livre », c'est-à-dire les Juifs et les Chrétiens. Les Arabes procèdent à une réforme agraire, introduisent de nombreuses cultures, en particulier celle des agrumes, installent des filatures, exploitent les ressources du sous-sol, développent la pêche. Ils favorisent l'irrigation. La Sicile se couvre de jardins et de fontaines. Leur architecture influencera durablement les monuments siciliens.

À Palerme les églises de Saint-Jean des Ermites et de San Cataldo sont surmontées de coupoles arabisantes roses, les motifs décoratifs (arabesques, dentelures, filigranes) du palais des Normands évoquent ceux de mosquées, la Zisa (la splendide) et la Cuba, construites sous les rois normands, sont des palais mauresques.

En 1081 Robert Guiscard de Hauteville qui a fondé en Italie du sud un **royaume normand** (Apulie et Calabre) conquiert Messine avec l'aide de son frère Roger. Son fils Roger II réunit entre ses mains toutes les possessions normandes. En 1130 il est couronné roi de Sicile. Ces rois normands sont de **grands bâtisseurs**. C'est l'époque de la construction de la Chapelle palatine dans le palais des Normands de Palerme, des cathédrales de Monreale et de Cefalù et de la naissance de l'**art arabo-normand.** Palerme est une des plus riches cités d'Europe. Les mosquées sont abattues et remplacées par des églises mais des lois tolérantes permettent aux différentes composantes ethniques et religieuses de vivre ensemble. À la cour du roi Roger on parle le français, le latin, le grec et l'arabe.

Pour de complexes questions de succession, la Sicile finit par échoir à un Souabe, le grand empereur **Frédéric II**, « stupor mundi »[1]. Il fait de la Sicile et de l'Italie du Sud l'état le plus moderne de l'Occident. C'est un savant, un expert en fauconnerie, un poète (il est le fondateur de l'école poétique sicilienne, la première en langue vulgaire[2] italienne), un astronome. À sa cour il invite des savants arabes, il fait travailler des artisans arabes et byzantins. Il couvre l'île et l'Italie du Sud de châteaux. Lorsqu'il meurt en 1250 sa succession n'est pas assurée.

En 1266 c'est finalement un Français, **Charles d'Anjou**, le frère de saint Louis qui est couronné roi d'Italie du Sud et de Sicile par le pape Clément IV. Palerme n'est plus capitale, Char-

1. = la merveille du monde
2. Langue vulgaire = langue différente du latin.

les s'installe à Naples. En 1282 l'épisode de révolte connu sous le nom de « **Vêpres siciliennes** » chasse les Français de Sicile. Pendant la domination française s'est développée la féodalité. Au bout de vingt ans de guerre, en 1302 à la paix de Caltabellotta Naples reste à Charles d'Anjou et la Sicile revient aux **Aragonais**. En 1442 Alphonse V, roi d'Aragon, réunifie les couronnes de Naples et de Sicile. En 1487 s'installent les tribunaux de l'Inquisition. Les privilèges nobiliaires sont renforcés. Les paysans réagissent par le brigandage. En 1492 les juifs qui avaient cohabité avec les Arabes et les Normands, sont chassés. Le XVe siècle voit fleurir l'architecture gothique catalane puis l'art est influencé par la contre-réforme. En 1516 la Sicile devient une partie de l'empire de Charles-Quint et revient, en 1556, à l'**Espagne** qui fait administrer le royaume insulaire par des vice-rois. La population est accablée de taxes et d'impôts divers, ce qui suscite des soulèvements populaires. À la domination espagnole la Sicile doit ses places, ses églises et ses palais baroques particulièrement nombreux à Palerme (Quattro Canti, oratoires décorés par les stucs de Serpotta, S. Giuseppe dei Teatini, etc.), à Bagheria et dans l'est de l'île, détruite par un tremblement de terre en 1693. Les villes de Noto, de Raguse, de Modica, de Syracuse, de Catane, sont des joyaux de l'**architecture** et de la **sculpture baroques**.

À l'issue de la guerre de Succession d'Espagne, en 1713 le traité d'Utrecht donne la Sicile à Victor-Amédée II de Savoie qui l'échange en 1718 aux Habsbourg d'Autriche contre la Sardaigne. Mais la **domination autrichienne** sera de courte durée. En 1734 un vice-roi est nommé par les **Bourbons d'Espagne**. À la différence de Naples, la Sicile ne participe pas à l'épopée napoléonienne. De 1806 à 1812 les Anglais, que le roi Ferdinand réfugié à Palerme a appelés à l'aide, occupent la Sicile. Sous leur pression il est obligé d'approuver la constitution relativement libérale réclamée par les Siciliens. Après son retour à Naples en

1816, il abolit cette constitution et prend le titre de **Ferdinand Ier des Deux-Siciles.** La Sicile se soulève en 1820 contre son absolutisme. Mais nous entrons là dans la période du Risorgimento.

Le théâtre de marionnettes (« l'opera dei pupi ») et les charrettes siciliennes

Dans sa conversation avec Chevalley, Don Fabrizio évoque le fameux retard d'un siècle des manifestations artistiques et culturelles siciliennes. Chevalley avait vu « les charrettes multicolores traînées par des chevaux empanachés et mal nourris, il avait entendu parler du théâtre de marionnettes héroïques, mais il croyait [...] qu'il s'agissait de vieilles traditions authentiques ». (p. 188) Jusque dans les années 1960, on rencontrait sur les routes et les chemins de Sicile des charrettes entièrement décorées, peintes de scènes tirées des histoires des *Reali di Francia* (= la famille royale de France), des épisodes du *Roland furieux* ou de la *Jérusalem délivrée*, quelquefois des histoires de brigands ou du débarquement des Mille, des faits divers plus actuels. On peut voir ces charrettes au Musée ethnographique Pitré de Palerme.

La tradition du théâtre de marionnettes héroïques, comme on traduit généralement le terme « **pupi** », remonte au XIXe siècle et dérive des « **cantastorie** », conteurs ambulants qui racontaient ces mêmes histoires que l'on voit peintes sur les charrettes.

Les « pupi » sont de grandes marionnettes, presque de taille humaine, en bois, manœuvrées grâce à des tiges de fer par le « puparo » (le montreur de marionnettes). Vu leur taille et leur poids (une trentaine de kilos), elles évoluent sur une petite scène de théâtre. Les « pupi » représentent Charlemagne et ses preux en lutte contre les Maures ou Sarrasins, avec force batailles et hauts faits d'armes. Ces histoires s'inspirent des chansons de geste françaises et des romans de chevalerie repris par des poèmes épiques italiens. Pour les Siciliens elles sont l'écho de leur propre histoire. Les représentations sont parfois fort longues et à épisodes. Les personnages se reconnaissent à leurs vêtements, ils sont cuirassés et armés d'épées, leurs casques sont empanachés, Roland louche traditionnellement, les Sarrasins sont noirs et ont l'air féroce, Charlemagne est majestueux avec sa barbe blanche. Ils se battent à grand bruit et s'écroulent dans un fracas de ferraille lorsqu'ils sont tués. Souvent un orgue de Barbarie accompagne la représentation, qui se fait en dialecte sicilien. Ce spectacle comporte parfois des allusions politiques contemporaines. Actuellement il ne reste plus qu'une ou deux familles de « pupari » à Palerme et à Catane, les représentations sont surtout fréquentées par les touristes et les enfants, mais jusqu'à une date relativement récente elles constituaient un passe-temps pour les adultes également.

Table des matières